Nicole Laudut

Die neue
Power-Grammatik
Französisch

Für Anfänger
zum Üben & Nachschlagen

Hueber Verlag

| 4. | 3. | 2. | | Die letzten Ziffern |
| 2018 | 17 | 16 | 15 | 14 | bezeichnen Zahl und Jahr des Druckes. |

Alle Drucke dieser Auflage können, da unverändert,
nebeneinander benutzt werden.
1. Auflage
© 2013 Hueber Verlag GmbH & Co. KG, 85737 Ismaning, Deutschland
Umschlaggestaltung: creative partners gmbh, München
Coverfoto: © Shotshop/LFL
Zeichnungen: Martin Guhl, Stein am Rhein, Schweiz (www.cartoonexpress.ch)
Abbildungen: Seite 10 (Eiffelturm): © fotolia/mammitzsch;
  Seite 27 (Würfel): © iStockphoto/jangeltun
Redaktion: Stephanie Pfeiffer, Hueber Verlag, Ismaning
Layout und Satz: Sieveking · Agentur für Kommunikation, München
Druck und Bindung: Firmengruppe APPL, aprinta druck, Wemding
Printed in Germany
ISBN 978–3–19–503267–4

Liebe Lernerin, lieber Lerner,

mit Der neuen Power-Grammatik Französisch können Sie die französische Sprache von Anfang an entdecken oder Ihre Kenntnisse festigen und erweitern.

Eine Grundgrammatik, klar und einfach formuliert

Die neue Power Grammatik Französisch behandelt alle wichtigen Themen der französischen Grundgrammatik. Die Erklärungen sind in einer einfachen Sprache formuliert und werden von zahlreichen Beispielen begleitet.

Vielseitig einsetzbar

Die neue Powergrammatik Französisch kann sowohl zum Selbststudium als auch kursbegleitend eingesetzt werden.

Klarer Aufbau: Entdecken → Verstehen → Anwenden

Jedes Kapitel umfasst zwei Seiten:

- Auf der linken Seite entdecken Sie zunächst das grammatische Thema mithilfe eines witzigen Cartoons.
- Es folgen auf derselben Seite Erklärungen mit übersichtlichen Tabellen und Beispielen mit deutscher Übersetzung.
- Auf der rechten Seite haben Sie dann Gelegenheit, das bereits Gelernte anhand von abwechslungsreichen Übungen anzuwenden und zu festigen.

Eine Progression in kleinen Schritten

Die Progression (unterteilt in fünf farbig unterschiedliche Abschnitte) folgt dem Aufbau eines Französisch-Unterrichts: vom einfachen zum komplexen Satz.

Am Ende eines jeden Abschnitts haben Sie die Möglichkeit in einem Multiple-Choice-Test Ihre Fortschritte selbst zu evaluieren.

Im **Anhang** finden Sie:

- den Lösungsschlüssel zu allen Übungen
- Verbtabellen
- ein Stichwortregister zur schnelleren Orientierung
- ein zweisprachiges Glossar (Französisch-Deutsch) des Übungswortschatzes

Wir wünschen Ihnen viel Freude und viel Erfolg beim Lernen und Üben der französischen Sprache.

Autorin und Verlag

Inhalt

Inhalt

Inhalt

Camille / étudiant – Camille / étudiante
Camille / Student – Camille / Studentin

Substantiv: maskulin oder feminin?

REGEL Französische Substantive sind entweder maskulin
(männlich) oder feminin (weiblich).
Bei **Personen** bestimmt das Geschlecht das Genus
(maskulin oder feminin). Die feminine Form wird oft
durch Anhängen von *-e* an die maskuline Form gebildet:

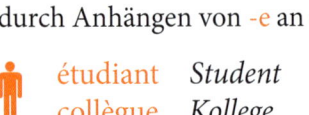 étudiant	*Student*	étudiant**e**	*Studentin*
collègue	*Kollege*	collègue	*Kollegin*

! Endet das maskuline Substantiv bereits auf *-e*, wird kein zweites mehr angehängt.

➡ Es gibt typische maskuline und typische feminine Endungen:

♂	♀	♂		♀	
-er	→ -ère	boulanger	*Bäcker*	boulang**ère**	*Bäckerin*
-eur	→ -euse	serveur	*Kellner*	serv**euse**	*Kellnerin*
-teur	→ -trice	directeur	*Leiter*	direc**trice**	*Leiterin*
	→ -teuse	menteur	*Lügner*	men**teuse**	*Lügnerin*
-(i)en	→ -(i)enne	Italien	*Italiener*	Ital**ienne**	*Italienerin*
-on	→ -onne	patron	*Chef*	patr**onne**	*Chefin*

REGEL Bei **allen anderen Substantiven** ist das Genus in der Regel nur am Artikel erkennbar. Aus diesem Grund sollten Sie ein Substantiv immer mit seinem Artikel zusammen lernen:

♂		♀	
un livre	*ein Buch*	une table	*ein Tisch*
un poisson	*ein Fisch*	une maison	*ein Haus*

➡ Einige Endungen geben jedoch Auskunft über das Genus des Substantivs:

♂			♀		
-age	voy**age**	*Reise*	-ade	promen**ade**	*Spaziergang*
-al	journ**al**	*Zeitung*	-ance/-ence	ch**ance**	*Glück*
-eau	chât**eau**	*Schloss*		différ**ence**	*Unterschied*
-eil	sol**eil**	*Sonne*	-ée	journ**ée**	*Tag*
-et	bill**et**	*Ticket*	-elle	chap**elle**	*Kapelle*
-euil	faut**euil**	*Sessel*	-ette	bagu**ette**	*Baguette*
-in	magas**in**	*Geschäft*	-(r)ie	mair**ie**	*Rathaus*
-ment	apparte**ment**	*Wohnung*	-té	liber**té**	*Freiheit*
-oir	tir**oir**	*Schublade*	-ude	habit**ude**	*Gewohnheit*
			-ure	voit**ure**	*Auto*

Ausnahmen: Page *Seite*, plage *Strand*, eau *Wasser*, peau *Haut* sind **feminin**.
Lycée *Gymnasium*, musée *Museum*, silence *Stille* sind **maskulin**.

1. Welches Wort passt nicht in die Reihe? Streichen Sie es durch.

a. Allemande – Français – cousine – voisine – amie

b. journaliste – mathématicien – touriste – collègue – architecte

c. boulanger – opticien – boulangère – serveur – Italien

d. étudiante – Anglais – retraité – étudiant – patron

2. Finden Sie in der Wortschlange 7 Berufsbezeichnungen und ergänzen Sie die feminine Form (falls vorhanden).

TORVENDEURBOBOULANGERINACTEURNBRAPINFORMATICIENI
TARCHITECTERONAJOURNALISTEAEFRETRAITÉNT

a. Schauspieler   _acteur_   _____

b. Architekt   _____   _____

c. Journalist   _____   _____

d. Verkäufer   _____   _____

e. Informatiker   _____   _____

f. Rentner   _____   _____

g. Bäcker   _____   _____

3. Ergänzen Sie die Wörter mit der passenden Endung und fügen Sie dann le (maskulin) oder la (feminin) vor dem Substantiv hinzu.

-age   -eau   -té   -in   -elle   -ée

a. _le_ voy_age_ (Reise) g. ___ randonn_____ (Wanderung)

b. ___ gât_____ (Kuchen) h. ___ jard_____ (Garten)

c. ___ liber_____ (Freiheit) i. ___ mant_____ (Mantel)

d. ___ magas_____ (Geschäft) j. ___ soir_____ (Abend)

e. ___ gar_____ (Garage) k. ___ chap_____ (Kapelle)

f. ___ journ_____ (Tag) l. ___ bur_____ (Büro)

4. Unterstreichen Sie die Endungen, die auf feminine Wörter hinweisen und kreuzen Sie alle Wörter an, die dieser Regel entsprechen. Passen Sie auf Ausnahmen auf!

-ure   -age   -eil   -ence   -al   -rie   -ée   -ade   -ment

☐ voiture	☐ voyage	☐ ceinture	☐ année	☐ mairie	☐ peau
☐ soleil	☐ chapeau	☐ concurrence	☐ promenade	☐ salade	☐ silence
☐ musée	☐ boulangerie	☐ plage	☐ prudence	☐ idée	☐ soirée

Substantiv: Singular und Plural

REGEL ➭ Im Plural erhält das Substantiv ein -s:

Singular		Plural	
homme	*Mann*	homme**s**	*Männer*
femme	*Frau*	femme**s**	*Frauen*

➭ Substantive, die im Singular auf -s, -x oder -z enden, ändern ihre Form im Plural nicht: pays *Land/Länder* – prix *Preis/Preise* – nez *Nase/Nasen*

➭ Substantive auf -au, -eau und -eu erhalten im Plural ein -x.

Singular		Plural	
noyau	*Kern*	noyau**x**	*Kerne*
manteau	*Mantel*	manteau**x**	*Mäntel*
cheveu	*Haar*	cheveu**x**	*Haare*

! **Ausnahmen:**
landau *Kinderwagen* → land**aus** *Kinderwägen*
pneu *Reifen* → pn**eus** *Reifen*

! Nur sieben Substantive auf -ou erhalten im Plural ein -x: bijou *Juwel* → bijou**x** *Juwelen*, caillou *Stein* → caillou**x** *Steine*, chou *Kohl(kopf)* → chou**x** *Kohl(köpfe)*, genou *Knie* → genou**x** *Knie*, hibou *Kauz* → hibou**x** *Käuze*, joujou *Spielzeug* → joujou**x** *Spielzeuge* und pou *Laus* → pou**x** *Läuse*.

➭ Substantive auf -al bilden den Plural auf -aux.

cheval	*Pferd*	chev**aux**	*Pferde*
journal	*Zeitung*	journ**aux**	*Zeitungen*

! Es gibt nur wenige Ausnahmen: bal *Tanzball*, festival *Festival*, récital *Liederabend* bilden den Plural auf -als.

➭ Substantive auf -ail bilden den Plural entweder auf -s oder auf -aux.

portail	*Tor*	portail**s**	*Tore*
travail	*Arbeit*	trav**aux**	*Arbeiten*

➭ Sehr wenige Substantive bilden den Plural unregelmäßig.

ciel	*Himmel*	cieux	*Himmel*
œil	*Auge*	yeux	*Augen*

! Merken Sie sich ebenfalls: monsieur *Herr* → messieurs *Herren*, madame *Dame* → mesdames *Damen*, mademoiselle *Fräulein* → mesdemoiselles *Fräulein*

➭ Die folgenden Substantive gibt es mit dieser Bedeutung nur im Plural:
vacances *Ferien* – lunettes *Brille* – toilettes *WC* – ciseaux *Schere* – gens *Leute*

1. Singular oder Plural? Ordnen Sie die folgenden Substantive der passenden Wortsonne zu. Zwei Substantive können beiden Sonnen zugeordnet werden.

| tables Français Allemande prix maisons livre villes auto vélos professeurs |

2. Vervollständigen Sie die Tabelle mit der fehlenden Singular- bzw. Pluralform.

Singular	Plural	Singular	Plural
a. voisin	_____	f. _____	portes
b. _____	bus	g. gaz	_____
c. dos	_____	h. voiture	_____
d. voix	_____	i. tapis	_____
e. _____	châteaux	j. _____	trous

3. Wie bilden die folgenden Substantive den Plural? Verbinden Sie sie jeweils mit der passenden Endung.

promenade   cadeau   croix   bijou   radio   travail

| -s | | -x | | -aux | | – |

Anglais   journal   bureau   pneu   bisou   tuyau

4. Vervollständigen Sie die Reihen jeweils mit dem passenden Substantiv aus dem Kasten. Setzen Sie alle Substantive anschließend (sofern möglich) in den Plural.

| monsieur bus milieu gens hôpital |

Singular   **Plural**

a. cheveu – vœu – jeu – _____   *cheveux*

b. travail – cheval – canal – _____   _____

c. vacances – toilettes – ciseaux – _____   _____

d. souris – tapis – bras – _____   _____

e. ciel – madame – œil – _____   _____

Bestimmter Artikel

 Der bestimmte Artikel (der, die, das) hat im Französischen folgende Formen: le (l') – la (l') – les.

	maskulin	feminin
Singular	**le** frère *der* Bruder	**la** sœur *die* Schwester
Plural	**les** frères *die* Brüder	**les** sœurs *die* Schwestern

! L' steht anstelle von le oder la vor Vokalen (a, e, i, o, u) oder vor dem „stummen h" („h muet"):

| l'ami | *der Freund* | l'amie | *die Freundin* | **aber**: le hall | *die Halle* |
| l'hôtel | *das Hotel* | l'histoire | *die Geschichte* | la hauteur | *die Höhe* |

 Die Formen le und les verschmelzen mit der Präposition à zu au bzw. aux.

à + le → **au** restaurant   *ins/im Restaurant*
à + les → **aux** USA   *in die/in den USA*

 Die Formen le und les verschmelzen mit der Präposition de zu du bzw. des.

de + le → **du** cinéma   *vom/aus dem Kino*
de + les → **des** USA   *von den/aus den USA*

 Anders als im Deutschen wird der bestimmte Artikel verwendet

- bei Regionen, Ländern und Kontinenten:
  la Bavière *Bayern* – **la** France *Frankreich* – **l'**Europe *Europa*

- bei Wochentagen nur zur Angabe einer Regelmäßigkeit:
  fermé **le** lundi   *montags geschlossen*
  (**Aber:** Elle vient lundi.   *Sie kommt am Montag.*)

- nach aimer *lieben*, préférer *bevorzugen*, détester *hassen*:
  J'aime **le** jazz, je déteste **la** techno.   *Ich liebe Jazz, ich hasse Techno.*

- bei Beschreibungen von Körperteilen:
  Marie a **les** yeux verts.   *Marie hat grüne Augen.*

- bei Titeln, z. B. in einer Anrede:
  Madame **la** Directrice   *Frau Direktorin*

1. Ordnen Sie folgende Wörter nach ihrem Artikel:

> journal   musique   hôtel   nature   amies   rue   cassette   fleurs   gens
> culture   vacances   poulet   travail   enfants   voyage   histoire
> appartement   ami   frère   école

le	la	l'	les
___	___	___	___
___	___	___	___
___	___	___	___
___	___	___	___
___	___	___	___

2. Ergänzen Sie die Artikel und verbinden Sie jeweils zwei Wörter, die zusammengehören.

a. ____ liberté
b. ____ voitures
c. ____ bicyclette
d. ____ routine
e. ____ maison
f. ____ vacances
g. ____ élégance
h. ____ livre

1. ____ appartement
2. ____ manteau
3. ____ autos
4. ____ hamac
5. ____ égalité
6. ____ lecture
7. ____ vélo
8. ____ habitude

3. Streichen Sie die falschen Formen durch.

a. Je vais au / à la / aux piscine aujourd'hui.
b. Le / Les / L' enfants sont à la / à l' / aux école.
c. Pierre rentre de la / du / des travail à six heures.
d. J'aime beaucoup la / l' / le nature.
e. Ils habitent au / à l' / aux Antilles.
f. Nous mangeons au / à la / aux restaurant, ce soir.
g. Nous allons aux / à l' / au marché pour acheter le / l' / les fruits.
h. Le chien de les / de / des voisins aboie sans arrêt.

4. Ergänzen Sie die Sätze (wenn nötig) mit dem passenden bestimmten Artikel.

a. Préférez-vous _____ chats ou _____ chiens ?
b. Nous partons _____ samedi en vacances.
c. En Autriche, _____ magasins sont fermés _____ dimanche.
d. Anne a _____ yeux bleus et _____ cheveux blonds.
e. Monsieur _____ Ministre est absent aujourd'hui.
f. _____ Allemagne est un pays riche.

Unbestimmter Artikel

REGEL Der unbestimmte Artikel (ein, eine) hat im Französischen folgende Formen:
un – une – des.

	maskulin		**feminin**	
Singular	**un** verre	*ein Glas*	**une** bouteille	*eine Flasche*
Plural	**des** verres	*Gläser*	**des** bouteilles	*Flaschen*

REGEL Wie im Deutschen führt der unbestimmte Artikel ein neues Element ein.
Voilà **un** client.   *Da kommt ein Kunde.*
Il y a **un** problème.   *Es gibt ein Problem.*

Anders als im Deutschen hat der unbestimmte Artikel eine Pluralform (des). Des gibt eine ungenaue Menge/Anzahl an und bleibt im Deutschen in der Regel unübersetzt.
Je voudrais **des** pommes, s'il vous plaît.   *Ich möchte Äpfel, bitte.*
Vous avez **des** enfants ?   *Haben Sie Kinder?*

In einem verneinten Satz wird die Form des durch de/d' ersetzt.
positiv   **negativ**
Mangez **des** fruits.   *Essen Sie Obst.*   Ne mangez **pas de** fruits.   *Essen Sie **kein** Obst.*
J'ai **des** enfants.   *Ich habe Kinder.*   Je n'ai **pas d'**enfants.   *Ich habe **keine** Kinder.*

! Pas de/d' entspricht dem deutschen Negativartikel „kein/keine" (→ Kapitel 27).

1. Finden Sie die Wörter in der Wortschlange, ergänzen Sie die Vokale der Wörter in der Liste und fügen Sie un, une oder des hinzu.

ACLIENTERUNMAGASINTAMIESTERJOURNALSOBICHÂTEAUXAUCLIENTSI
VOITURELIBOUTEILLENTSŒURSOLASERVEURTEVBAGUETTECIPPORLIVRENI

a. un MAGASIN   e. ____ L__VR__   i. ____ B__G____TT__
b. ____ S__RV____R   f. ____ CL____NT   j. ____ M____S
c. ____ J____RN__L   g. ____ B__T____LL__   k. ____ CL____NTS
d. ____ CH__T____X   h. ____ V__T__R   l. ____ S____RS

2. Ergänzen Sie die unbestimmten Artikel und streichen Sie dann das Wort durch, das nicht in die Reihe passt.

a. ____ mère / ____ fille / ____ tante / ____ parents / ____ amie
b. ____ café / ____ bière / ____ thé / ____ verre / ____ jus d'orange
c. ____ cahier / ____ stylo / ____ crayon / ____ voiture / ____ livre
d. ____ rue / ____ ville / ____ région / ____ continent / ____ maison
e. ____ cousin / ____ bouteilles / ____ verre / ____ table / ____ chaise
f. ____ pays / ____ prix / ____ nez / ____ tapis / ____ hommes

3. Finden Sie in dieser Zeichnung drei maskuline Wörter, drei feminine Wörter und drei Wörter im Plural. Tragen Sie sie mit dem passenden Artikel in die richtige Spalte ein.

maskulin	feminin	Plural
_____	_____	_____
_____	_____	_____
_____	_____	_____

4. Übersetzen Sie die Sätze zu Ende.

a. *Ich habe Bananen gekauft.* → J'ai acheté _____ .

b. *Ich habe ein Fahrrad, aber kein Auto.* → J'ai _____ , mais _____ .

c. *Auf dem Tisch sind ein Glas, eine Flasche, aber keine Tassen.*
    → Sur la table, il y a _____ , _____ mais _____ .

d. *Ah, da kommt ein Kunde.* → Ah, voilà _____ .

e. *Das ist eine französische Kollegin.* → C'est _____ .

f. *Haben Sie französische Freunde?* → Vous avez _____ ?

Teilungsartikel

 Der Teilungsartikel wird verwendet, wenn die Menge/Anzahl nicht präzisiert wird. Er hat im Deutschen keine Entsprechung und bleibt deshalb unübersetzt.

du Champagne pour moi   *Champagner für mich*

 Der Teilungsartikel hat folgende Formen: du (de l') – de la (de l') – des.

	maskulin		**feminin**	
Singular	**du** fromage	*Käse*	**de la** viande	*Fleisch*
	de l'alcool	*Alkohol*	**de l'**eau	*Wasser*
Plural	**des** légumes	*Gemüse*	**des** vacances	*Ferien*

! Vor einem Vokal oder einem „stummen h" werden die Formen du und de la zu de l'.

 Der Teilungsartikel wird verwendet,
- bei nicht bestimmter Menge/Anzahl:
  Je voudrais **du** pain.   *Ich möchte Brot.*

- bei Stoffnamen und unzählbaren Substantiven:
  Il a **du courage** et **de la chance**.   *Er hat Mut und Glück.*
  Elle a **de l'**humour.   *Sie hat Humor.*
  Il y a **des gens** qui aiment ça.   *Es gibt Leute, die das lieben.*

- nach dem Verb faire bei Freizeitaktivitäten:
  Je fais **du** vélo et **de la** danse.   *Ich fahre Rad und tanze.*

 Nach Mengen- und Maßangaben (→ Kapitel 6) steht kein Teilungsartikel, sondern nur de/d':
beaucoup d'argent   *viel Geld*
un kilo de pommes   *ein Kilo Äpfel*
un paquet de café   *ein Päckchen Kaffee*

1. Ordnen Sie den Wörtern den passenden Teilungsartikel zu. Das Genus des Substantiv ist mit (m) für maskulin und (f) für feminin angegeben.

pain (m) fruits (m) eau (f) légumes (m) travail (m) bière (f)	
chance (f) vin (m) viande (f) patience (f) vacances (f)	
amour (m) gens (m) huile (f) thé (m) argent (m)	

du   de l'   de la   des

_____   _____   _____   _____

_____   _____   _____   _____

_____   _____   _____   _____

_____   _____   _____   _____

2. Kreuzen Sie die passende(n) Aussage(n) an.

a. Je voudrais ☐ un kilo de tomates / ☐ un kilo des tomates / ☐ des tomates.

b. Vous prenez ☐ de sucre / ☐ du sucre dans votre café ?

c. Achète ☐ un paquet de café / ☐ un paquet du café et ☐ légumes / ☐ des légumes.

d. Je n'ai pas assez ☐ d'argent / ☐ de l'argent.

e. Je fais ☐ la musique / ☐ musique / ☐ de la musique le week-end avec des amis.

f. Nous faisons ☐ camping / ☐ du camping / ☐ de camping dans les Alpes.

3. Vervollständigen Sie die Tabelle mit der jeweils fehlenden Variante.

ohne Mengenangabe	mit Mengenangabe
a. *des oranges*	un kilo d'oranges
b. _____	une livre de champignons
c. du vin	_____
d. _____	un litre d'eau minérale
e. _____	une semaine de vacances
f. de l'amour	beaucoup _____
g. _____	un peu de courage
h. du chocolat	trop _____

4. Teilungsartikel oder nicht? Ergänzen Sie (wo nötig).

a. Au marché, on trouve _____ légumes, _____ fruits, _____ fleurs et beaucoup _____ gens.

b. En vacances, je fais _____ natation, _____ promenades sur la plage et _____ photos.

c. Tu manges trop _____ viande et pas assez _____ légumes.

d. Je voudrais un paquet _____ café et une bouteille _____ huile, s'il vous plaît.

e. Prenez-vous _____ café ou _____ thé le matin ?

f. Tu veux _____ confiture ? – Non, je prends juste un peu _____ miel.

Mengenangaben

REGEL Nach Mengenangaben wird das Substantiv mit de angeschlossen. Der Artikel fällt weg. Das Substantiv steht bei zählbaren Dingen im Plural und bei nicht zählbaren Dingen im Singular.

Je voudrais un kilo **de** pommes.
Ich möchte ein Kilo Äpfel.
Donnez-moi aussi un litre **de** lait.
Geben Sie mir auch einen Liter Milch.

> Vous désirez ?

> Un kilo de pommes, s'il vous plaît.

> 1€

! De wird vor Vokal oder „stummem h" zu d'.
Je n'ai pas assez **d**'argent.   *Ich habe nicht genug Geld.*
Elle a beaucoup **d**'amis.   *Sie hat viele Freunde.*

REGEL Mengenangaben werden mit Mengenadverbien oder einem Substantiv angegeben. Merken Sie sich die folgenden sehr gebräuchlichen Wendungen, die Sie gut brauchen können, wenn Sie in Frankreich einkaufen wollen.

Mengenadverbien			Substantive		
un peu		*ein wenig*	un litre		*ein Liter*
beaucoup		*viel*	une bouteille		*eine Flasche*
assez		*genug*	un kilo		*ein Kilo*
trop	de	*zu viel*	un morceau	de	*ein Stück*
plus		*mehr*	un paquet		*ein Päckchen*
moins		*weniger*	une tranche		*eine Scheibe*

! Plus und moins werden bei Vergleichen verwendet (→ Kapitel 51, 52).

 Bei der Angabe einer Nullmenge verwendet man pas de/d' (ohne Artikel). Es entspricht dem deutschen „kein/keine".
Tu veux un verre de vin ? – Non merci, je ne bois **pas de** vin.
Möchtest du ein Glas Wein? – Nein danke, ich trinke keinen Wein.
Vous avez des enfants ? – Non, je n'ai **pas d**'enfants.
Haben Sie Kinder? – Nein, ich habe keine Kinder.

1. Schreiben Sie die Einkaufsliste, indem Sie jeweils eine Mengenangabe mit einem passenden Lebensmittel verbinden und die Wendungen aufschreiben.

a. _un litre d'eau minérale_
b. _____
c. _____
d. _____
e. _____
f. _____
g. _____
h. _____

un litre
un paquet   pâté
un pot   ananas
un morceau   eau minérale
un kilo   jambon
une tranche   bananes
150 grammes   confiture
une boîte   fromage
                 café

2. Ratschläge für die Gesundheit: Teilungsartikel oder nur de? Ergänzen Sie.

a. Faites _____ sport, mais pas trop _____ sport.
b. Mangez _____ fruits, beaucoup _____ fruits et _____ légumes, beaucoup _____ légumes.
c. Buvez _____ lait, un verre _____ lait par jour.
d. Une tasse _____ café par jour, cela suffit.
e. Et bien sûr, pas _____ cigarettes, pas _____ alcool ou alors seulement un petit verre _____ vin rouge par jour.
f. Mangez plus _____ produits bio et moins _____ produits industriels.

3. Artikel oder nicht? Ergänzen Sie.

a. Je voudrais... _____ fromage. _____ champignons. _____ confiture.
b. Faites-vous... _____ sport ? _____ musique ? _____ danse ?
c. Je prends... _____ oranges. un kilo _____ tomates. 100 gr. _____ champignons.
d. Vous avez... _____ pommes ? _____ abricots ? un pot _____ confiture ?
e. Il faut... _____ patience. beaucoup _____ courage. un peu _____ chance.
f. Tu manges... trop _____ chocolat. pas assez _____ fruits. beaucoup _____ œufs.

4. Ergänzen Sie die gegensätzlichen „Portraits". Mengenangabe mit de oder Artikel?

Léo-Paul...   **Mélanie...**
a. a de la chance.   _n'a pas de chance._
b. n'a pas de problèmes.
c. _____   ne fait pas de sport.
d. a beaucoup d'amis.
e. _____   n'a pas d'argent.
f. n'a pas d'enfants.

Être und *avoir* im Präsens / Subjektpronomen

Je suis un chasseur.

Je suis un ours et j'ai faim.

 REGEL Wie im Deutschen sind avoir (*haben*) und être (*sein*) die meistverwendeten Verben.
Je **suis** un chasseur.   *Ich bin ein Jäger.*
J'**ai** faim.   *Ich habe Hunger.*

! Als Hilfsverben dienen sie zur Bildung anderer Zeiten, z. B. des Perfekts (→ Kapitel 29):
J'**ai** compris.   *Ich habe verstanden.*

être			avoir		
je	suis	*ich bin*	j'	ai	*ich habe*
tu	es	*du bist*	tu	as	*du hast*
il/elle	est	*er/sie ist*	il/elle	a	*er/sie hat*
on	est	*wir sind*	on	a	*wir haben*
nous	sommes	*wir sind*	nous	avons	*wir haben*
vous	êtes	*ihr seid / Sie sind*	vous	avez	*ihr habt / Sie haben*
ils/elles	sont	*sie sind*	ils/elles	ont	*sie haben*

 REGEL Mit *être* können Sie
- sich vorstellen.   Je suis Paul Maillard.   *Ich bin Paul Maillard.*
- Ihre Nationalität angeben.   Je suis allemand.   *Ich bin Deutscher.*
- Ihre Herkunft angeben.   Je suis de Berlin.   *Ich bin aus Berlin.*
- eine Eigenschaft nennen.   Il est sympathique.   *Er ist sympathisch.*

 REGEL Mit avoir können Sie
- einen Besitz angeben.   Il a une voiture.   *Er hat ein Auto.*
- Ihr Alter angeben.   J'ai vingt-huit ans.   *Ich bin 28 Jahre alt.*

REGEL Achten Sie **bei den Subjektpronomen** (je, tu, il …) auf folgende Besonderheiten:
- **Je** (*ich*) wird zu j' vor einem Vokal oder einem „stummen h".
  J'ai une soeur. J'habite à Nantes.   *Ich habe eine Schwester. Ich wohne in Nantes.*
- **Nous** wird in der Umgangssprache sehr oft durch **on** ersetzt.
  Nous avons faim. = On a faim.   *Wir haben Hunger.*
- **Vous** bedeutet *ihr* (Anrede an mehrere Personen) oder *Sie* (höfliche Anrede).
  Vous êtes prêts, les enfants ?   *Seid ihr bereit, Kinder?*
  Vous êtes prêt, Monsieur Triblet ?   *Sind Sie fertig, Herr Triblet?*
- **Elles** vertritt ausschließlich feminine Substantive im Plural.
  Où sont tes sœurs ? Elles sont au café.   *Wo sind deine Schwestern? Sie sind im Café.*

1. Kreuzen Sie die passende Verbform an.

a. Je ☐ suis / ☐ sont architecte.

b. Vous ☐ est / ☐ êtes en France.

c. Tu ☐ es / ☐ est allemand.

d. Elles ☐ est / ☐ sont françaises.

e. Nous ☐ sommes / ☐ sont au restaurant.

f. On ☐ est / ☐ sommes de Paris.

g. Ils ☐ est / ☐ sont de Lyon.

2. Verbinden Sie in beiden Spalten jeweils die Elemente, die zusammenpassen.

a. J'	sommes à Paris.		h. Nous	ont deux enfants.
b. Tu	ont des amis français.		i. Elles	est architecte.
c. On	ai un vélo bleu.		j. Tu	avez un chien ?
d. Nous	a un rendez-vous important.		k. Vous	es allemand ?
e. Vous	est malade.		l. Il	sont sympathiques.
f. Ils	as quel âge ?		m. Je	avons un problème.
g. Elle	êtes de Nice.		n. Ils	suis optimiste.

3. Ergänzen Sie die Pronomen.

a. _____ avez des enfants ? – Oui, _____ avons deux fils.

b. _____ sont allemands ? – Non, _____ sont autrichiens.

c. _____ est serveuse. Et Paul ? – _____ est boulanger.

d. _____ as quel âge ? – _____ ai trente-deux ans.

e. _____ a le temps ? – Oui, _____ avons encore une heure.

f. _____ sommes de Paris. Et vous ? – _____ suis de Bordeaux.

g. _____ êtes Madame Martin ? – Non, _____ suis Madame Meunier.

4. Ergänzen Sie être oder avoir in den folgenden Wendungen. Verbinden Sie die Sätze dann mit der jeweiligen deutschen Übersetzung.

a. Il _____ quelle heure ?   1. *Hast du Hunger?*

b. Elle _____ l'air sympa.   2. *Sie sind zu früh.*

c. Nous n'_____ pas le temps.   3. *Haben Sie einen Termin?*

d. Ils _____ peur.   4. *Wir haben keine Zeit.*

e. Tu _____ faim ?   5. *Sie sieht sympathisch aus.*

f. Nous _____ huit.   6. *Wie spät ist es?*

g. Vous _____ rendez-vous ?   7. *Wir sind zu acht.*

h. Ils _____ en avance.   8. *Sie haben Angst.*

Tu parles français ? – Euh … – Moi, je parle français.
Sprichst du Französisch? – Äh … – Ich, ich spreche Französisch.

Regelmäßige Verben auf -er im Präsens

Die meisten französischen Verben enden im Infinitiv auf -er und werden regelmäßig konjugiert. (Einzige Ausnahme ist das Verb aller *gehen / fahren* → Kapitel 10.) Diese regelmäßigen Verben werden wie parler konjugiert.

	parler	sprechen			
je	parle	*ich spreche*	nous	parlons	*wir sprechen*
tu	parles	*du sprichst*	vous	parlez	*ihr sprecht / Sie sprechen*
il/elle	parle	*er/sie spricht*	ils/elles	parlent	*sie sprechen*

Nur die Endungen der ersten und zweiten Person Plural (-ons und -ez) sind hörbar.

Beachten Sie folgende Besonderheiten:
- Bei den Verben auf -cer und -ger wird vor der Endung -ons das c mit einer cédille (ç) bzw. ein e hinter das g geschrieben, damit die Aussprache [s] bzw. [ʒ] erhalten bleibt.
  commencer *beginnen* → nous commençons *wir beginnen*
  manger *essen* → nous mangeons *wir essen*
- Bei den Verben auf -oyer und -uyer wird bei allen Personen (außer bei nous und vous) das y durch i ersetzt. Bei den Verben auf -ayer kann das y bei allen Personen beibehalten werden.

	envoyer *schicken*	appuyer *drücken*	essayer *versuchen*
j'	envoie	appuie	essaie / essaye
tu	envoies	appuies	essaies / essayes
il/elle	envoie	appuie	essaie / essaye
nous	envoyons	appuyons	essayons
vous	envoyez	appuyez	essayez
ils/elles	envoient	appuient	essaient / essayent

- Verben mit einem stummen -e oder mit -é vor der Grundformendung (vorletzte Silbe) ändern ihren Stamm bei den unbetonten (unausgesprochenen) Endungen -e, -es, -e, -ent.

	acheter *kaufen*	appeler *rufen*	préférer *bevorzugen*
j'/je	achète	appelle	préfère
tu	achètes	appelles	préfères
il/elle	achète	appelle	préfère
nous	achetons	appelons	préférons
vous	achetez	appelez	préférez
ils/elles	achètent	appellent	préfèrent

1. Was passt zusammen? Verwenden Sie jedes Pronomen einmal.
Eine Verbform kann mehreren Pronomen zugeordnet werden.

a. *vous*   *habitez*

b. _____   _____

c. _____   _____

d. _____   _____

e. _____   _____

f. _____   _____

~~vous~~	parle
tu	regardons
il	travailles
je	~~habitez~~
nous	aiment
ils	

2. Ergänzen Sie mit den passenden Verbformen.

a. Vous _____ anglais ? *(parler)*

b. Claire et Léonie _____ le jazz et le rap. *(adorer)*

c. Nous _____ ici depuis deux ans. *(habiter)*

d. Ils _____ souvent la télé. *(regarder)*

e. Qu'est-ce que tu _____ ? – Je _____ mon livre. *(chercher)*

f. Vous _____ où ? – Je _____ dans une banque. *(travailler)*

3. Verben auf -yer. Ergänzen Sie die Tabelle mit den passenden Formen.

Infinitiv	1. Person Singular	2. Person Plural
a. payer	je _____	vous _____
b. _____	j' _____	vous *envoyez*
c. appuyer	j' _____	vous _____
d. _____	j'essaie / j'essaye	vous _____
e. employer	j' _____	vous _____
f. essuyer	j' _____	vous _____

4. Bilden Sie Sätze mit den angegebenen Verben und je einem Element aus dem Kasten.

~~un sandwich~~   à 9 heures   des légumes   rester à la maison   la police

a. manger   Tu *manges un sandwich.*

Nous _____ un sandwich.

b. acheter   J'_____

Vous _____

c. commencer   Il _____

Nous _____

d. appeler   Tu _____

Nous _____

e. préférer   Je _____

Vous _____

Verben auf *-ir* und *-dre* im Präsens

REGEL Man unterscheidet zwei Gruppen von Verben auf -ir: Verben vom Typ réfléchir (mit Stammerweiterung) und die Verben vom Typ dormir (mit Stammverkürzung).

REGEL Die meisten Verben auf -ir werden wie das Verb réfléchir konjugiert: Der Stamm wird im Plural mit der Silbe -iss erweitert.

réfléchir	*nachdenken*
je	réfléchis
tu	réfléchis
il/elle	réfléchit
nous	réfléchissons
vous	réfléchissez
ils/elles	réfléchissent

Nach diesem Muster werden ebenfalls konjugiert:
finir   *beenden* → je finis … nous finissons …
grandir   *wachsen* → je grandis … nous grandissons …
réagir   *reagieren* → je réagis … nous réagissons …
obéir   *gehorchen* → j'obéis … nous obéissons …

Bei wenigen Verben auf -ir wird der Stamm im Singular kürzer: Der Konsonant entfällt.

dormir	*schlafen*
je	dors
tu	dors
il/elle	dort
nous	dormons
vous	dormez
ils/elles	dorment

Nach diesem Muster werden ebenfalls konjugiert:
mentir *lügen*, partir *weggehen*, sentir *riechen/fühlen*, servir *(be)dienen*, sortir *ausgehen*

Ausnahmen: Die Verben couvrir *bedecken*, découvrir *entdecken*, ouvrir *öffnen*, offrir *schenken* werden im Präsens wie Verben auf -er konjugiert: ouvrir → j'ouvre, tu ouvres, il ouvre … (→ Kapitel 8).

REGEL Die regelmäßigen Verben auf -dre werden wie folgt konjugiert.

répondre	*antworten*
je	réponds
tu	réponds
il/elle	répond
nous	répondons
vous	répondez
ils/elles	répondent

Zu dieser Gruppe gehören ebenfalls attendre *warten*, défendre *verteidigen*, descendre *hinunter- /aussteigen*, rendre *zurückgeben*, vendre *verkaufen*, perdre *verlieren*.

Viele Verben mit der Endung -dre sind jedoch unregelmäßig, wie z. B. prendre *nehmen* (→ Kapitel 10), peindre *malen*, craindre *fürchten*, éteindre *ausschalten* (→ Verbtabellen ab Seite 164).

1. Ergänzen Sie die Tabelle mit den fehlenden Formen.

Infinitiv	Präsens	
a. finir	tu _____	vous _____
b. _____	il _____	ils partent
c. servir	elle _____	nous _____
d. _____	je réfléchis	elles _____
e. réagir	je _____	vous _____
f. _____	tu mens	ils _____
g. _____	il _____	nous obéissons

2. Ergänzen Sie die Sätze mit der jeweils entsprechenden Präsens-Form eines Verbs aus dem Kasten. Die Augenzahl des Würfels gibt die Person an, in die das Verb gesetzt werden soll. (1 Auge = *je*, 2 Augen = *tu* usw.)

dormir	réfléchir	sortir	partir	finir	mentir	réagir

a. Vous _____ à l'hôtel.

b. _____ souvent avec des amis.

c. _____ ne _____ pas assez. _____ trop vite.

d. _____ demain en vacances.

e. _____ mon travail à 16 heures.

f. _____ souvent à ses parents.

3. Regelmäßige Verben auf -dre. Finden Sie in der Wortschlange 7 Verbformen im Präsens und ergänzen Sie die Sätze.

a. Vous *perdez* votre temps.

b. Elles _____ une réponse pour demain.

c. Je _____ à quelle station ?

d. Elle _____ toujours à ses mails.

e. Nous _____ le bus depuis une heure.

f. Tu _____ souvent tes clés.

g. Ils _____ des fruits et des légumes au marché.

TIRRÉPONDOBATTENDONS
IERDESCENDSVEVENDENT
EAU~~PERDEZ~~CHE
ATTENDENTSPUPRU
PERDSON

4. Welches Verb passt nicht in die Reihe? Ersetzen Sie es durch ein Verb aus dem Kasten.

a. finir – réagir – grandir – servir → _____

b. attendre – prendre – répondre – vendre → _____

c. sentir – grandir – sortir – partir → _____

d. ouvrir – découvrir – couvrir – mentir → _____

offrir
dormir
perdre
réfléchir

Wichtige unregelmäßige Verben im Präsens

Viele sehr gebräuchliche Verben – wie z.B. faire *(machen)* → je fais *(ich mache)*, vous faites *(ihr macht/Sie machen)* – sind unregelmäßige Verben.

In der folgenden Tabelle sind einige der wichtigsten Verben aufgelistet. Da hilft nur eins: Auswendig lernen! ☺

Qu'est-ce que vous faites ?

Je fais du sport.

aller	(hin)gehen	dire	*sagen*	écrire	*schreiben*
je	vais	je	dis	j'	écris
tu	vas	tu	dis	tu	écris
il/elle	**va**	il/elle	dit	il/elle	écrit
nous	allons	nous	disons	nous	écrivons
vous	allez	vous	di**tes**	vous	écrivez
ils/elles	**vont**	ils/elles	disent	ils/elles	écrivent

faire	*machen*	lire	*lesen*	mettre	*reintun/hinstellen...*
je	fais	je	lis	je	mets
tu	fais	tu	lis	tu	mets
il/elle	fait	il/elle	lit	il/elle	met
nous	faisons	nous	lisons	nous	mettons
vous	fai**tes**	vous	lisez	vous	mettez
ils/elles	**font**	ils/elles	lisent	ils/elles	mettent

prendre	*nehmen*	venir	*kommen*	voir	*sehen*
je	prends	je	viens	je	vois
tu	prends	tu	viens	tu	vois
il/elle	pren**d**	il/elle	vient	il/elle	voit
nous	prenons	nous	venons	nous	voyons
vous	prenez	vous	venez	vous	voyez
ils/elles	prennent	ils/elles	viennent	ils/elles	voient

! Für die meisten Verben gelten jedoch folgende Endungen (die davon abweichenden Formen sind in der Tabelle fett markiert):

je/tu → **-s**   il → **-t**   nous → **-ons**   vous → **-ez**   ils → **-ent**

1. Finden Sie die im Wortgitter versteckten unregelmäßigen Verbformen (waagrecht und senkrecht) und tragen Sie sie an der richtigen Stelle ein.

V	A	S	P	R	E	N	D	F	A
I	L	O	R	E	V	A	I	S	E
E	L	M	E	T	O	N	T	V	I
N	O	E	N	V	N	U	E	E	D
T	N	T	E	A	T	D	S	N	I
V	S	S	Z	F	A	I	T	E	S
F	A	I	S	O	N	S	A	Z	E
V	I	E	N	N	E	N	T	E	N
O	M	E	T	T	E	Z	D	I	T

a. faire → vous _____ nous _____ elles _____

b. prendre → il _____ vous _____

c. aller → je _____ tu _____ elle _____
  nous _____ ils _____

d. venir → elle _____ ils _____ vous _____

e. dire → je/tu _____ il _____ vous _____
  ils _____

f. mettre → je/tu _____ elle _____ vous _____

2. Bilden Sie Sätze, indem Sie die Elemente rechts und links verbinden und das passende Verb einsetzen.

a. Je _____ mal
b. Elle _____ très bien
c. Nous _____ l'avion
d. _____-vous un journal
e. À qui _____-tu
f. Nos amis _____
g. Tu _____ le lait

1. cette carte postale ?
2. pour Noël.
3. dans une heure.
4. régulièrement ?
5. dans le réfrigérateur.
6. sans lunettes.
7. le couscous.

prendre
écrire
voir
mettre
venir
faire
lire

3. Ergänzen Sie das oder die fehlende(n) Pronomen.

a. _____ écrivent
b. _____ disons
c. _____ prenons
d. _____ écrivez
e. _____ écris

f. _____ dites
g. _____ lisons
h. _____ mets
i. _____ dit
j. _____ mettent

k. _____ écrit
l. _____ mettez
m. _____ viens
n. _____ lisez
o. _____ disent

4. Redewendungen: Setzen Sie das in Klammern stehende Verb ein und verbinden Sie die Sätze mit der passenden Übersetzung.

a. *(aller)* On y _____ .
b. *(faire)* Ça _____ longtemps.
c. *(mettre)* Je _____ la table.
d. *(dire)* Qu'est-ce que vous en _____ ?
e. *(prendre)* Ils _____ des risques.

1. *Was halten Sie davon?*
2. *Sie gehen Risiken ein.*
3. *Los, gehen wir!*
4. *Es ist schon lange her.*
5. *Ich decke den Tisch.*

Un, deux, trois... quatre-vingt-dix-neuf ... – Cent !

Eins, zwei, drei ... neunundneunzig ... – Hundert!

Grundzahlen

Un, deux, trois... quatre-vingt-dix-neuf ...

Cent !

REGEL ➤ Die Grundzahlen sind – außer un(e) *ein(e)*, das dem unbestimmten Artikel entspricht – unveränderlich:

les **quatre** saisons *die vier Jahreszeiten*

➤ **Die Zahlen von 0 bis 19** bilden die Grundlage für alle weiteren Zahlen. Sie sollten sie also unbedingt können. ☺

0	zéro	4	quatre	8	huit	12	douze	16	seize
1	un	5	cinq	9	neuf	13	treize	17	dix-sept
2	deux	6	six	10	dix	14	quatorze	18	dix-huit
3	trois	7	sept	11	onze	15	quinze	19	dix-neuf

➤ **Die Zahlen von 20 bis 69** werden regelmäßig gebildet: Die Einerzahl wird (außer bei Zahlen mit einer „eins" am Ende) mit einem Bindestrich an die Zehnerzahl angeschlossen.

20	**vingt**	**30**	**trente**	**40**	**quarante**	**50**	**cinquante**	**60**	**soixante**
21	vingt et un	31	trente et un	41	quarante et un	51	cinquante et un	61	soixante et un
22	vingt-deux	32	trente-deux	42	quarante-deux	52	cinquante-deux	62	soixante-deux
...	...	...	...	...	...	...	...	...	...
29	vingt-neuf	39	trente-neuf	49	quarante-neuf	59	cinquante-neuf	69	soixante-neuf

➤ **Die Zahlen von 70 bis 99:** Nach soixante-dix (70) und quatre-vingt-dix (90) wird jeweils bis 19 weitergezählt. Vingt wird bei quatre-vingts (80) mit -s geschrieben. Folgt eine weitere Zahl, so fällt dieses -s weg: quatre-vingt-trois (83).

70	**soixante-dix**	**80**	**quatre-vingts**	**90**	**quatre-vingt-dix**
71	soixante et onze	81	quatre-vingt-un	91	quatre-vingt-onze
72	soixante-douze	82	quatre-vingt-deux	92	quatre-vingt-douze
...	...	...	...	...	...
79	soixante-dix-neuf	89	quatre-vingt-neuf	99	quatre-vingt-dix-neuf

➤ **Die Zahlen von 100 bis 1000:** Achten Sie auf das -s, das ab deux cents (200) nur auf die „glatten Hunderter" folgt. Mille (1000) ist immer unveränderlich.

100	cent	200	deux cents	1000	mille
102	cent deux	201	deux cent un	2000	deux mille
130	cent trente	252	deux cent cinquante-deux	3400	trois mille quatre cents
168	cent soixante-huit	300	trois cents	5203	cinq mille deux cent trois

1. Ergänzen Sie, wie im Beispiel, die jeweils fehlende Zahl in Ziffern und Buchstaben.

a. Il y a _cinq_ continents.   → _5_

b. Une semaine a _____ jours.   → ____

c. Il y a _____ joueurs dans une équipe de foot.   → ____

d. Une année, c'est _____ mois et _____ saisons.   → ____ et ____

e. En Allemagne, il y a _____ Länder.   → ____

f. J'adore Les _____ *Saisons* de Vivaldi.   → ____

g. Avez-vous peur du vendredi _____ ?   → ____

h. Pour danser la valse, il faut être _____ .   → ____

i. Un semestre, c'est _____ mois.   → ____

j. Les _____ doigts des _____ mains.   → ____ et ____

2. Schreiben Sie die folgenden Zahlen aus.

a. 23   _vingt-trois_   g. 68 _____

b. 45   _____   h. 41 _____

c. 60   _____   i. 61 _____

d. 56   _____   j. 29 _____

e. 37   _____   k. 33 _____

f. 31   _____   l. 50 _____

3. Zählen Sie laut von 70 bis 81 und schreiben Sie folgende Zahlen aus.

70 _____   74 _____   78 _____

71 _____   75 _____   79 _____

72 _____   76 _____   80 _____

73 _____   77 _____   81 _____

4. Kreuzen Sie jeweils die richtige Schreibweise an und schreiben Sie die Zahl in Ziffern dahinter.

a. ☐ quatre-vingts-deux   ✗ quatre-vingt-deux   _82_

b. ☐ soixante-douze   ☐ soixante et douze   ____

c. ☐ quatre-vingt et onze   ☐ quatre-vingt-onze   ____

d. ☐ un cent   ☐ cent   ____

e. ☐ un cent trente-neuf   ☐ cent trente-neuf   ____

f. ☐ cinq cents   ☐ cinq cent   ____

g. ☐ huit cents cinquante-six   ☐ huit cent cinquante-six   ____

h. ☐ mille trois cents un   ☐ mille trois cent un   ____

i. ☐ huit mille   ☐ huit milles   ____

j. ☐ neuf mille huit cent   ☐ neuf mille huit cents   ____

Ordnungszahlen

Je suis à l'aéroport.
Ma première valise est
à Londres, la deuxième
à New York, mais la
troisième est ici !

REGEL ▷ Ordnungszahlen ordnen ein Element in eine Reihe ein. Sie werden gebildet, indem man an die Grundzahl die Endung -ième hängt:
trois → troisième   *drei → dritter, -e, -es*

! **Ausnahme:** premier / première (*erster, -e, -es*)

Ordnungszahlen werden im Französischen ohne Punkt geschrieben.

1$^{er/ère}$	premier/-ière	7^e	septième	20^e	vingtième	100^e	centième
2^e	deuxième	8^e	huitième	21^e	vingt et unième	101^e	cent unième
3^e	troisième	9^e	neuvième	22^e	vingt-deuxième	1000^e	millième
4^e	quatrième	10^e	dixième	23^e	vingt-troisième …	1000 000^e	millionième
5^e	cinquième	11^e	onzième …	30^e	trentième		
6^e	sixième	19^e	dix-neuvième …	31^e	trente et unième		

▷ Ordnungszahlen werden wie Adjektive angeglichen (→ Kapitel 14).
le premier jour / les premiers jours   *der erste Tag / die ersten Tage*
la première fois / les premières fois   *das erste Mal / die ersten Male*

▷ Der Grundzahl deux entsprechen zwei Ordnungszahlen: deuxième und second(e).
la Seconde Guerre mondiale / la Deuxième Guerre mondiale   *der 2. Weltkrieg*

▷ Die von der Zahl un abgeleitete Grundzahl unième tritt nur bei zusammengesetzten Zahlen auf.
le vingt et unième jour de l'année   *der 21. Tag des Jahres*

REGEL ▷ Anders als im Deutschen verwendet man **keine** Ordnungszahl bei
- der Angabe des Datums (außer für den Ersten des Monats).
  le **vingt-quatre** (24) décembre *der 24. Dezember,* le **quinze** (15) mai *der 15. Mai*
  Aber: le **premier** (1er) janvier *der erste Januar*
- Dynastien/Monarchen (außer für den Ersten in der Reihe).
  Louis XIV (Quatorze) *Ludwig XIV.,* Henri IV (Quatre) *Heinrich IV.*
  Aber: François 1er (Premier) *Franz I.*

1. Bilden Sie die entsprechende Ordnungszahl und ergänzen Sie. Verbinden Sie die Wendungen dann mit der passenden Übersetzung.

a. deux → la _____ rue à droite
b. un → en _____ classe
c. cinq → le _____ roman
d. sept → le _____ jour
e. treize → le _____ mois
f. trois → la _____ dimension
g. vingt → le _____ siècle
h. deux → la _____ fois

1. *das zwanzigste Jahrhundert*
2. *die dritte Dimension*
3. *der siebte Tag*
4. *die zweite Straße rechts*
5. *in erster Klasse*
6. *das zweite Mal*
7. *der fünfte Roman*
8. *das dreizehnte Monatsgehalt*

2. Vervollständigen Sie die Tabelle.

	Grundzahl	Ordnungszahl		Grundzahl	Ordnungszahl
a.	un	_____	g.	neuf	_____
b.	deux	_____	h.	_____	onzième
c.	_____	quatrième	i.	quatorze	_____
d.	trente et un	_____	j.	six	_____
e.	cinq	_____	k.	cent	_____
f.	_____	septième	l.	_____	second(e)

3. Fügen Sie die fehlende Ordnungszahl ein und schreiben Sie die passende Antwort dazu.

le Nouvel An Victor Hugo novembre centime cinéma Bordeaux jeudi Z

a. le _____ (11) mois de l'année → _____
b. le _____ (4) jour de la semaine → _____
c. la _____ (1) fête de l'année → _____
d. la _____ (5) ville française → _____
e. la _____ (100) partie de l'euro → _____
f. la _____ (26) lettre de l'alphabet → _____
g. le _____ (7) art → _____
h. un écrivain du _____ (19) siècle → _____

4. Passt hier die Grund- oder die Ordnungszahl? Ergänzen Sie.

a. le _____ mars   *der 21. März*
b. la _____ rue à gauche   *die 1. Straße links*
c. mon _____ anniversaire   *mein 30. Geburtstag*
d. le _____ janvier   *der 1. Januar*
e. Napoléon _____   *Napoleon III.*

Uhrzeit

Nach der Uhrzeit fragen Sie mit Quelle heure est-il ? (*Wie viel Uhr ist es?*) oder Vous avez l'heure, s'il vous plaît ? (wörtlich: *Haben Sie die Uhrzeit?*).

Il est cinq heures, on ferme.

 Bei der **offiziellen Zeitangabe** (z. B. im Radio) werden – genau wie im Deutschen – die Stunden von 0 bis 24 und die Minuten von 1 bis 59 gezählt.

14h30	Il est quatorze heures trente.	00h45	Il est zéro heure quarante-cinq.
	Es ist vierzehn Uhr dreißig.		*Es ist null Uhr fünfundvierzig.*

 Im Alltag zählt man nur von 1 bis 11. Steht der große Zeiger auf 12, so heißt es midi (*Mittag*) oder minuit (*Mitternacht*). *Viertel nach* heißt et quart, *halb* et demie und *Viertel vor* moins le quart.

15h	trois heures	15h35	quatre heures moins vingt-cinq
15h05	trois heures cinq	15h40	quatre heures moins vingt
15h10	trois heures dix	15h45	quatre heures moins le quart
15h15	trois heures et quart	15h50	quatre heures moins dix
15h20	trois heures vingt	15h55	quatre heures moins cinq
15h25	trois heures vingt-cinq	16h	quatre heures
15h30	trois heures et demie		

!   Sagen Sie zuerst die Stunden und danach die Minuten.

!   Die Tageszeit können Sie mit du matin (*am Vormittag*) oder de l'après-midi (*am Nachmittag*) oder du soir (*am Abend*) präzisieren: de huit à dix heures du soir   *von acht bis zehn Uhr abends*

!   Anders als im Deutschen nennt man bei „halb" die angebrochene Stunde:
Il est **six heures et demie.**   Es ist **halb sieben.** (wörtlich: *sechs Uhr und halb*)

 Mit À quelle heure... ? (*Um wie viel Uhr...?*) erfahren Sie, wann etwas stattfindet. Die Uhrzeit wird dann mit à eingeführt.
Le concert commence à quelle heure ?   *Um wie viel Uhr fängt das Konzert an?*
À dix-neuf heures trente.   *Um neunzehn Uhr dreißig.*

1. Notieren Sie die Uhrzeit. Verwenden Sie die offizielle Variante. Il est …

a. 10h15 _____
b. 12h30 _____
c. 23h10 _____
d. 21h35 _____

e. 22h25 _____
f. 16h45 _____
g. 13h55 _____
h. 12h00 _____

2. Offizielle und alltägliche Uhrzeitangaben. Verbinden Sie jeweils die Uhrzeiten mit der Uhr.

quatre heures et quart   minuit   onze heures moins le quart   seize heures quinze

1.   2.   3.   4.

vingt-trois heures trente   onze heures et demie   dix heures quarante-cinq   midi

3. Ergänzen Sie die jeweils fehlende Form.

offiziell	in Zahlen	informell
a. treize heures	13h00	une heure (de l'après-midi)
b. dix-heures quinze		
c. douze heures trente		
d.		huit heures moins dix
e.	17h40	
f. vingt-quatre heures		
g. quinze heures quarante-cinq		
h.		cinq heures et demie (de l'après-midi)

4. In die Übersetzungen haben sich Fehler eingeschlichen. Verbessern Sie und schreiben Sie den Satz richtig auf.

a. *Wie spät ist es?* À quelle heure est-il ? → _____
b. *Es ist Viertel nach zehn.* C'est dix heures et quart. → _____
c. *Um wie viel Uhr kommst du?* Tu viens quelle heure ? → _____
d. *Er beginnt um 18 Uhr 30.* Il commence à sept heures et demie. → _____
e. *Es ist 10 Uhr abends.* Il est dix heures du matin. → _____
f. *Wir essen um Mittag.* Nous mangeons à minuit. → _____
g. *Haben Sie die Uhrzeit, bitte?* Vous avez une heure, S.V. P. ? → _____
h. *Es ist sechzehn Uhr fünfzehn.* Il est seize heures et quart. → _____

Wählen Sie die richtige Antwort.

Substantive

1. directeur / direc____
   a) ☐ -teuse
   b) ☐ -trice

2. voiture
   a) ☐ feminin
   b) ☐ maskulin

3. un cheval / deux chev____
   a) ☐ -als
   b) ☐ -aux

4. un prix / deux ____
   a) ☐ prixs
   b) ☐ prix

Artikel

5. ____ amie
   a) ☐ l'
   b) ☐ la

6. ____ journaux
   a) ☐ le
   b) ☐ les

7. manger ____ restaurant
   a) ☐ à le
   b) ☐ au

8. Fermé ____ lundi
   a) ☐ le
   b) ☐ Ø

9. Vous avez ____ enfants ?
   a) ☐ Ø
   b) ☐ des

10. ____ garage
    a) ☐ un
    b) ☐ une

11. J'achète ____ pain.
    a) ☐ Ø
    b) ☐ du

12. Je fais ____ ski.
    a) ☐ du
    b) ☐ de

13. Je voudrais un litre ____ lait.
    a) ☐ de
    b) ☐ du

14. Il n'achète pas ____ eau.
    a) ☐ de l'
    b) ☐ d'

Être und avoir

15. Je ____ professeur.
    a) ☐ suis
    b) ☐ sommes

16. Il ____ deux ans.
    a) ☐ est
    b) ☐ a

Regelmäßige Verben

17. Tu ____ anglais ?
    a) ☐ parle
    b) ☐ parles

18. Nous ____ le théâtre.
    a) ☐ aimons
    b) ☐ aimez

19. Il ____ le serveur.
    a) ☐ appèle
    b) ☐ appelle

20. Nous ____ à huit heures.
    a) ☐ mangons
    b) ☐ mangeons

21. Vous ____ ?
    a) ▢ dormez
    b) ▢ dormissez

22. Elle ____ le bus.
    a) ▢ attend
    b) ▢ attent

Unregelmäßige Verben

23. Vous ____ du sport ?
    a) ▢ faisez
    b) ▢ faites

24. Nous ____ le train.
    a) ▢ prenons
    b) ▢ prendons

25. Je ____ au cinéma.
    a) ▢ vas
    b) ▢ vais

Zahlen, Uhrzeit und Datum

26. 71
    a) ▢ soixante-onze
    b) ▢ soixante et onze

27. 304
    a) ▢ trois cent quatre
    b) ▢ trois cents quatre

28. le ____ mars
    a) ▢ vingt et unième
    b) ▢ vingt et un

29. 10h30
    a) ▢ dix heures et demie
    b) ▢ onze heures de demie

30. ____ quelle heure ?
    a) ▢ De
    b) ▢ À

Vergleichen Sie nun Ihre Antworten mit den Lösungen auf Seite 150. Dieser Tabelle können Sie entnehmen, auf welches Kapitel sich jede Aufgabe bezieht. Wenn Sie eine Aufgabe nicht richtig gelöst haben, können Sie das entsprechende Kapitel wiederholen.

Aufgabe	Kapitel	Aufgabe	Kapitel	Aufgabe	Kapitel	Aufgabe	Kapitel	Aufgabe	Kapitel
1	1	7	3	13	6	19	8	25	10
2	1	8	3	14	6	20	8	26	11
3	2	9	4	15	7	21	9	27	11
4	2	10	4	16	7	22	9	28	12
5	3	11	5	17	8	23	10	29	13
6	3	12	5	18	8	24	10	30	13

Adjektiv: Angleichung

Das französische Adjektiv wird dem Substantiv immer angeglichen.

Die **feminine Form** wird in der Regel durch Anhängen von -e an die maskuline Form gebildet.

! Endet das Adjektiv auf -e, wird kein weiteres -e hinzugefügt:
un verre vide – une bouteille vide   *ein leeres Glas – eine leere Flasche*

Wie bei den Substantiven (→ Kapitel 1) ändert sich bei einigen Adjektiven die Endung.

léger	→	légère	*leicht*	actif	→	active	*aktiv*
discret	→	discrète	*diskret*	culturel	→	culturelle	*kulturell*
italien	→	italienne	*italienisch*	heureux	→	heureuse	*glücklich*

Folgende – sehr gebräuchliche – Adjektive sind unregelmäßig.

blanc	→	blanche	*weiß*	doux	→	douce	*sanft*
frais	→	fraîche	*frisch*	beau	→	belle	*schön*
long	→	longue	*lang*	nouveau	→	nouvelle	*neu*
faux	→	fausse	*falsch*	vieux	→	vieille	*alt*

! Vor Vokal oder einem „stummen h" werden beau, nouveau und vieux zu bel, nouvel und vieil:
un **bel** homme *ein schöner Mann*, un **nouvel** ami *ein neuer Freund*, un **vieil** hôtel *ein altes Hotel*

REGEL Bei der Pluralbildung gelten dieselben Regeln wie beim Substantiv (→ Kapitel 2).

Singular	Plural	
vert	des pulls verts	*grüne Pullis*
doux	des vins doux	*süße Weine*
beau	les beaux films	*die schönen Filme*
normal	des gens normaux	*normale Leute*

! Zusammengesetzte Farbadjektive und Farbadjektive, die einem Substantiv entsprechen sind unveränderlich: des yeux bleu clair *hellblaue Augen*, un pull orange → des pulls orange *ein oranger Pulli → orange Pullis*

1. Verbinden Sie je einen Artikel, ein Substantiv und ein Adjektiv miteinander.

	~~veste~~	géniales
	montre	méchant
un	pull	~~courte~~
une	films	suisse
des	table	basse
	idées	bleu
	chien	intéressants

a. *une veste courte*

b. _____

c. _____

d. _____

e. _____

f. _____

g. _____

2. Gesucht wird das Gegenteil. Ergänzen Sie die Sätze mithilfe der im Kasten stehenden Adjektive. Gleichen Sie sie wenn nötig an.

a. un pull noir   ≠   une robe _____

b. un jeune homme   ≠   une _____ femme

c. une mauvaise soirée   ≠   une _____ journée

d. un chocolat chaud   ≠   une bière _____

e. une couleur discrète   ≠   un voisin _____

f. un canapé moderne   ≠   une table _____

g. une robe courte   ≠   une jupe _____

h. un sac lourd   ≠   une alimentation _____

léger
blanc
frais
indiscret
vieux
long
bon
ancien

3. Je drei Adjektive aus dem Kasten passen zu einem der Substantive. Notieren Sie sie.

chère   originales   ~~longs~~   fausses   gris   bleue   allemands   rapide
fidèles   grand   précieux   clair   nouvelles   courts   cher

a. des cheveux   → *longs*   _____   _____

b. une voiture   → _____   _____   _____

c. des amis   → _____   _____   _____

d. un appartement   → _____   _____   _____

e. des idées   → _____   _____   _____

4. Ergänzen Sie die fehlende Singular- oder Pluralform.

a. un vélo gris   →   des _____

b. un _____   ←   deux beaux manteaux

c. un pantalon kaki   →   des _____

d. un enfant nerveux   →   des _____

e. un projet génial   →   des _____

f. un _____   ←   trois vieux hommes

g. un nouvel hôtel   →   deux _____

Adjektiv: Stellung

REGEL Anders als im Deutschen steht das Adjektiv in der Regel nach dem Substantiv:
une cuisine **moderne**   *eine moderne Küche*

Diese Regel gilt für alle Nationalitäts- und Farbadjektive sowie alle längeren Adjektive.
un journal français   *eine französische Zeitung*
une voiture rouge   *ein rotes Auto*
une nuit romantique   *eine romantische Nacht*

! Einige (meist einsilbige) Adjektive stehen vor dem Substantiv. Lernen Sie sie am besten in vollständigen Wendungen, wie z. B.:
un bon ≠ mauvais film   *ein guter ≠ schlechter Film*
une petite ≠ grande cuisine   *eine kleine ≠ große Küche*
un joli/beau village   *ein hübsches/schönes Dorf*
une grosse voiture   *ein dickes Auto*
un vieux monsieur   *ein alter Herr*

REGEL Einige Adjektive können vor oder nach dem Substantiv stehen: Sie ändern meist mit der Stellung auch ihre Bedeutung. Die folgenden Adjektive haben, wenn sie vorangestellt werden eine wertende (emotionale) Bedeutung.
un grand homme   … ist nicht unbedingt groß, sondern ein bedeutender Mann.
un petit garçon   … ist nicht unbedingt klein, aber jung.
un vieil ami   … ist nicht unbedingt ein alter, aber ein zuverlässiger Freund.
un curieux voisin   … ist nicht unbedingt ein neugieriger, aber ein merkwürdiger Nachbar.
une triste histoire   … ist nicht unbedingt eine traurige, aber eine schlimme Geschichte.

1. Was ist richtig? Kreuzen Sie an und markieren Sie anschließend das Adjektiv.

a. ▢ un pull blanc   ▢ un blanc pull

b. ▢ des chocolats belges   ▢ des belges chocolats

c. ▢ un pull gros   ▢ un gros pull

d. ▢ un livre bon   ▢ un bon livre

e. ▢ un été chaud   ▢ un chaud été

f. ▢ un journal anglais   ▢ un anglais journal

g. ▢ une voiture rapide   ▢ une rapide voiture

h. ▢ une écharpe orange   ▢ une orange écharpe

i. ▢ un film mauvais   ▢ un mauvais film

2. Finden Sie in der Wortschlange 8 Adjektive, die in der Regel vor dem Substantiv stehen und ergänzen Sie anschließend damit die Satzteile. Gleichen Sie die Adjektive auch an.

ABINBLEUPETITVTUFRANÇAISTIAGROSENBONTROSYMPATHIQUESUIPBEAU
RUGRANDASOMAUVAISTIJOLIVOIVIEUXBER

a. un _____ jardin   *ein kleiner Garten*   e. un _____ pull   *ein hübscher Pulli*

b. une _____ chanson   *ein altes Lied*   f. un _____ chien   *ein dicker Hund*

c. un _____ homme   *ein schöner Mann*   g. un _____ arbre   *ein großer Baum*

d. une _____ idée   *eine schlechte Idee*   h. une _____ amie   *ein gute Freundin*

3. Steht das Adjektiv vor oder nach dem Substantiv? Ergänzen Sie.

a. *eine merkwürdige Geschichte* → (curieux) une _____ affaire _____

b. *ein armes Land* → (pauvre) un _____ pays _____

c. *ein ehemaliger Minister* → (ancien) un _____ ministre _____

d. *ein starker Esser* → (gros) un _____ mangeur _____

e. *eine einzige Frau* → (seul) une _____ femme _____

4. Bringen Sie Ordnung in die Sätze und unterstreichen Sie alle Adjektive.

a. un / nous avons / très sympathique / voisin / nouveau

_____

b. âgées / est / la marche / un sport / nordique / pour les personnes / idéal

_____

c. la rue / décorent / des guirlandes / principale / rouges

_____

d. et chaud / la météo / sec / un été / prévoit

_____

e. verte / elle porte / une robe / plates / et des chaussures

_____

Ma femme et mes enfants passent le week-end dans notre maison de campagne.

Meine Frau und meine Kinder verbringen das Wochenende in unserem Landhaus.

Possesivbegleiter

 Der Possessivbegleiter gibt einen Besitz oder eine Zugehörigkeit an.

la femme de Vincent → **sa** femme
> *die Frau von Vincent → **seine** Frau*

> Ma femme et mes enfants passent le week-end dans notre maison de campagne.

 Der Possessivbegleiter wird durch die Person des Besitzers bestimmt:

il a un chien → c'est **son** chien
> **er** hat einen Hund → das ist **sein** Hund

nous avons un jardin → c'est **notre** jardin
> **wir** haben einen Garen → das ist **unser** Garten

Die Form (Geschlecht und Zahl) des Possessivbegleiters wird an das Besitzobjekt angeglichen:
Il aime **sa** femme.   *Er liebt seine Frau.*
Elle aime **son** mari.   *Sie liebt ihren Mann.*

Der Possessivbegleiter hat folgende Formen:

Substantiv im Singular						Substantiv im Plural		
maskulin			feminin			maskulin und feminin		
mon		*mein ...*	ma		*meine ...*	mes		*meine ...*
ton	frère	*dein ...*	ta	sœur	*deine ...*	tes	frères/ sœurs	*deine ...*
son		*sein/ihr ...*	sa		*seine/ihre ...*	ses		*seine/ihre ...*
notre		*unser ...*	notre		*unsere ...*	nos		*unsere ...*
votre	frère	*euer/Ihr ...*	votre	sœur	*eure/Ihre ...*	vos	frères/ sœurs	*eure/Ihre ...*
leur		*ihr ...*	leur		*ihre ...*	leurs		*ihre ...*

! Anders als im Deutschen spielt das Geschlecht des Besitzers keine Rolle bei der Wahl des Possessivbegleiters der dritten Person: son, sa, ses bedeutet sowohl *sein(e)* als auch *ihr(e)*.
Ses amis bedeutet *seine Freunde* oder *ihre Freunde*.
Nur der Kontext informiert Sie, ob son fils *sein Sohn* oder *ihr Sohn* ist.

! Die Formen ma, ta, sa werden, weil es sich so leichter aussprechen lässt, vor einem femininen Substantiv, das mit Vokal oder „stummem h" beginnt, durch mon, ton, son ersetzt.
une histoire → **mon** histoire   *meine Geschichte*
une adresse → **ton** adresse   *deine Adresse*
une amie → **son** amie   *seine/ihre Freundin*

1. Verbinden Sie die Elemente rechts und links zu sinnvollen Sätzen. Unterstreichen Sie dann die Person (den Besitzer) und den Possessivbegleiter.

a. <u>Les voisins</u> promènent   1. chez vos parents ?

b. J'ai des problèmes   2. de ses projets à ses parents.

c. Vous habitez   3. son anniversaire au restaurant.

d. Tu vois   4. avec ma voiture.

e. Elle fête   5. leurs clés.

f. Arnaud a parlé   6. <u>leur</u> chien.

g. Anne et Paul ne trouvent pas   7. tes frères et sœurs souvent ?

2. Sagen Sie dasselbe mit einem Possessivbegleiter.

a. C'est le livre de Pierre.   →   C'est *son livre.*

b. Ce sont les enfants de ma sœur.   →   Ce sont _____

c. C'est la voiture de mes parents.   →   C'est _____

d. Tu as des lunettes.   →   Ce sont _____

e. Ce sont les amis de mes parents.   →   Ce sont _____

f. J'ai un pull.   →   C'est _____

g. C'est la femme de mon frère.   →   C'est _____

h. C'est le fils de ma sœur.   →   C'est _____

i. Vous avez un problème.   →   C'est _____

j. Nous avons une idée.   →   C'est _____

3. Welches Wort/Welche Wörter passen zum Possessivbegleiter? Kreuzen Sie sie an.

a. ma	☐ mère	☐ filles	☐ vélo
b. leur	☐ fille	☐ enfants	☐ fils
c. mon	☐ ami	☐ amie	☐ amis
d. sa	☐ famille	☐ amie	☐ cousine
e. leurs	☐ voisines	☐ problèmes	☐ livre
f. ton	☐ adresse	☐ nom	☐ numéro de téléphone
g. vos	☐ clé	☐ lunettes	☐ collègues
h. son	☐ habitude	☐ collègue	☐ parents

4. Redewendungen: Ergänzen Sie die Possessivbegleiter.

a. *meiner Meinung nach*   →   à _____ avis

b. *an eurer/Ihrer Stelle*   →   à _____ place

c. *zum Wohl/auf deine Gesundheit*   →   à _____ santé

d. *es ist seine Schuld*   →   c'est de _____ faute

e. *es ist nicht meine Art*   →   ce n'est pas _____ genre

f. *meine lieben Freunde*   →   _____ chers amis

g. *sie sind an der Reihe*   →   c'est _____ tour

17

Ce pull est magnifique. – Euh … Comment trouves-tu ces robes ?
Dieser Pulli ist wunderschön. – Äh … Wie findest du diese Kleider?

Demonstrativbegleiter

Der Demonstrativbegleiter lenkt
die Aufmerksamkeit auf etwas oder
jemanden Bestimmtes:
Ce pull est magnifique.
  ***Dieser** Pullover ist wunderschön.*

> Ce pull est magnifique. Tu peux m'avancer l'argent ?

> Euh… Comment trouves-tu ces robes ?

 Der Demonstrativbegleiter richtet
sich in Genus und Numerus nach
dem Substantiv, das er begleitet.
le pull → **ce** pull   *der Pulli → **dieser** Pulli*
la veste → **cette** veste   *die Jacke → **diese** Jacke*

 Der Demonstrativbegleiter hat folgende Formen:

	maskulin	**feminin**
Singular	**ce** jardin *dieser Garten* **cet** ami *dieser Freund* **cet** hôtel *dieses Hotel*	**cette** fleur *diese Blume*
Plural	**ces** jardins *diese Gärten* **ces** amis *diese Freunde* **ces** hôtels *diese Hotels*	**ces** fleurs *diese Blumen*

! Vor einem maskulinen Substantiv im Singular, das mit einem Vokal oder einem „stummen h"
beginnt, steht ce statt ce. Die Aussprache ist somit flüssiger.

 Bei Tageszeitangaben wird der Demonstrativbegleiter in der Bedeutung von *heute* verwendet.
On arrive **ce soir**.   *Wir kommen **heute Abend** an.*
Qu'est-ce que tu fais **cet après-midi** ?   *Was machst du **heute Nachmittag**?*

 Der Demonstrativbegleiter kann mit -ci oder -là ergänzt werden. Diese Ergänzungen heben
das Substantiv noch stärker hervor.
Prends **cette** chaise-**là**, elle est plus confortable.   *Nimm **diesen** Stuhl **(da)**, er ist bequemer.*

1. Ce, cet, cette oder ces? Ergänzen Sie.

a. la rue → *cette rue*   g. l'hiver → _____

b. les enfants → _____   h. le hamac → _____

c. la maison → _____   i. les gens → _____

d. l'amie → _____   j. le parking → _____

e. le professeur → _____   k. l'acteur → _____

f. l'ordinateur → _____   l. l'hôpital → _____

2. Ergänzen Sie die Sätze.

a. Comment trouves-tu *ce* pull ?   d. Je vous recommande _____ restaurant.

                _____ livre ?   _____ hôtel.

                _____ robes ?   _____ vin.

b. Je ne connais pas _____ fille.   e. Je prends _____ chaussures.

                _____ café.   _____ modèle.

                _____ homme.   _____ fleurs.

c. Nous prenons _____ train   f. J'adore _____ couleur.

                _____ bus   _____ actrice.

                _____ avion   _____ animaux.

3. Ergänzen Sie den Demonstrativbegleiter und ordnen Sie den Definitionen jeweils die richtige Antwort aus dem Kasten zu.

boulangerie	~~médicaments~~	bananes	pastis	éléphant	robe	vacances
		Paris	Provence			

a. On achète _____ produits dans une pharmacie.   *médicaments*

b. Pendant _____ période, on ne travaille pas.   _____

c. _____ ville est la capitale de la France.   _____

d. Les hommes ne portent pas _____ vêtement.   _____

e. _____ apéritif a goût d'anis.   _____

f. _____ région se trouve dans le sud de la France.   _____

g. _____ animal est énorme.   _____

h. _____ fruits ne poussent pas en France.   _____

i. On achète le pain dans _____ magasin.   _____

4. Vervollständigen Sie die Übersetzungen.

a. *Was machst du heute Abend?* → Qu'est-ce que tu fais _____ ?

b. *Ist dieser Platz frei?* → Est-ce que _____ est libre ?

c. *Heute Morgen bleibe ich im Bett.* → _____, je reste au lit.

d. *Es hat viel geschneit diesen Winter.* → Il a beaucoup neigé _____ .

Indefinitbegleiter

 Indefinitbegleiter bezeichnen meist eine nicht genau definierte Menge oder Anzahl. Wie alle Begleiter stehen sie immer vor einem Substantiv.

In der folgenden Tabelle finden Sie die gebräuchlichsten Indefinitbegleiter.

aucun(e)	Nous n'avons eu **aucun** problème. *Wir habe **gar keine** Probleme gehabt.*
	Il n'a **aucune** expérience. *Er hat **gar keine** Erfahrung.*
chaque	Il a plu **chaque** jour. *Es hat **jeden** Tag geregnet.*
plusieurs	Je lui ai déjà dit **plusieurs** fois. *Ich habe es ihm **mehrere** Male gesagt.*
quelques	J'ai trouvé **quelques** champignons. *Ich habe **einige** Pilze gefunden.*
tout(e),	Elle rit **tout le** temps. *Sie lacht **die ganze** Zeit.*
tous/toutes	J'ai perdu **tous mes** papiers. *Ich habe **alle meine** Papiere verloren.*

! **Aucun** steht im Singular und ist nur im Genus (maskulin/feminin) veränderlich. Es wird in Verbindung mit der Verneinungspartikel ne verwendet.

! **Chaque** ist unveränderlich, das Substantiv steht immer im Singular.
Chaque matin, j'ai du mal à me lever.   *Jeden Morgen fällt mir das Aufstehen schwer.*

! **Tout** ist komplett veränderlich und wird meist mit einem anderen Begleiter (un/le/mon/ce …) verwendet. Im Singular hat **tout(e)** die Bedeutung *ganz*, im Plural hat **tous (toutes)** die Bedeutung *alle*.

Singular		Plural	
tout le gâteau	*der ganze* Kuchen	**tous les** gâteaux	*alle* Kekse
toute la tarte	*die ganze* Torte	**toutes les** tartes	*alle* Torten

1. Unterstreichen Sie in jedem Satz die Gruppe „Indefinitbegleiter + Substantiv" und übersetzen Sie sie.

a. Les enfants ont mangé <u>tous mes bonbons.</u>   *alle meine Bonbons*
b. Je n'aime aucun film de ce réalisateur. _____
c. Il y a un cadeau pour chaque enfant. _____
d. Je n'ai aucune envie de sortir ce soir. _____
e. Il a téléphoné plusieurs fois. _____
f. La voisine fait le ménage toute la journée. _____
g. J'ai invité quelques amis à mon anniversaire. _____
h. J'ai écrit toutes mes cartes postales. _____

2. Diese Sätze sind fehlerhaft übersetzt. Korrigieren Sie sie.

a. *Ich habe es ihm mehrere Male gesagt.*   Je le lui ai dit quelques fois.
_____

b. *Wir haben einige Probleme gehabt.*   Nous avons eu plusieurs problèmes.
_____

c. *Ich habe das ganze Wochenende gearbeitet.*   J'ai travaillé toute le week-end.
_____

d. *Ich kenne keinen einzigen Nachbarn.*   Je ne connais aucuns voisins.
_____

e. *Sie besucht mich jeden Tag.*   Elle vient me voir toute la journée.
_____

f. *Ich verkaufe alle meine Bücher.*   Je vends plusieurs livres.
_____

3. Welche Form von tout passt hier? Ergänzen Sie die Sätze.

a. J'ai dormi _____ la matinée.
b. Je mange au restaurant _____ les dimanches.
c. Nous passons _____ nos vacances en France.
d. J'invite _____ ma famille et _____ mes amis à mon anniversaire.
e. Il a perdu _____ son argent au jeu.
f. J'ai travaillé _____ la nuit.

4. Vervollständigen Sie die Übersetzungen.

a. *Es gibt mehrere Möglichkeiten.* → Il y a _____ possibilités.
b. *Ich habe keinerlei Probleme damit.* → Cela ne me pose _____ problème.
c. *Er hat den ganzen Kuchen gegessen.* → Il a mangé _____ gâteau.
d. *Mehrere Kunden haben angerufen.* → _____ clients ont téléphoné.
e. *Ich habe einige DVDs gekauft.* → J'ai acheté _____ DVD.

C'est charmant ici ! – Il fait froid et il y a du vent …
Es ist reizend hier! – Es ist kalt und windig …

Neutrale Pronomen

 Das deutsche Neutrum *es* hat im Französischen mehrere Entsprechungen.
C'est charmant ici.   *Es ist reizend hier.*
Il fait froid.   *Es ist kalt.*

 Ce / C' (vor Vokal) wird mit dem Verb **être** verwendet. Mit **C'est** … werden Personen oder Sachen eingeführt oder bewertet.
Qui est-**ce** ? – **C'est** Madame Lemoine.   *Wer ist **das**? – **Das** ist Frau Lemoine.*
C'est très intéressant.   *Es ist sehr interessant.*

! Vor einem Plural sollte **ce sont** statt **c'est** stehen. Diese Regel wird jedoch in der Umgangssprache nicht immer befolgt.
Ce sont des amis à nous. = **C'est** des amis à nous.   *Es sind Freunde von uns.*

! In Verbindung mit **c'est** wird die betonte Form des Pronomens verwendet (→ Kapitel 24).
Qui est-ce ? – **C'est** moi.   *Wer ist es ? – Ich bin's.*

 Ça (Kurzform von **cela**) wird außer bei **être** bei allen Verben verwendet.
Cela / Ça te plaît ?   *Gefällt **es** dir?*

! Steht vor **être** ein Objektpronomen, wird **ça** statt **c'est** verwendet.
Ça m'est égal.   *Es ist mir egal.*

 Il wird in folgenden Fällen in der Bedeutung von *es* verwendet:
- Bei der Angabe des Wetters, der Temperatur und der Uhrzeit.
  Il pleut et **il** fait froid.   *Es regnet und es ist kalt.*
  Quelle heure est-**il** ? – **Il** est trois heures.   *Wie spät ist **es**? – **Es** ist drei Uhr.*

- In der Wendung **il y a** (*es gibt / es ist …*), oft in Verbindung mit einer Ortsangabe.
  Il y a un banc vert dans le jardin.   *Im Garten steht eine grüne Bank.*
  Ici, **il n'y a** pas de gare.   *Hier gibt es keinen Bahnhof.*

  ! In Verbindung mit einer Zeitangabe hat **il y a** die Bedeutung *vor.*
  J'ai déménagé **il y a** trois ans.   *Ich bin **vor** drei Jahren umgezogen.*

- Bei vielen unpersönlichen Wendungen wie **il est possible que** (*es ist möglich, dass*), **il est temps** … (*es ist Zeit …*), **il est interdit de** (*es ist verboten*), **il est normal que** … (*es ist normal, dass …*).
  Il est temps de partir.   *Es ist Zeit zu gehen.*

1. C'est oder ce sont? Ergänzen Sie die Sätze.

a. _____ le chien du voisin.
b. _____ Marine, la fille de ma sœur.
c. _____ des artistes très connus.
d. _____ les amis de notre fils.
e. _____ un vrai problème.
f. _____ des touristes italiens.
g. _____ impossible.

2. Ça oder Ce/C'? Ergänzen Sie und verbinden Sie die Sätze mit der passenden Übersetzung.

a. _____ est bon ?
b. _____ va mieux ?
c. _____ n'est pas loin d'ici.
d. _____ ne me dérange pas du tout.
e. _____ peut arriver.
f. _____ n'est pas grave.
g. _____ est vrai.
h. _____ m'étonne un peu.

1. *Es ist nicht schlimm.*
2. *Es stimmt.*
3. *Es wundert mich ein bisschen.*
4. *Es stört mich überhaupt nicht.*
5. *Schmeckt es?*
6. *Es ist nicht weit von hier.*
7. *Geht es besser?*
8. *Es kann passieren.*

3. C'est/Ce sont oder il y a? Ergänzen Sie die Sätze.

a. _____ encore des places pour le concert.
b. _____ des chiens très intelligents.
c. _____ une douche dans la chambre.
d. _____ un hôtel près d'ici ?
e. _____ un camping très confortable et bon marché.
f. _____ un restaurant bon marché dans le quartier ?
g. _____ des gens très gentils.
h. _____ un accident sur l'autoroute A36.

4. Übersetzen Sie ins Französische.

a. *Wie spät ist es?* →
b. *Wer ist es?* →
c. *Gibt es eine Bank in der Nähe?* →
d. *Es ist nicht schwer.* →
e. *Hallo, wie geht's?* →
f. *Heute gibt es Croissants.* →
g. *Es regnet oft in dieser Region.* →
h. *Es ist verboten, hier zu rauchen.* →

20 — Tu sais jouer au poker ? – Oui, mais je ne peux pas. Je dois m'occuper du dîner.

Kannst du Poker spielen? – Ja, aber ich kann nicht. Ich muss mich um das Abendessen kümmern.

Modalverben

Die Verben devoir (*müssen/sollen*), vouloir (*wollen*), pouvoir (*können/dürfen*) und savoir (*können*) sind Modalverben, wenn sie mit einem anderen Verb verwendet werden. Sie sind alle vier unregelmäßig.

devoir (*müssen*)		**vouloir** (*wollen*)		**pouvoir** (*können*)		**savoir** (*können*)	
je	dois	je	veux	je	peux	je	sais
tu	dois	tu	veux	tu	peux	tu	sais
il/elle	doit	il/elle	veut	il/elle	peut	il/elle	sait
nous	devons	nous	voulons	nous	pouvons	nous	savons
vous	devez	vous	voulez	vous	pouvez	vous	savez
ils/elles	doivent	ils/elles	veulent	ils/elles	peuvent	ils/elles	savent

Modalverben modifizieren die Bedeutung eines anderen Verbs und haben folgende Bedeutungen:

- **devoir** = **müssen**   Je dois rentrer.   *Ich muss nach Hause.*
  = **sollen**   Vous devez ranger votre chambre.   *Ihr sollt euer Zimmer aufräumen.*
- **vouloir** = **wollen**   Tu veux partir quel jour ?   *An welchem Tag willst du abreisen?*
- **pouvoir** = **können**   Il ne peut plus marcher.   *Er kann nicht mehr laufen.*
  = **dürfen**   Tu peux sortir ce soir ?   *Darfst du heute Abend ausgehen?*
- **savoir** = **können**   À cinq ans, il sait déjà lire.   *Mit 5 Jahren kann er schon lesen.*

! Dem deutschen Verb *können* entsprechen – je nach Situation – die Verben pouvoir oder savoir. Pouvoir hat die Bedeutung *fähig sein* und savoir die Bedeutung *wissen/gelernt haben*.
So sagt der Mann in dem Cartoon oben, dass er weiß, wie man Poker spielt (il sait jouer), aber nicht kann (il ne peut pas), weil er keine Zeit hat.

1. Ergänzen Sie die fehlenden Formen.

a. devoir   je _dois_   il _____   nous _____   ils _____

b. vouloir   tu _____   nous _____   vous _____   elles _____

c. pouvoir   je _____   tu _____   vous _____   ils _____

d. savoir   tu _____   elle _____   nous _____   vous _____

2. Streichen Sie die falsche Möglichkeit durch.

a. Je ne peux / sais pas venir ce soir, j'ai du travail.

b. Tu peux / dois m'aider, s'il te plaît ?

c. Je peux / sais vous demander quelque chose ?

d. Pouvez-vous / Devez-vous ouvrir la fenêtre, s'il vous plaît ?

e. Il est tard, je dois / peux rentrer.

f. À 30 ans, elle ne sait / veut pas conduire.

3. Was kann man alles tun? Verbinden Sie die Tätigkeiten mit dem passenden Modalverb.

a. jouer au bridge.	g. installer un ordinateur.
b. venir demain. **Vous pouvez ...**	h. dormir sur le canapé.
c. faire l'exercice.	i. fumer sur la terrasse.
d. regarder le match à la télé.	j. nager.
e. répéter, s'il vous plaît ? **Vous savez ...**	k. télécharger de la musique.
f. annuler un rendez-vous.	l. parler le chinois.

4. Bringen Sie die Elemente in die richtige Reihenfolge, passen Sie das Verb an und formulieren Sie sinnvolle Sätze.

a. vouloir / mes parents / une maison / acheter   _Mes parents veulent acheter une maison._

b. pouvoir / la voiture / je / demain / prendre

_____ ?

c. pouvoir / rester / ici / ne ... pas / vous

_____

d. savoir / depuis une semaine / elle / nager

_____

e. vouloir / aller / je / ne... pas / au cinéma

_____

f. vouloir / cet été / nous / en Autriche / aller

_____

g. devoir / téléphoner / je / à mes parents

_____

h. savoir / vous / conduire / une moto

_____ ?

21

Léo ? Luc ? Il s'appelle comment ? Je ne me souviens plus … – Jérôme.
Léo? Luc? Wie heißt er? Ich erinnere mich nicht mehr … – Jérôme.

Reflexive Verben

 Ein reflexives Verb wie se souvenir (*sich erinnern*) wird mit einem Reflexivpronomen (me, te, se … *mich, dich, sich* …) verwendet.

Bei einem reflexiven Verb beziehen sich Subjekt und Objekt (Reflexivpronomen) auf dieselbe Person oder Sache.
Reflexiv: **Je me** lave. *Ich wasche **mich**.*
Nicht reflexiv: Je lave la voiture. *Ich wasche das Auto.*

 Anders als im Deutschen steht das Reflexivpronomen vor dem Verb. Vor Vokal oder „stummem h" werden die Reflexivpronomen me, te und se zu m', t' und s' verkürzt.

se reposer (*sich ausruhen*)		s'excuser (*sich entschuldigen*)	
je	**me** repose	je	**m'**excuse
tu	**te** reposes	tu	**t'**excuses
il/elle	**se** repose	il/elle	**s'**excuse
on	**se** repose	on	**s'**excuse
nous	**nous** reposons	nous	**nous** excusons
vous	**vous** reposez	vous	**vous** excusez
ils/elles	**se** reposent	ils/elles	**s'**excusent

! Im bejahten Imperativ werden in der 1. und 2. Person statt me und te die betonten Formen des Pronomens moi und toi verwendet. Das Reflexivpronomen steht in diesem Fall nach dem Verb und wird mit Bindestrich angeschlossen (→ Kapitel 40).
Repose-**toi**. *Ruhe dich aus.*   Excusez-**moi**. *Entschuldigen Sie mich.*
Aber: Ne **te** couche pas tard. *Gehe nicht zu spät ins Bett. (wörtlich: sich hinlegen)*

⇨ In verneinten Sätzen rahmen die Verneinungswörter das Reflexivpronomen + Verb ein:
Je **ne** me souviens **pas**. *Ich erinnere mich nicht.*

⇨ Alle reflexiven Verben bilden das *passé composé* mit être (→ Kapitel 31):
Ils se **sont** bien amusés hier soir. *Sie haben sich gestern Abend gut amüsiert.*

 Die meisten Verben, die im Französischen reflexiv sind, sind es auch im Deutschen. Es gibt jedoch einige Ausnahmen. Verben, die nur im Französischen reflexiv sind, sind z. B. s'appeler (*heißen*), se baigner (*baden*), se marier (*heiraten*), se promener (*spazieren gehen*), se lever (*aufstehen*).
Je me marie bientôt. *Ich heirate bald.*

1. Fügen Sie die Reflexivpronomen aus dem Kasten an passender Stelle ein.

me	te	se (2x)	nous	vous	m'	s'

a. nous _____ reposons

b. je _____ appelle Léonie

c. elle _____ promène

d. on _____ baigne

e. vous _____ souvenez

f. tu _____ lèves

g. je _____ marie

h. ils _____ excusent

2. Ergänzen Sie das passende Reflexivpronomen und verbinden Sie die Elemente rechts und links zu sinnvollen Sätzen. Schreiben Sie anschließend die verneinten Verbformen daneben.

a. Je _____ repose   1. dans le lac.   *je ne* _____ *repose pas*

b. Nous _____ excusons   2. tard.   _____

c. Tu _____ souviens   3. de son prénom.   _____

d. Elle _____ ennuie   4. dans ma chambre.   _____

e. Vous _____ levez   5. le mois prochain.   _____

f. Ils _____ baignent   6. au travail.   _____

g. On _____ marie   7. pour notre retard.   _____

3. Erzählen Sie die folgenden Minigeschichten im Präsens und auf Französisch.

a. (se rencontrer – se marier – avoir trois enfants)

→ Ils se rencontrent, ils _____

b. (se lever – se doucher – se raser)

→ Il _____

c. (s'ennuyer à la fête – rentrer à la maison – se coucher)

→ Elle _____

d. (oublier un rendez-vous – se souvenir – téléphoner – s'excuser)

→ Elle _____

4. Übersetzen Sie.

a. ▲ *Wie heißen Sie?*   ▲ _____

● *Ich heiße Marie Plantin.*   ● _____

b. ▲ *Amüsierst du dich gut?*   ▲ _____

● *Nein, ich langweile mich.*   ● _____

c. ▲ *Wann steht ihr morgens auf?*   ▲ _____

● *Wir stehen um 8 Uhr auf.*   ● _____

d. ▲ *Wann heiratet er?*   ▲ _____

● *Ich erinnere mich nicht.*   ● _____

Tu la connais, cette femme ? Je ne l'aime pas du tout. – C'est ma sœur.

Diese Frau... kennst du sie? Ich mag sie gar nicht. – Das ist meine Schwester.

Direkte Objektpronomen

REGEL Ein direktes Objektpronomen steht für ein direktes Objekt (Frage „Wen oder Was?").

Singular				Plural			
me/m'	il **me** connaît	*er kennt **mich***		**nous**	il **nous** connaît	*er kennt **uns***	
te/t'	il **te** connaît	*er kennt **dich***		**vous**	il **vous** connaît	*er kennt **euch/Sie***	
le/l'	il **le** connaît	*er kennt **ihn***		**les**	il **les** connaît	*er kennt **sie***	
la/l'	il **la** connaît	*er kennt **sie***					

! Vor Vokal oder „stummem h" werden me, te, le und la zu m', t', l':
Je **l'aime** mais il ne **m'aime** pas.   *Ich liebe ihn, aber er liebt mich nicht.*

! Das direkte Pronomen der 3. Person ist mit dem bestimmten Artikel identisch:
Le vélo ? Je **le** prends tous les jours.   *Das Fahrrad? Ich benutze es jeden Tag.*

REGEL Wie alle Pronomen steht das direkte Objektpronomen in der Regel vor dem konjugierten Verb.
Je **t'appelle** demain.   *Ich rufe dich morgen an.*
Ça **m'énerve** !   *Es regt mich auf.*

! Bei Infinitivkonstruktionen steht das direkte Objektpronomen – wie im Deutschen – vor dem Infinitiv: Il veut **te** voir.   *Er will **dich** sehen.*

REGEL Die Verneinungswörter rahmen die Gruppe „Pronomen + konjugierte Verbform" ein:
Je **ne** te comprends **pas**.   *Ich verstehe dich nicht.*
Je **ne** l'ai **pas** vu hier soir.   *Ich habe ihn gestern nicht gesehen.*

! Im bejahten Imperativ wird statt me und te die betonte Form des Pronomens (→ Kapitel 24) moi und toi verwendet. Das Pronomen steht in diesem Fall nach dem Verb und wird mit einem Bindestrich angehängt (→ Kapitel 40).
Regarde-**moi**.   *Schau mich an.*

1. Ergänzen Sie die Sätze mit dem passenden Pronomen.

a. Mes lunettes, je _____ mets seulement pour conduire.

b. Si tu veux, je peux _____ ramener à la maison.

c. Nos enfants ? Ils _____ téléphonent régulièrement.

d. Je dois partir. Pierre _____ attend.

e. La radio, je _____ écoute seulement dans la voiture.

f. Vous ne connaissez pas vos voisins, mais ils _____ connaissent.

g. Je ne trouve pas mon sac, je _____ cherche depuis une heure.

h. Ton idée, je _____ trouve géniale.

2. Unterstreichen Sie das direkte Pronomen. Für welches Wort aus der Liste steht es jeweils? Schreiben Sie es auf.

les olives	le petit déjeuner	les chaussures	le melon
la bouteille de Champagne		l'anniversaire	la télé

a. On les presse pour avoir de l'huile.   → *les olives*

b. On le fête une fois par an.   → _____

c. On le mange en hors-d'œuvre ou en dessert. → _____

d. On peut le prendre au lit.   → _____

e. On l'ouvre pour les grandes occasions.   → _____

f. On la regarde souvent en famille.   → _____

g. On les met pour aller dehors.   → _____

3. Antworten Sie auf die Fragen und verwenden Sie das passende direkte Objektpronomen.

a. ▲ Tu regardes le film, ce soir ?   ● Oui, *je le regarde.*

b. ▲ Vous connaissez vos nouveaux voisins ?   ● Oui, nous _____

c. ▲ Tu m'attends ?   ● Non, je _____

d. ▲ Tu as les clés ?   ● Oui, _____

e. ▲ Tu vois Marie souvent ?   ● Non, je _____

f. ▲ Vous écoutez souvent la radio ?   ● Non, nous _____

g. ▲ Vous avez vos papiers ?   ● Non, je _____

h. ▲ Tu m'aimes?   ● Oui, _____

4. Übersetzen Sie die Sätze.

a. *Er liebt mich, er liebt mich nicht ...* _____

b. *Ich sehe ihn oft, aber er sieht mich nicht.* _____

c. *Er versteht sie, aber sie versteht ihn nicht.* _____

d. *Anne und Johann? Ich finde sie sehr sympathisch.* _____

Il te plaît, mon pull ? – Oui, beaucoup et il te va très bien.
Gefällt dir mein Pulli? – Ja, sehr und er steht dir sehr gut.

Indirekte Objektpronomen

REGEL ▷ Die indirekten Objektpronomen
stehen für ein indirektes Objekt
(Frage „Wem?"). Vor Vokal oder
„stummem h" werden me und te
zu m' und t':
Elle m'a tout raconté.
   Sie hat mir alles erzählt.

Il te plaît, mon pull ?

Oui, beaucoup et il te va très bien.

Singular			Plural		
me/m'	il **me** plaît	*er gefällt **mir***	**nous**	il **nous** plaît	*er gefällt **uns***
te/t'	il **te** plaît	*er gefällt **dir***	**vous**	il **vous** plaît	*er gefällt **euch/Ihnen***
lui	il **lui** plaît	*er gefällt **ihm/ihr***	**leur**	il **leur** plaît	*er gefällt **ihnen***

! Die indirekten Objektpronomen unterscheiden sich nur in der dritten Person (lui *ihm/ihr* und
leur *ihnen*) von den direkten Objektpronomen.
Qu'est-ce que tu offres **à ton frère** ? – Je **lui** offre un CD.
   *Was schenkst du **deinem Bruder**? – Ich schenke **ihm** eine CD.*
Et **à ta soeur** ? – Je **lui** offre un pull.
   *Und **deiner Schwester**? – Ich schenke **ihr** einen Pullover.*

REGEL ▷ Das indirekte Objektpronomen steht vor der konjugierten Verbform.
Elle **leur** permet tout.   *Sie erlaubt **ihnen** alles.*
Je **lui** ai tout dit.   *Ich habe **ihm** alles gesagt.*

! Bei Infinitivkonstruktionen steht das indirekte Objektpronomen – wie im Deutschen – vor
dem Infinitiv:
Tu peux **me** prêter100 euros ?   *Kannst du **mir** 100 Euro leihen?*

! Im bejahten Imperativ steht das indirekte Objektpronomen hinter dem Verb. Statt me und te
werden die betonten Formen moi und toi (→ Kapitel 24) verwendet:
Passe-**moi** le sel, s'il te plaît.   *Gib **mir** das Salz, bitte.*

▷ In verneinten Sätzen rahmen die Verneinungswörter die Gruppe „Pronomen + Verb" ein:
Je **ne** lui écris **jamais**.   *Ich schreibe **ihm/ihr** nie.*

1. Verbinden Sie die Sätze, die zusammengehören.

a. C'est trop cher.

b. Nos parents ne savent rien.

c. Vous avez des nouvelles de Max ?

d. Comment trouves-tu sa veste ?

e. Bonjour tout le monde !

f. C'est l'anniversaire de ma sœur.

g. Pierre est très gentil.

h. Ton père a téléphoné ce matin.

1. Il m'aide à déménager ce week-end.

2. Je vous présente ma nouvelle copine.

3. Je lui ai dit de rappeler ce soir.

4. Je peux te prêter de l'argent, si tu veux.

5. Oui, il nous a téléphoné hier soir.

6. Je lui offre le dernier CD de ZAZ.

7. Elle lui va très bien, vraiment.

8. Nous ne leur avons rien dit.

2. Bringen Sie die Satzteile in die richtige Reihenfolge.

a. une voiture / m' / mes parents / ont payé   Mes parents *m'ont payé une voiture.*

b. je / par mail / envoie / la confirmation / vous   Je _____

c. elle / tous les jours / téléphone / nous   Elle _____

d. nous / les voisins / leur voiture / ont prêté   Les voisins _____

e. nous / des fleurs / offrons / lui   Nous _____

f. lui / montre / elle / pas / ses photos de vacances / ne   Elle _____

_____

3. Setzen Sie das passende indirekte Objektpronomen ein.

a. Le professeur _____ a rendu vos devoirs ? – Non, mais il _____ a dit nos notes.

Hat der Lehrer euch eure Arbeiten zurückgegeben? – Nein, aber er hat uns unsere Noten gesagt.

b. Il _____ a demandé, mais je ne _____ ai rien dit.

Er hat mich gefragt, aber ich habe ihm nichts gesagt.

c. Qu'est-ce qu'il _____ a dit ? – Il _____ a tout raconté.

Was hat er dir gesagt? – Er hat mir alles erzählt.

d. Je _____ écris pour _____ dire qu'elle _____ manque.

Ich schreibe ihr, um ihr zu sagen, dass sie mir fehlt.

e. Tu peux _____ prêter ton stylo ?

Kannst du mir deinen Kuli leihen?

4. Redensarten: Ergänzen Sie die Pronomen. Achten Sie dabei auf die Form der Pronomen in der Übersetzung.

a. Tu _____ manques.   *Du fehlst mir.*

b. Ça _____ va bien.   *Das steht dir gut.*

c. Il _____ est arrivé une drôle d'histoire.   *Uns ist etwas Komisches passiert.*

d. Je _____ ai dit ses quatre vérités.   *Ich habe ihr/ihm reinen Wein eingeschenkt.*

e. Il _____ en veut encore.   *Er nimmt es ihnen immer noch übel.*

Betonte Personalpronomen

Neben den unbetonten Personalpronomen (je, tu, il …) und Objektpronomen (me, te, le …) gibt es im
Französischen betonte Pronomen.
Diese können allein (d. h. ohne Verb)
verwendet werden:

J'adore ça. Et **toi** ? – **Moi** aussi.
*Ich liebe das. Und **du**? – **Ich** auch.*

Coucou,
c'est moi !

Die betonten Pronomen lauten:

Singular			
(je)	→	**moi**	*ich/mich/mir*
(tu)	→	**toi**	*du/dich/dir*
(il)	→	**lui**	*er/ihn/ihm*
(elle)	→	**elle**	*sie/sie/ihr*

! Je nach Funktion (als Subjekt oder als Objekt) werden
sie unterschiedlich übersetzt.

Qui a fait ça ? – **Moi**.   *Wer hat das gemacht? – **Ich**.*
C'est pour **moi** ?   *Ist das für **mich**?*

Plural			
(nous)	→	**nous**	*wir/uns*
(vous)	→	**vous**	*ihr/euch*
(ils)	→	**eux**	*sie/sie/Ihnen*
(elles)	→	**elles**	*sie/sie/ihnen*

Vous pouvez commencer sans **nous**.
*Ihr könnt ohne **uns** anfangen.*
Je ne veux pas jouer avec **eux**.
*Ich will nicht mit **ihnen** spielen.*

Betonte Personalpronomen werden verwendet
- in Verbindung mit einem unbetonten Pronomen (zur Hervorhebung):
  Moi, je trouve que c'est bien. **Lui, il** n'aime pas.   *Ich finde, dass es gut ist. **Er** mag (es) nicht.*
- als einziges Wort im Satz:
  Qui achète les boissons ? – **Moi**.   *Wer kauft die Getränke? – **Ich.***
- nach einer Präposition:
  Pour qui sont ces fleurs ? – Pour **elle**.   *Für wen sind diese Blumen? – Für **sie**.*
- bei Vergleichen:
  Elle est plus aimable que **lui**.   *Sie ist freundlicher als **er**.*
- anstelle von me (*mich/mir*) und te (*dich/dir*) im bejahten Imperativsatz (→ Kapitel 40):
  Donnez-**moi** un kilo d'oranges, s'il vous plaît.   *Geben Sie **mir** bitte ein Kilo Orangen.*

1. Markieren Sie die betonten Pronomen in der Wortkette und ergänzen Sie damit die Liste.

TUME<u>MOI</u>ILELLELESTOISELENOUSEUXTEILSVOUSONELLESATLUI

a. _Moi_ , je ...   c. _____ , tu ...   e. _____ , il ...   g. _____ , elle ...

b. _____ , nous ...   d. _____ , vous ...   f. _____ , ils ...   h. _____ , elles ...

2. Fügen Sie die passenden betonten Pronomen ein.

a. Prenez ces fleurs, elles sont pour _____ .

b. Pierre et _____ , nous nous aimons beaucoup.

c. _____ , tu n'es jamais d'accord.

d. Ils sont très différents : _____ , elle rit tout le temps, _____ , il est très sérieux.

e. Les Allemands boivent de la bière, les Français, _____ , préfèrent le vin.

f. Les garçons aiment les jeux vidéo, les filles, _____ , préfèrent chatter.

g. Je vais au cinéma avec Luc, ce soir. Tu peux venir avec _____ , si tu veux.

3. Setzen Sie die betonte oder unbetonte Form des Pronomens ein.

a. J'ai fini. Et _____ ?   *Ich bin fertig. Und du?*

b. Adrien ? Je suis passé chez _____ hier.   *Adrien? Ich bin gestern bei ihm vorbeigekommen.*

c. J'ai réussi grâce à _____ .   *Ich hatte Erfolg dank Ihnen.*

d. Qu'est-ce que _____ fais ce week-end ?   *Was machst du am Wochenende?*

e. _____ ai une idée.   *Ich habe eine Idee.*

f. Donnez-_____ un kilo de pommes, S.V.P.   *Geben Sie mir bitte ein Kilo Äpfel.*

g. Elle est plus grande que _____ .   *Sie ist größer als ich.*

h. À qui est ce vélo ? – À _____ .   *Wem gehört dieses Fahrrad? – Ihr.*

4. Ergänzen Sie das Pronomen in den folgenden Wendungen.

a. C'est _____ .   *Sie ist es.*

b. chez _____   *bei uns zu Hause*

c. _____ aussi.   *Er auch.*

d. _____ non plus.   *Ich auch nicht.*

e. Pour _____ , ...   *Was mich betrifft ...*

f. Cette idée n'est pas de _____ .   *Die Idee ist nicht von dir.*

g. Pauvre de _____ !   *Ich armer Tropf!*

h. À _____ !   *Hilfe!*

i. Elle n'a jamais ses papiers sur _____ .   *Sie hat nie ihre Papiere bei sich.*

25

Qu'est-ce que tu fais ? Où es-tu ? Pourquoi ne viens-tu pas ?
Was machst du? Wo bist du? Warum kommst du nicht?

> Qu'est-ce que tu fais ? Où es-tu ?
> Pourquoi ne viens-tu pas ?

Fragewörter

Fragewörter, wie z. B. qu'est-ce que *(was)*, où *(wo)* oder pourquoi *(warum)* leiten eine Frage ein.

In der folgenden Tabelle finden Sie die wichtigsten französischen Fragewörter. Sie sind alle unveränderlich.

qui ?	*wer?*	Qui êtes-vous ?	*Wer sind Sie?*
que/qu' ?	*was?*	Que faites-vous ?	*Was macht ihr?*
où ?	*wo?*	Où habitez-vous ?	*Wo wohnen Sie?*
	wohin?	Où vas-tu ?	*Wohin gehst du?*
d'où ?	*woher?*	D'où venez-vous ?	*Woher kommen Sie?*
quand ?	*wann?*	Quand arrivez-vous ?	*Wann kommen Sie an?*
comment ?	*wie?*	Comment allez-vous ?	*Wie geht es Ihnen?*
pourquoi ?	*warum?*	Pourquoi partez-vous ?	*Warum gehen Sie (weg)?*
combien (de) ?	*wie viel?*	Combien coûte ce livre ?	*Wie viel kostet dieses Buch?*
		Combien de temps as-tu ?	*Wie viel Zeit hast du?*

! Anstelle von que wird meist qu'est-ce que verwendet.
Qu'est-ce que tu fais ? *Was machst du.* (Zur Stellung des Frageworts im Satz → Kapitel 26.)

Der Fragebegleiter **quel** *(welcher)* richtet sich nach dem Substantiv, vor dem er steht. Alle Formen werden gleich gesprochen: [kɛl].

	maskulin		feminin	
Singular	**Quel** nom ?	***Welcher** Name?*	**Quelle** adresse ?	***Welche** Adresse?*
Plural	**Quels** amis ?	***Welche** Freunde?*	**Quelles** amies ?	***Welche** Freundinnen?*

Das Fragepronomen lequel *(welcher)* richtet sich ebenfalls nach dem Substantiv, das es vertritt.

	maskulin		feminin	
Singular	un pull → **Lequel ?**	*Welcher?*	une veste → **Laquelle ?**	*Welche?*
Plural	des pulls → **Lesquels ?**	*Welche?*	des vestes → **Lesquelles ?**	*Welche?*

Alle Fragewörter können mit **est-ce que** (im Deutschen unübersetzt) ergänzt werden: In diesem Fall bleibt die Wortfolge des Aussagesatzes erhalten. Das Fragewort steht an erster Stelle im Satz, est-ce que unmittelbar danach (zum Gebrauch von est-ce que → Kapitel 26).
Quand est-ce que tu viens ? *Wann kommst du?*

1. Gebräuchliche Fragen. Ergänzen Sie das Fragewort und verbinden Sie die Fragen mit der jeweils passenden Situation, in der sie gestellt werden könnten.

quand	qui	combien	qu'est-ce que	où	pourquoi	comment

a. _____ coûte cette robe ?   1. un voyage

b. _____ vous prenez comme entrée ?   2. une rencontre

c. _____ est à l'appareil ?   3. au restaurant

d. _____ allez-vous ?   4. une dispute

e. _____ tu t'énerves ?   5. en cours de géographie

f. _____ partez-vous en France ?   6. dans un magasin

g. _____ se trouvent les îles Sandwich ?   7. au téléphone

2. Quel, quelle, quels oder quelles? Ergänzen Sie.

a. un journal → _Quel journal ?_   f. une adresse → _____ ?

b. une idée → _____ ?   g. des amies → _____ ?

c. un nom → _____ ?   h. des pays → _____ ?

d. des problèmes → _____ ?   i. un train → _____ ?

e. des fleurs → _____ ?   j. une rue → _____ ?

3. Lequel, laquelle, lesquels, lesquelles? Ergänzen Sie das Fragepronomen und kreuzen Sie die passende Antwort an.

a. _____ de ces villes est la deuxième ville française ?

☐ Toulouse   ☐ Marseille   ☐ Lille

b. _____ de ces mots sont des verbes ?

☐ parler   ☐ travailler   ☐ boulanger

c. _____ de ces rivières coulent en France et en Allemagne ?

☐ la Moselle   ☐ le Rhin   ☐ la Seine

d. _____ de ces pays ne fait pas partie de l'UE ?

☐ la Finlande   ☐ la Norvège   ☐ la Suède

4. Bringen Sie die Fragen in Ordnung und verbinden Sie sie mit der passenden Antwort.

a. le film / à quelle heure / commence / est-ce que

_____

b. combien de temps / vous restez / est-ce que   1. Parce que j'ai mal dormi.

   2. À la maison.

_____   3. Trois jours.

c. tu es / est-ce que / de mauvaise humeur / pourquoi   4. À vingt et une heure.

_____

d. est-ce que / vous déjeunez / où / à midi

_____

Fragesatz

REGEL

Im Französischen gibt es drei Möglichkeiten eine Frage zu formulieren: Die Frage *Möchten Sie noch etwas?* z. B. kann wie folgt gebildet werden:

1. Vous désirez autre chose ?
2. Est-ce que vous désirez autre chose ?
3. Désirez-vous autre chose ?

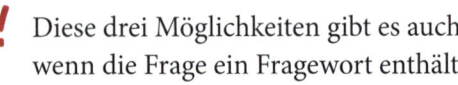

Vous désirez autre chose ?

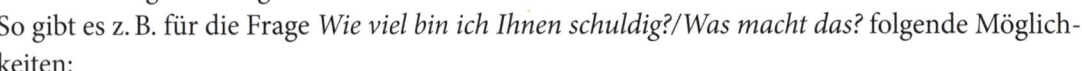

Non, c'est tout, merci. Je vous dois combien ?

! Diese drei Möglichkeiten gibt es auch, wenn die Frage ein Fragewort enthält.

So gibt es z. B. für die Frage *Wie viel bin ich Ihnen schuldig?/Was macht das?* folgende Möglichkeiten:

1. Je vous dois combien ?   **2.** Combien est-ce que je vous dois?   **3.** Combien vous dois-je ?

REGEL

Fragetyp 1 (Intonationsfrage) ist im gesprochenen Französisch sehr gebräuchlich. Die Wortfolge des Aussagesatzes (Subjekt → Verb) wird beibehalten. Ohne Fragewort ist die Frage nur an der steigenden Intonation erkennbar. Wenn vorhanden, steht das Fragewort am Satzende.

ohne Fragewort   Tu viens ?   *Kommst du?*
mit Fragewort   Vous allez **où** ?   *Wohin geht ihr?*

REGEL

Fragetyp 2 (Frage mit est-ce que) ist sowohl im gesprochenen als auch im geschriebenen Französisch sehr üblich. Das Fragewort steht, wenn vorhanden, an erster Stelle, est-ce que unmittelbar dahinter. Die Wortfolge des Aussagesatzes (Subjekt → Verb) wird beibehalten.

ohne Fragewort   Est-ce que tu viens ?   *Kommst du ?*
mit Fragewort   **Où** est-ce que vous allez ?   *Wohin geht ihr?*

REGEL

Fragetyp 3 (Inversionsfrage) wird vor allem im gepflegten Sprachgebrauch benutzt. Wie im Deutschen steht das Subjektpronomen hinter dem Verb. Es wird mit Bindestrich angeschlossen.

ohne Fragewort   Pourriez-**vous** m'aider, S.V.P. ?   *Könnten Sie mir helfen, bitte?*
mit Fragewort   Comment trouvez-**vous** ce vin ?   *Wie finden Sie diesen Wein?*

! Endet das Verb auf einen Vokal, wird zur Aussprecheerleichterung vor il, elle oder on ein -t hinzugefügt.

Quand arrive-**t**-elle ?   *Wann kommt sie?*

1. Bilden Sie Intonationsfragen (Fragetyp 1), die zu den folgenden Antworten passen.

Mit Fragewort

a. *Il rentre quand ?* Il rentre demain.

b. _____ ? Je m'appelle Jeanne.

c. _____ ? J'habite 3 rue du Mirail, à Bordeaux.

d. _____ ? Ce pull coûte 25 euros.

Ohne Fragewort

e. *Vous êtes allemande ?* Oui, je suis allemande.

f. _____ ? Non, je n'aime pas le sport.

g. _____ ? Non, elle ne parle pas français.

h. _____ ? Oui, nous partons demain.

2. Formulieren Sie die Fragen aus der ersten Übung als Fragen mit est-ce que.

a. *Quand est-ce qu'il rentre ?*   e. *Est-ce que vous êtes allemande ?*

b. _____ ?   f. _____ ?

c. _____ ?   g. _____ ?

d. _____ ?   h. _____ ?

3. Leiten Sie die Inversionsfrage (Fragetyp 3) ab.

a. Il s'appelle comment ?   *Comment s'appelle-t-il ?*

b. Nous avons rendez-vous à quelle heure ?   _____ ?

c. Qu'est-ce que vous faites ce week-end ?   _____ ?

d. Vous allez en vacances où ?   _____ ?

e. Pourquoi est-ce que tu pleures ?   _____ ?

f. Ils viennent d'où ?   _____ ?

4. Kreuzen Sie die korrekte Frage an und berichtigen Sie die falsche.

a. ☐ Est-ce que combien ce pull coûte ?   ☒ Combien coûte ce pull ?
  Combien est-ce que ce pull coûte ?

b. ☐ À quelle heure est-ce que arrivez-vous à la gare ?   ☐ Vous arrivez à la gare à quelle heure ?
  _____ ?

c. ☐ Vous avez compris la fin du film ?   ☐ Avez-vous est-ce que compris la fin du film ?
  _____ ?

d. ☐ Pourquoi il ne vient pas demain ?   ☐ Pourquoi est-ce qu'il ne vient pas demain ?
  _____ ?

e. ☐ Où est-ce qu'habite-t-il ?   ☐ Où habite-t-il ?
  _____ ?

Wählen Sie die richtige Antwort.

Adjektive

1. une bouteille plein____
   a) ☐ -e
   b) ☐ Ø

2. un manteau long / une veste ____
   a) ☐ longe
   b) ☐ longue

3. un homme heureux /
   des hommes heureux____
   a) ☐ -ses
   b) ☐ Ø

4. une robe orange / des robes orange____
   a) ☐ Ø
   b) ☐ -s

5. un ____
   a) ☐ pull vert
   b) ☐ vert pull

6. un ____
   a) ☐ bon ami
   b) ☐ ami bon

Begleiter

7. Elle aime beaucoup ____ mari.
   a) ☐ son
   b) ☐ sa

8. Voici mon père avec ____ amie.
   a) ☐ sa
   b) ☐ son

9. ____ homme est très grand.
   a) ☐ Ce
   b) ☐ Cet

10. Nous arrivons ____ soir.
    a) ☐ ce
    b) ☐ au

11. Je ne reçois ____ .
    a) ☐ aucune lettre
    b) ☐ aucunes lettres

12. Je travaille ____ la nuit.
    a) ☐ toute
    b) ☐ tout

Neutrale Pronomen

13. Ce matin, ____ fait très froid.
    a) ☐ ça
    b) ☐ il

14. ____ ne marche pas.
    a) ☐ Ce
    b) ☐ Ça

Modalverben

15. Il ____ acheter une maison.
    a) ☐ veux
    b) ☐ veut

16. Tu ____ parler anglais ?
    a) ☐ sais
    b) ☐ peux

Reflexive Verben

17. Tu ____ appelles comment ?
    a) ☐ te
    b) ☐ t'

18. Excusez-____ .
    a) ☐ me
    b) ☐ moi

Objektpronomen

19. Il ____ aime, mais elle ____ déteste.
    a) ☐ l' / le
    b) ☐ la / le

20. Mes voisins, je ____ tous les jours.
    a) ☐ vois les
    b) ☐ les vois

21. Attendez-___ .
   a) ▢ moi
   b) ▢ me

22. Qu'est-ce que tu offres à ta sœur ?
   – Je ___ offre un CD.
   a) ▢ la
   b) ▢ lui

23. Elle est partie hier. Elle ___ manque déjà.
   a) ▢ me
   b) ▢ moi

24. À mes parents, je ___ écris souvent.
   a) ▢ leur
   b) ▢ leurs

Betonte Personalpronomen

25. C'est à qui ? – C'est à ___ .
   a) ▢ me
   b) ▢ moi

26. J'aimerais aller avec ___ en vacances.
   a) ▢ ils
   b) ▢ elles

Fragewörter und Fragesatz

27. ___ est votre nom et ___ est votre adresse ?
   a) ▢ Quelle / Quel
   b) ▢ Quel / Quelle

28. On va au cinéma ? ___ ?
   a) ▢ Est-ce que tu veux venir
   b) ▢ Est-ce que veux-tu venir

29. Voilà, c'est tout. ___ ?
   a) ▢ Ça fait combien
   b) ▢ Ça fait est-ce que combien

30. Anne vient demain. À quelle heure ___ ?
   a) ▢ arrive-elle
   b) ▢ arrive-t-elle

Vergleichen Sie nun Ihre Antworten mit den Lösungen auf Seite 153. Dieser Tabelle können Sie entnehmen, auf welches Kapitel sich jede Aufgabe bezieht. Wenn Sie eine Aufgabe nicht richtig gelöst haben, können Sie das entsprechende Kapitel wiederholen.

Aufgabe	Kapitel	Aufgabe	Kapitel	Aufgabe	Kapitel	Aufgabe	Kapitel	Aufgabe	Kapitel
1	14	7	16	13	19	19	22	25	24
2	14	8	16	14	19	20	22	26	24
3	14	9	17	15	20	21	22	27	25
4	14	10	17	16	20	22	23	28	26
5	15	11	18	17	21	23	23	29	26
6	15	12	18	18	21	24	23	30	26

Verneinung (1)

Die französische Verneinung besteht aus zwei Wörtern. Die meistverwendete Verneinung ist ne ... pas (*nicht*).

Je **ne** connais **pas** cette femme.   *Ich kenne diese Frau nicht.*

! Ne wird vor Vokal oder „stummem h" zu n':

Je **n'**entends **pas**.   *Ich höre nicht.*

Nous **n'**habitons **pas** en France.   *Wir wohnen nicht in Frankreich.*

! Das erste Element der Verneinung ne fällt im gesprochenen Französisch oft weg.

Je **ne** sais **pas**. → Je ~~ne~~ sais **pas**.   *Ich weiß nicht.*

Die im Folgenden aufgeführten Regeln zur Stellung der Verneinung im Satz gelten für alle Verneinungsausdrücke (→ Kapitel 28).

- Ne ... pas rahmt die konjugierte Verbform ein:
  Je **ne** viendrai **pas**.   *Ich werde nicht kommen.*
  Je **n'**ai **pas** vu Pierre depuis trois mois.   *Ich habe Pierre seit drei Monaten nicht gesehen.*
  Elle ne **peut** pas venir demain.   *Sie kann morgen nicht kommen.*
- Ne ... pas rahmt die Gruppe „Objektpronomen + Verb" ein:
  Je **ne** l'aime **pas**.   *Ich mag sie/ihn nicht.*
  Je **n'**y suis **pas** allé(e).   *Ich bin nicht hingegangen.*
- Nur vor einem Infinitiv stehen ne und pas nebeneinander im Satz.
  Ne pas toucher, s'il vous plaît.   *Bitte nicht anfassen.*

Dem deutschen *kein(e)* entspricht im Französischen ne ... pas de/d'. Nach ne ... pas de/d' steht in der Regel kein Artikel.

Je **ne** mange **pas de** viande.   *Ich esse kein Fleisch.*

Nous **ne** vendons **pas de** timbres.   *Wir verkaufen keine Briefmarken.*

! Der bestimmte Artikel wird nicht mit pas de verneint, sondern bleibt im verneinten Satz erhalten.

Vous aimez le sport? – Non, je **n'**aime pas **le sport**.   *Mögen Sie Sport? Nein, ich mag keinen Sport.*

1. Verbinden Sie jeweils einen bejahten und einen verneinten Satz mit der gleichen Bedeutung.

a. Elle est célibataire.
b. Elle pleure.
c. Elle fait attention à sa santé.
d. Elle vit à l'étranger.
e. Elle est jeune.
f. Elle aime le risque.
g. Elle prend ses vacances en juin.

1. Elle n'est pas âgée.
2. Elle n'est pas mariée.
3. Elle ne travaille pas au mois de juin.
4. Elle n'est pas peureuse.
5. Elle ne fait pas d'excès.
6. Elle n'est pas gaie.
7. Elle n'habite pas en France.

2. Ergänzen Sie die jeweils fehlende positive oder negative Variante.

positiv	negativ
a. Elle travaille beaucoup.	*Elle ne travaille pas beaucoup.*
b. Vous avez beaucoup d'amis.	Vous _____
c. _____	Il n'est pas toujours de bonne humeur.
d. Elles aiment le cinéma.	_____
e. _____	Vous n'avez beaucoup de temps.
f. Pierre, je le vois souvent.	Pierre, je _____
g. Tu parles très bien anglais.	Tu _____
h. Ils sont venus ensemble.	Ils _____

3. Ergänzen Sie die Antwort.

a. Vous êtes professeur ? Non, je _____
b. Il fait beau aujourd'hui ? Non, il _____
c. Vous faites de la danse ? Non, je _____
d. Vous habitez en France ? Non, nous _____
e. Elle aime le ski ? Non, elle _____
f. Je peux t'aider ? Non, tu _____
g. Vous parlez anglais ? Non, je _____

4. Kreuzen Sie jeweils den richtig verneinten Satz an.

a. J'aime les huîtres.
   ▢ Je n'aime pas les huîtres.
   ▢ Je n'aime pas d'huîtres.
b. Elle a des enfants.
   ▢ Elle n'a pas des enfants.
   ▢ Elle n'a pas d'enfants.
c. Je prends une bière.
   ▢ Je ne prends pas une bière.
   ▢ Je ne prends pas de bière.
d. Je les connais.
   ▢ Je ne les connais pas.
   ▢ Je les ne connais pas.
e. Elle se repose.
   ▢ Elle se ne repose pas.
   ▢ Elle ne se repose pas.
f. Je voudrais partir.
   ▢ Je ne pas voudrais partir.
   ▢ Je ne voudrais pas partir.
g. J'ai le temps.
   ▢ Je n'ai pas de temps.
   ▢ Je n'ai pas le temps.

Je n'ai rien dit. Personne n'est au courant …
Ich habe nichts gesagt. Niemand weiß etwas …

Verneinung (2)

Wie Sie im vorigen Kapitel gelernt haben, besteht die Verneinung im Französischen in der Regel aus zwei Wörtern. Je nach Bedeutung variiert der zweite Teil der Verneinung.

> Je n'ai rien dit. Personne n'est au courant …

Je **ne** mange **pas**.   *Ich esse **nicht**.*
Je **ne** mange **rien**.   *Ich esse **nichts**.*

Gebräuchliche Verneinungswörter des Französischen sind:

ne … plus	*nicht mehr*	Je **ne** fume **plus**.	*Ich rauche **nicht mehr**.*
ne … jamais	*niemals*	Il **ne** téléphone **jamais**.	*Er ruft **niemals** an.*
ne … pas encore	*noch nicht*	Ils **ne** dorment **pas encore**.	*Sie schlafen **noch nicht**.*
ne … pas du tout	*überhaupt nicht*	Je **ne** l'aime **pas du tout**.	*Ich mag ihn **überhaupt nicht**.*
ne … ni … ni	*weder … noch*	Elle **n'**est **ni** belle **ni** laide.	*Sie ist **weder** schön **noch** hässlich.*
ne … personne	*niemand*	Il **n'**aime **personne**.	*Er mag **niemanden**.*
ne … rien	*nichts*	Elle **ne** mange **rien**.	*Sie isst **nichts**.*

! Personne und rien können auch am Satzanfang oder in Ausdrücken ohne Verb stehen. In letzteren steht kein ne.
Personne ne m'a aidé.   *Niemand hat mir geholfen*
Quelqu'un a téléphoné ? – Non, **personne**.   *Hat jemand angerufen? – Nein, niemand.*
Rien ne va plus.   *Nichts geht mehr.*
Qu'est-ce que tu as mangé ? – **Rien**.   *Was hast du gegessen? – Nichts.*

! Ne… personne rahmt die Gruppe „Hilfsverb + Partizip Perfekt" ein.
Je **n'**ai rencontré **personne**.   *Ich habe niemanden getroffen.*
(Zur Stellung der Verneinungswörter im Satz → Kapitel 27).

Mit ne … que/qu' (*nur*) wird eine Einschränkung gemacht. Das einschränkende Element wird nach que eingeführt.
Elle **ne** lit **que** des polars.   *Sie liest **nur** Krimis.*

! Ne… que und seulement sind gleichbedeutend und meist austauschbar.
Je **n'**ai lu **qu'**un chapitre. = J'ai **seulement** lu un chapitre.   *Ich habe **nur** ein Kapitel gelesen.*

1. Verbinden Sie die Sätze mit der jeweils passenden Übersetzung der Verneinung.

a. Il ne pleut plus.
b. Nous n'avons pas encore dîné.
c. Elle ne se couche jamais avant minuit.
d. Je n'invite personne à mon anniversaire.
e. Pourquoi n'avez-vous rien dit ?
f. Ces enfants n'ont ni père ni mère.
g. Elle n'a pas du tout réagi.

1. *niemanden*
2. *gar nicht*
3. *nichts*
4. *weder ... noch*
5. *nicht mehr*
6. *noch nicht*
7. *niemals*

2. Sagen Sie jeweils das Gegenteil. Verwenden Sie dafür die Verneinungsformen aus der vorherigen Übung.

bejahend	**verneinend**
a. Il est jeune.	Il n'est pas jeune.
b. Il a un frère et une sœur.	_____
c. Il habite encore chez ses parents.	_____
d. Il parle un peu espagnol.	_____
e. Il est déjà marié.	_____
f. Il est toujours avec ses enfants.	_____
g. Il connaît tout le monde dans son quartier.	_____
h. Il aime tout.	_____

3. Ergänzen Sie die Sätze mit den jeweils passenden Verneinungswörtern.

a. *(pas encore – pas – plus)*
Le professeur n'est _____ content du tout. Les élèves ne travaillent _____ .
Et pourtant, les vacances n'ont _____ commencé.

b. *(ni ... ni – qu' – pas)*
Cet enfant n'est _____ facile : il n'aime _____ les gens _____ les
animaux. En fait, il n'aime _____ une seule chose : les voitures.

c. *(pas – rien – pas encore – personne)*
On n'entend _____ , on ne parle à _____ . On ne sait _____ ce
qui se passe. Et la police n'est _____ arrivée.

4. Fügen Sie die jeweils fehlende Variante hinzu.

ne ... que	**seulement**
a. Il ne parle que le français.	Il parle seulement français.
b. Ils ne partent que ce soir.	_____
c. _____	Nous acceptons seulement les cartes VISA.
d. _____	Je l'ai rencontré seulement une fois.

Perfekt *(passé composé):* Bildung

 REGEL Mit dem *passé composé* sprechen Sie über Ereignisse, die sich in der Vergangenheit abgespielt haben. Wie das deutsche Perfekt setzt sich das *passé composé* aus zwei Verben zusammen: dem Hilfsverb avoir (für die meisten Verben) oder être und dem Partizip Perfekt des eigentlichen Verbs.

Das *passé composé* ist dem Deutschen formal sehr ähnlich:

j'	ai	mangé	je	suis	resté(e)
↕	↕	↕	↕	↕	↕
ich	habe	gegessen	ich	bin	geblieben

manger *(essen)*			rester *(bleiben)*		
j'	ai	mangé	je	suis	resté(e)
tu	as	mangé	tu	es	resté(e)
il/elle	a	mangé	il/elle	est	resté(e)
nous	avons	mangé	nous	sommes	resté(e)s
vous	avez	mangé	vous	êtes	resté(e)(s)
ils/elles	ont	mangé	ils/elles	sont	resté(e)s

Mit avoir ist das Partizip Perfekt unveränderlich. Mit être wird es wie ein Adjektiv dem Subjekt angeglichen.

feminine Form: **+ -e** → Léa est all**ée** au cinéma.   *Léa ist ins Kino gegangen.*

Plural: **+ -(e)s** → Léa et Hugo sont rest**és** ici.   *Léa und Hugo sind hier geblieben.*

→ Léa et Marie sont sort**ies**.   *Léa und Marie sind ausgegangen.*

 REGEL Hilfsverb und Partizip Perfekt stehen in der Regel nebeneinander im Satz.

J'**ai vendu** ma voiture à mes voisins.   *Ich **habe** meinen Nachbarn mein Auto **verkauft**.*

! Im verneinten Satz rahmen die beiden Verneinungswörter das Hilfsverb ein.

Je **ne** suis **pas** resté longtemps.
   Ich bin nicht lange geblieben.
Nous **n'**avons **plus** téléphoné.
   Wir haben nicht mehr angerufen.

ne pas dormir *(nicht schlafen)*			
je	n'ai	pas	dormi
tu	n'as	pas	dormi
il/elle	n'a	pas	dormi
nous	n'avons	pas	dormi
vous	n'avez	pas	dormi
ils/elles	n'ont	pas	dormi

! Das Objektpronomen steht in der Regel direkt vor dem Hilfsverb.

Nous **lui** avons téléphoné ce matin, mais nous ne **lui** avons pas parlé.
   Wir haben ihn heute Morgen angerufen, aber wir haben nicht mit ihm gesprochen.

1. Markieren Sie die Perfektformen in den Sätzen (wenn vorhanden) und schreiben Sie sie unten an der passenden Stelle auf.

a. Je suis fatigué, j'ai mal dormi cette nuit.

b. Nous sommes restés à la maison hier soir.

c. Elle a téléphoné ce matin.

d. J'ai acheté le dernier roman de Fred Vargas.

e. Vous êtes partis ce week-end ?

f. Ils ont un chien qui est très intelligent.

g. Ils sont allés au cinéma.

Hilfsverb avoir: *j'ai dormi*, _____ , _____

Hilfsverb être: _____ , _____ , _____

2. Wird das Partizip Perfekt hier angeglichen oder nicht? Ergänzen Sie, wenn nötig, die Formen.

a. Mon mari et moi, nous sommes parti____ à neuf heures.

b. Elle est né____ à la Martinique.

c. Ils ont travaillé____ deux heures.

d. Vous êtes rentré____ à quelle heure ?

e. Qu'est-ce que vous avez fait____ hier soir ?

f. Il est venu____ avec ses parents.

g. Elles sont arrivé____ en retard.

3. Bilden Sie Sätze, indem Sie die Satzelemente in die richtige Reihenfolge bringen.

a. son travail / a / elle / fini   → *Elle a fini son travail.*

b. magasin / ont / un nouveau / ouvert / ils   → _____

c. un cadeau / j' / acheté / pour ma fille / ai   → _____

d. visité / avons / de la ville / le musée / nous   → _____

e. à la piscine / est / avec des amis / il / allé   → _____

4. Ergänzen Sie die Tabelle mit entweder der bejahten oder der verneinten Version des Satzes.

bejaht	verneint
a. Elle a fini son travail.	*Elle n'a pas fini son travail.*
b. Nous avons dîné au restaurant.	Nous _____
c. _____	Vous n'êtes pas restés longtemps.
d. J'ai oublié la date de son anniversaire.	_____
e. Nous avons visité le nouveau musée.	_____
f. _____	Je ne suis pas allé à mon cours de danse.
g. J'ai bien dormi.	_____
h. Elle est allée au lit de bonne heure.	_____

Perfekt *(passé composé):* Partizip Perfekt

> *Je suis venu, j'ai vu … et je suis reparti.*

REGEL Der zweite Bestandteil des Perfekts ist das Partizip Perfekt. Es gibt regelmäßige und unregelmäßige Formen. Die regelmäßigen Verben auf **-er**, **-ir** und **-(d)re** bilden das Partizip Perfekt wie folgt:

-er → -é	**-ir → -i**	**-(d)re → -du**
(acheter, aller, parler …)	(finir, réfléchir, partir …)	(attendre, vendre, descendre …)
J'ai achet**é** un CD.	J'ai fin**i** mon travail.	J'ai atten**du** longtemps.
Ich habe eine CD gekauft.	*Ich habe meine Arbeit beendet.*	*Ich habe lange gewartet.*
Il est all**é** au café.	Il est part**i**.	Il est descen**du** du train.
Er ist ins Café gegangen.	*Er ist gegangen.*	*Er ist aus dem Zug ausgestiegen.*

⇨ Folgende sehr gebräuchliche Verben bilden das Partizip Perfekt (sehr) unregelmäßig.

Infinitiv	→	Partizip Perfekt		Infinitiv	→	Partizip Perfekt	
avoir	→	**eu**	*gehabt*	boire	→	**bu**	*getrunken*
être	→	**été**	*gewesen*	croire	→	**cru**	*geglaubt*
dire	→	**dit**	*gesagt*	lire	→	**lu**	*gelesen*
écrire	→	**écrit**	*geschrieben*	plaire	→	**plu**	*gefallen*
faire	→	**fait**	*gemacht*	recevoir	→	**reçu**	*bekommen*
mettre	→	**mis**	*gestellt/gesetzt/gelegt*	venir	→	**venu(e)**	*gekommen*
prendre	→	**pris**	*genommen*	voir	→	**vu**	*gesehen*

! Bei den Modalverben (→ Kapitel 20) endet das Partizip Perfekt immer auf -u.

devoir	→	**dû**	J'ai dû annuler le rendez-vous.	*Ich habe den Termin absagen müssen.*
pouvoir	→	**pu**	Tu as pu joindre ta sœur ?	*Hast du deine Schwester erreichen können?*
vouloir	→	**voulu**	Il a voulu venir avec nous.	*Er hat mit uns kommen wollen.*
savoir	→	**su**	Je n'ai pas su répondre.	*Ich habe nicht antworten können.*

REGEL Das Partizip Perfekt mit **avoir** wird in der Regel nicht angeglichen.
Elles ont beaucoup travaillé. *Sie haben viel gearbeitet.*

! **Aber:** Steht das direkte Objekt (als Relativpronomen, Fragewort oder Objektpronomen) vor dem Verb, so wird das Partizip Perfekt an dieses Objekt angeglichen. Diese Regel bereitet sogar Franzosen einiges Kopfzerbrechen. ☹
Nos voisins, je les ai rencontr**és** hier. *Unsere Nachbarn habe ich gestern getroffen.*
Montre-moi la robe que tu as fait**e**. *Zeig mir das Kleid, das du gemacht hast.*
Quelles fleurs avez-vous achet**ées**? *Welche Blumen habt ihr gekauft ?*

1. Regelmäßige Formen: Fügen Sie die richtigen Verbformen im Perfekt hinzu.

a. jouer → *nous avons joué*   f. finir → vous _____

b. dormir → elle _____   g. vendre → on _____

c. attendre → j'_____   h. habiter → nous _____

d. téléphoner → ils _____   i. répondre → il _____

e. réparer → tu _____   j. mentir → elles _____

2. Unregelmäßige Formen: Finden Sie in der Wortschlange zehn Formen des Partizip Perfekt, schreiben Sie sie auf und notieren Sie wenn nötig den Infinitiv.

ERP~~RIS~~TEMISATOFAITONVENUREÉTÉLVEUMOCVUTIÉCRITLEILUBIREÇUNT

pris   ← *prendre*   _____ ← avoir

_____ ← _____   _____ ← _____

_____ ← _____   _____ ← _____

_____ ← _____   _____ ← *lire*

_____ ← *être*   _____ ← _____

3. Übersetzen Sie.

a. *Sie haben Französisch gesprochen.* _____

b. *Hast du die Zeitung gelesen?* _____

c. *Wir haben zusammen gegessen.* _____

d. *Er hat nicht im Garten gearbeitet.* _____

e. *Sie haben ein neues Auto gekauft.* _____

f. *Was hast du gestern gemacht?* _____

g. *Ich bin nicht ins Kino gegangen.* _____

h. *Haben Sie gut geschlafen?* _____

4. Verbinden Sie die jeweils zueinandergehörenden Fragen und Antworten und ergänzen Sie die Sätze mithilfe der folgenden Partizipien.

| parti | pris | rentrés | été | eu | plu | dit | pu |

a. Tu es venu en voiture ?
b. Déjà de retour ?
c. Alors, tu as aimé le film ?
d. Encore au lit !
  Qu'est-ce qui ne va pas ?
e. La machine à laver marche ?
f. Qui a gagné hier ?
g. Alors, tu lui as parlé ?

1. Non, il ne m'a pas _____ du tout,
  je suis _____ avant la fin.
2. Je ne sais pas, je n'ai pas _____ regarder le match.
3. Non, j'ai _____ le bus.
4. Non, je n'ai pas _____ le temps de la réparer.
5. Non, je ne lui ai rien _____ .
6. J'ai _____ malade toute la nuit.
7. Oui, nous sommes _____ hier soir.

Nous sommes presque arrivés. – On a marché au moins six heures !
Wir sind fast angekommen. – Wir sind mindestens sechs Stunden gelaufen.

Perfekt *(passé composé)*: Wahl des Hilfsverbs

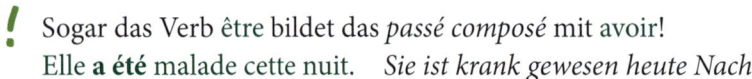

> Nous sommes presque arrivés.

> On a marché au moin. six heures !

 Was die Wahl des Hilfsverbs (avoir oder être) betrifft, so gibt es zwischen dem Französischen und dem Deutschen große Übereinstimmungen:
J'**ai** pris le train.   *Ich **habe** den Zug genommen.*
Il **est** rentré tôt.   *Er **ist** früh zurückgekommen.*

 Die meisten Verben bilden das *passé composé* mit dem Hilfsverb **avoir**.
Vous avez travaillé.   *Sie haben gearbeitet.*
Il a plu toute la journée.   *Es hat den ganzen Tag geregnet.*

! Sogar das Verb être bildet das *passé composé* mit avoir!
Elle **a été** malade cette nuit.   *Sie ist krank gewesen heute Nacht.*

! Auch Verben der Bewegungsart wie z. B. sauter (*springen*), marcher (*zu Fuß gehen*), courir (*rennen*), nager (*schwimmen*), bilden das *passé composé* mit avoir.
On a marché au moins six heures.   *Wir sind mindestens sechs Stunden gelaufen.*

 Nur wenige Verben bilden das *passé composé* mit **être**.
- Bewegungsverben, die eine Ortsveränderung angeben wie z. B. aller (*hingehen/-fahren*), arriver (*ankommen*), partir (*weggehen*), venir (*kommen*), entrer (*reingehen*), sortir (*ausgehen*), monter (*hinaufgehen*), descendre (*hinuntergehen*), tomber (*fallen*), retourner (*wieder hingehen*).
  Nous **sommes** presque **arrivés**.   *Wir sind fast angekommen.*
  Elle **est tombée** dans l'escalier.   *Sie ist auf der Treppe hingefallen.*

- Verben, die eine Zustandsänderung einführen wie z. B. devenir (*werden*), naître (*geboren werden*) und mourir (*sterben*).
  Victor Hugo **est né** à Dôle et il **est mort** à Paris.
     Victor Hugo ist in Dôle geboren und in Paris gestorben.

! Ebenfalls die Verben rester (*bleiben*) und demeurer (*bleiben*).
Vous êtes **restés** longtemps ?   *Seid ihr lange geblieben?*

- Alle reflexiven Verben.

! Die Verneinungswörter rahmen die Gruppe „Reflexivpronomen + Hilfsverb" ein.
Je ne me suis pas reposé(e).
   Ich habe mich nicht erholt.

se reposer (*sich erholen*)			
je	me	suis	reposé(e)
tu	t'	es	reposé(e)
il/elle	s'	est	reposé(e)
nous	nous	sommes	reposé(e)s
vous	vous	êtes	reposé(e)(s)
ils/elles	se	sont	reposé(e)s

1. Markieren Sie die Verben, die das *passé composé* mit être bilden. Ergänzen Sie die Sätze mithilfe dieser markierten Verben.

rester	aller	courir	faire	naître	nager
tomber	venir	être	sortir	marcher	

a. Ils _____ _____ en ville cet après-midi.

b. Je _____ _____ hier soir avec des amis.

c. Il _____ _____ en 1978.

d. Je _____ _____ de l'échelle.

e. Vous n'_____ pas _____ jusqu'à la fin.

f. Ils _____ _____ sans leurs enfants.

2. Kreuzen Sie die passende Übersetzung an.

a. *Wir haben einen schönen Tag verbracht.*
  ☐ Nous avons passé une belle journée.
  ☐ Nous sommes passés une belle journée.

b. *Unsere Freunde sind gestern abgefahren.*
  ☐ Nos amis ont parti hier.
  ☐ Nos amis sont partis hier.

c. *Ich bin in Bayern aufgewachsen.*
  ☐ Je suis grandi en Bavière.
  ☐ J'ai grandi en Bavière.

d. *Sie hat sich nicht viel erholt.*
  ☐ Elle ne s'a pas beaucoup reposé.
  ☐ Elle ne s'est pas beaucoup reposée.

e. *Er ist über den Zaun gesprungen.*
  ☐ Il a sauté par-dessus la barrière.
  ☐ Il est sauté par-dessus la barrière.

3. Ergänzen Sie die Sätze im *passé composé* mit den jeweils darüberstehenden Verben.

a. *parler – rencontrer – échanger – prendre*
  Hier, j'_____ un ancien camarade de classe. Nous _____
  un café ensemble. Nous _____ d'autrefois. Avant de nous quitter, nous
  _____ nos adresses.

b. *trouver – faire – se marier – arriver*
  Il _____ en France en 2008. Il _____ rapidement un
  emploi. L'année suivante, il _____ la connaissance de sa future femme.
  Ils _____ il y a deux ans.

c. *quitter – se lever – marcher – rentrer – attendre*
  Hier matin, elle _____ tôt et elle _____ la maison vers
  7 heures. Elle _____ jusqu'à l'arrêt du bus. Elle _____
  une heure et puis elle _____ à la maison.

32

C'était en 1979 ... Nous habitions encore à ... Ah ... C'était le bon temps !
Es war 1979. Wir wohnten noch in ... Ah... Es war die gute alte Zeit!

Imparfait

Die hier verwendete Zeit ist das *imparfait*. Das *imparfait* ist eine Zeit der Vergangenheit: Es beschreibt Zustände, Gewohnheiten oder Vorgänge, die in ihrem Verlauf dargestellt werden. Das *imparfait* ist vor allem eine beschreibende Zeit.

> *C'était en 1979 ... Nous habitions encore à ...*
> *Ah ... C'était le bon temps !*

Das *imparfait* ist einfach zu bilden: Die Endungen -ais, -ais, -ait, -ions, -iez, -aient gelten für alle Verben. Diese Endungen werden an den Stamm der 1. Person Plural Präsens (nous) angehängt. Die einzige Ausnahme bildet das Verb être.

parler → nous **parl**-ons		finir → nous **finiss**-ons		être	
je	parl**ais**	je	finiss**ais**	j'	**ét**ais
tu	parl**ais**	tu	finiss**ais**	tu	**ét**ais
il/elle	parl**ait**	il/elle	finiss**ait**	il/elle	**ét**ait
nous	parl**ions**	nous	finiss**ions**	nous	**ét**ions
vous	parl**iez**	vous	finiss**iez**	vous	**ét**iez
ils/elles	parl**aient**	ils/elles	finiss**aient**	ils/elles	**ét**aient

! Die Endungen -ais, -ait und -aient werden alle [ɛ] gesprochen.

! Beachten Sie das ç bei den Verben auf -cer oder das -e bei den Verben auf -ger vor den Endungen -ais, -ait, -aient, damit die Aussprache gleich bleibt:

commencer [kɔmãse]		manger [mãʒe]	
je	commen**ç**ais	je	mang**e**ais
tu	commen**ç**ais	tu	mang**e**ais
il/elle	commen**ç**ait	il/elle	mang**e**ait
nous	commencions	nous	mangions
vous	commenciez	vous	mangiez
ils/elles	commen**ç**aient	ils/elles	mang**e**aient

Um von vergangenen Ereignissen zu berichten, brauchen Sie im Französischen in der Regel zwei Zeiten: das *imparfait* und das *passé composé*. Mehr über das Zusammenspiel dieser beiden Zeiten erfahren Sie im folgenden Kapitel.

1. Markieren Sie im folgenden Text die Verben, die im *imparfait* stehen.

Ma grand-mère m'a parlé de son école et voici ce qu'elle m'a raconté :

Autrefois, l'école n'était pas mixte. Les grands et les petits étaient ensemble dans une classe, mais ils ne faisaient pas le même travail. Dans la cour de récréation, les filles jouaient d'un côté, les garçons de l'autre. Tous portaient un tablier. Les élèves qui habitaient loin de l'école devaient se lever très tôt, car il n'y avait pas de bus. Les professeurs étaient sévères et punissaient souvent les élèves. L'école a bien changé depuis... En mieux ? Qu'en pensez-vous ?

2. Ergänzen Sie die Tabelle.

Infinitiv	Präsens (1. Person Plural)	*imparfait*
a. _dire_	→ nous disons	→ je _disais_
b. _____	→ nous avons	→ elles _____
c. _____	→ nous prenons	→ tu _____
d. _____	→ nous essayons	→ nous _____
e. _____	→ nous nageons	→ il _____
f. _____	→ nous commençons	→ on _____
g. _____	→ nous finissons	→ je _____
h. _____	→ nous faisons	→ vous _____

3. Sie möchten die Oma von der Zeichnung auf Seite 76 interviewen. Nehmen Sie die Verben aus dem Kasten, um Ihre Fragen vorzubereiten.

travailler habiter aimer être (2x) faire s'appeler avoir

a. Où _____-vous quand vous _____ enfant ?

b. Est-ce que vos parents _____ sévères ?

c. Est-ce que votre mère _____ ?

d. Que _____-vous le dimanche ?

e. _____-vous l'école ?

f. _____-vous des frères et sœurs ?

g. Comment _____ votre meilleur(e) ami(e) ?

4. Ergänzen Sie: Stellen Sie „heute" und „früher" gegenüber.

Aujourd'hui,	Autrefois,
a. ... je ne joue plus au foot.	... _je jouais_ au foot une fois par semaine.
b. ... ils ne mangent plus de viande.	... ils _____ de la viande.
c. ... nous habitons en ville.	... nous _____ à la campagne.
d. ... il fait du sport.	... il ne _____ que de la marche.
e. ... vous aimez lire.	... vous n'_____ pas du tout ça.
f. ... tu as les cheveux courts.	... tu _____ les cheveux longs.

33

Je conduisais tranquillement, j'ai vu le feu trop tard ...
Ich fuhr vor mich hin, ich habe die Ampel zu spät gesehen ...

Gebrauch von *imparfait* und *passé composé*

Je conduisais tranquillement, j'ai vu le feu trop tard ...

 In einer Erzählung „teilen" sich *imparfait* und *passé composé* die Arbeit:
- Das *imparfait* beschreibt und antwortet auf die Frage „Was war?/Wie war es?".
- Das *passé composé* führt Handlungen ein und antwortet auf die Frage „Was ist (dann) passiert?".

 Das ***imparfait*** führt Handlungen ein, die in ihrem Verlauf dargestellt werden, wie z. B.
- Beschreibungen:
  Elle était petite, mince, toujours active.   *Sie war klein, schlank und immer aktiv.*
  Il faisait beau, la plage était magnifique.   *Das Wetter war schön, der Strand wunderschön.*

! Das Verb être, das einen Zustand ausdrückt, steht oft im *imparfait*.

- regelmäßige, oft wiederkehrende Ereignisse:
  Mon père travaillait souvent dans le jardin.   *Mein Vater arbeitete oft im Garten.*

! **Signalwörter** für das *imparfait* sind z. B. souvent (*oft*), tous les jours (*jeden Tag*), de temps en temps (*von Zeit zu Zeit*), d'habitude (*gewöhnlich*), le dimanche (*sonntags*) usw.

- Handlungen, die andauern während noch etwas passiert:
  J'étais en train de faire la cuisine quand ils sont arrivés.   *Ich war am Kochen, als sie kamen.*

! Die Wendung être en train de + Infinitiv (*dabei sein, etwas zu tun*), die das Geschehen in seinem Verlauf darstellt (→ Kapitel 60) steht im *imparfait* (nie im *passé composé*).

 Das ***passé composé*** wird bei Ereignissen benutzt, die als abgeschlossen gesehen werden, wie z. B.
- aufeinanderfolgende Handlungen:
  Hier, j'ai regardé un peu la télé et puis je suis allé me coucher.
    Gestern habe ich ein bisschen ferngesehen und bin dann ins Bett gegangen.

- plötzlich eintretende Handlungen, die eine andere Handlung unterbrechen:
  Nous regardions la télé quand (tout à coup) le téléphone a sonné.
    Wir sahen fern, als (plötzlich) das Telefon klingelte.

! **Signalwörter** für das *passé composé* sind Wörter, die ein einmaliges/plötzlich eintretendes Ereignis einführen, z. B. tout à coup (*plötzlich*), alors/ensuite (*dann*), un jour (*eines Tages*), dimanche (*am Sonntag*).

1. Handelt es sich hier um eine Beschreibung (B) oder ein Ereignis (E)? Kreuzen Sie den richtigen Vorschlag an.

a. _B_ Il neigeait et la campagne ☐ a été / ✗ était toute blanche.

b. ____ J'ai couru mais ☐ je suis arrivé / ☐ j'arrivais en retard.

c. ____ Ils ne se sont pas baignés parce que l'eau ☐ a été / ☐ était trop froide.

d. ____ Quand j'étais enfant, ☐ j'ai eu / ☐ j'avais les cheveux très longs.

e. ____ Le chien a aboyé parce qu' il ☐ a entendu / ☐ entendait un bruit bizarre.

f. ____ J'ai déjà fini le livre que ☐ j'ai acheté / ☐ j'achetais avant-hier.

2. Drei Sätze sind fehlerhaft. Schreiben Sie sie noch einmal richtig auf.

a. Nous avons annulé notre sortie, parce qu'il n'y avait pas assez d'inscrits.

b. Le film était ennuyeux, alors je partais avant la fin.

c. Quand je suis arrivé, il a été en train de regarder la télé.

d. Il faisait froid et j'ai monté un peu le chauffage.

e. Je passais une excellente soirée. Je vous remercie beaucoup.

f. Quand je suis rentré de l'école, mes parents m'attendaient devant la maison.

_____

_____

_____

3. *Imparfait* oder *passé composé*? Setzen Sie die Sätze in die Vergangenheitsform. Achten Sie dabei auf die Signalwörter.

a. Nous allons une fois par semaine au cinéma. → _Nous allions une fois par semaine au cinéma._

b. Je suis souvent malade. → _____

c. Ensuite, nous prenons le train. → _____

d. Ils arrivent mardi. → _____

e. Le lundi, j'ai cours de danse. → Le lundi, _____

f. Tout à coup, il commence à pleuvoir. → _____

g. Cette année, je passe mes vacances en France. → _____

4. Erzählen Sie diese Geschichte in der Vergangenheit.

Jeanne a 50 ans quand elle prend pour la première fois l'avion. Elle prend un tranquillisant parce qu'elle a très peur. Le vol se passe bien et l'avion atterrit sans problèmes. Jeanne est soulagée quand elle retrouve le sol sous ses pieds.

Jeanne avait _____

_____

_____

> *Vue sur la mer ? Je t'avais bien dit de demander un prospectus !*

Das Plusquamperfekt (*plus-que-parfait*)

 Das *plus-que-parfait* (je t'**avais dit** ich **hatte** dir **gesagt**) wird wie das deutsche Plusquamperfekt gebildet: être oder avoir im *imparfait* + Partizip Perfekt des jeweiligen Verbs.
Il avait oublié de fermer la porte.   Er **hatte vergessen**, die Tür zu schließen.
Nous étions partis en retard.   Wir **waren** zu spät **losgefahren**.

! Die Wahl des Hilfsverbs erfolgt nach den gleichen Kriterien wie für das *passé composé* (→ Kapitel 31): Wenn man im *passé composé* être verwendet, verwendet man es auch im *plus-que-parfait*.

manger (*essen*)		
j'	avais	mangé
tu	avais	mangé
il/elle	avait	mangé
nous	avions	mangé
vous	aviez	mangé
ils/elles	avaient	mangé

rester (*bleiben*)		
j'	étais	resté(e)
tu	étais	resté(e)
il/elle	était	resté(e)
nous	étions	resté(e)s
vous	étiez	resté(e)(s)
ils/elles	étaient	resté(e)s

! Das Partizip Perfekt der Verben, die mit être als Hilfsverb konjugiert werden, ist wie beim *passé composé* veränderlich.

 Das *plus-que-parfait* wird weitgehend wie im Deutschen gebraucht. Es erzählt von vergangenen Ereignissen, die noch vor anderen vergangenen Ereignissen stattgefunden haben. Es antwortet auf die Frage: „Was war gewesen/geschehen, bevor dies passierte?"
Il était déjà reparti quand je suis arrivé.   Er war schon weggegangen, als ich ankam.
Je m'inquiétais parce qu'il n'avait pas téléphoné.   Ich machte mir Sorgen, weil er nicht angerufen hatte.

1. Verbinden Sie die zueinanderpassenden Satzteile.

a. Elle était heureuse
b. Le restaurant était complet,
c. Elle était tombée
d. J'avais essayé de lui expliquer,
e. Avant d'acheter la voiture,
f. Elle n'avait pas pu rentrez chez elle
g. Il avait faim

1. ils avaient voulu l'essayer.
2. mais il n'avait rien compris.
3. parce qu'elle avait perdu ses clés.
4. parce qu'elle avait appris une bonne nouvelle.
5. parce qu'il n'avait pas mangé depuis le matin.
6. et s'était blessée au genou.
7. c'est pourquoi ils étaient ressortis aussitôt.

2. Ergänzen Sie die Verbformen im Plusquamperfekt.

a. oublier → tu _____ _____   elles _____ _____
b. tomber → nous _____ _____   vous _____ _____
c. finir → il _____ _____   nous _____ _____
d. attendre → vous _____ _____   ils _____ _____
e. avoir → elle _____ _____   ils _____ _____

3. Ergänzen Sie die Sätze mit den Satzteilen aus dem Kasten. Setzen Sie die Verben ins Plusquamperfekt.

> ne pas dormir de la nuit   passer trois mois   appeler un taxi
> ne pas entendre le réveil   tomber   dîner en amoureux

a. Elle _____ , parce que sa voiture était en panne.
b. C'était leur anniversaire de mariage. Ils _____ .
c. Elle faisait la sieste, car elle _____ .
d. Elle saignait au genou parce qu'elle _____ .
e. Il était en retard parce qu'il _____ .
f. Elle rentrait juste de France où elle _____ .

4. Setzen Sie die Verben in das Plusquamperfekt und ergänzen Sie die Sätze damit. Von wem ist hier die Rede? Schreiben Sie die entsprechende Nummer.

> (1) Peau d'Âne   (2) Blanche-Neige   ~~(3) Cendrillon~~
> (4) La Belle au bois dormant   (5) Le Petit Chaperon rouge

a. _3_ Elle _était allée_ au bal et _avait perdu_ une chaussure. *(aller / perdre)*
b. ____ Elle _____ _____ partir parce que son père voulait l'épouser. *(devoir)*
c. ____ Elle _____ _____ une pomme qui était empoisonnée. *(goûter)*
d. ____ Elle dormait depuis 100 ans, un prince _____ _____ la réveiller. *(venir)*
e. ____ Elle voulait rendre visite à sa grand-mère et _____ _____ le loup. *(rencontrer)*

35

Vous vous marierez, vous aurez des enfants, tout ira bien … Ça fera 250 euros.
Sie werden heiraten, Sie werden Kinder haben, alles wird gut gehen … Das macht 250 Euro.

Einfache Zukunft *(futur simple)*

Im Französischen gibt es zwei Möglichkeiten von zukünftigen Ereignissen zu sprechen:

- Das *futur simple* besteht nur aus einer Verbform und wird daher – wörtlich – als „einfache Zukunft" bezeichnet.
- Das *futur composé* (zusammengesetzte Zukunft) besteht aus dem Hilfsverb aller und einem Infinitiv (→ Kapitel 36).

> Vous vous marierez, vous aurez des enfants, tout ira bien... Ça fera 250 euros.

 Die Endungen des *futur simple* sind für alle Verben gleich: -ai, -as, -a, -ons, -ez, -ont. Diese Endungen werden in der Regel an den Infinitiv angehängt. Bei den Verben auf -re entfällt allerdings das letzte e.

téléphoner *(telefonieren)*		**sortir** *(ausgehen)*		**attendre** *(warten)*	
je	téléphoner**ai**	je	sortir**ai**	j'	attendr**ai**
tu	téléphoner**as**	tu	sortir**as**	tu	attendr**as**
il/elle	téléphoner**a**	il/elle	sortir**a**	il/elle	attendr**a**
nous	téléphoner**ons**	nous	sortir**ons**	nous	attendr**ons**
vous	téléphoner**ez**	vous	sortir**ez**	vous	attendr**ez**
ils/elles	téléphoner**ont**	ils/elles	sortir**ont**	ils/elles	attendr**ont**

! Bei den Verben auf -er mit folgenden orthografischen Besonderheiten werden die Endungen an die erste Person Singular Präsens + -r angehängt:

Infinitiv	Präsens	*futur simple*	
payer	je paie/paye	je paierai/payerai	*ich werde bezahlen*
employer	j'emploie	j'emploierai	*ich werde benutzen*
appuyer	j'appuie	j'appuierai	*ich werde drücken*
acheter	j'achète	j'achèterai	*ich werde kaufen*
appeler	j'appelle	j'appellerai	*ich werde (an)rufen*
préférer	je préfère	je préférerai	*ich werde bevorzugen*

 Einige Verben haben einen unregelmäßigen Futurstamm.

aller	→ j'irai *ich werde (hin)gehen*	recevoir → je recevrai *ich werde bekommen*
avoir	→ j'aurai *ich werde haben*	savoir → je saurai *ich werde wissen*
être	→ je serai *ich werde sein*	venir → je viendrai *ich werde kommen*
faire	→ je ferai *ich werde machen*	voir → je verrai *ich werde sehen*
pouvoir	→ je pourrai *ich werde können*	vouloir → je voudrai *ich werde wollen*

1. Schreiben Sie die richtige Verbform im *futur simple* auf.

a. travailler → il _____ vous _____
b. finir → je _____ nous _____
c. prendre → je _____ vous _____
d. dormir → il _____ nous _____
e. se lever → je _____ ils _____
f. essayer → j' _____ on _____
g. s'ennuyer → tu _____ nous _____
h. espérer → il _____ elles _____
i. acheter → j' _____ on _____

2. Programm für eine Bergwanderung: Unterstreichen Sie die Verben, die im *futur simple* stehen und schreiben Sie ihre Grundform rechts auf.

a. Nous <u>partirons</u> demain très tôt. Rendez-vous devant l'office du tourisme. *partir*
b. Chacun recevra un pique-nique et une bouteille d'eau. _____
c. Nous ferons une halte toutes les deux heures environ. _____
d. Après déjeuner, vous pourrez vous reposer une heure. _____
e. Nous irons voir un berger qui passe l'été dans la montagne. _____
f. Peut-être aurez-vous aussi la chance de voir quelques marmottes. _____
g. La soirée sera fraîche. Prévoyez des vêtements chauds. _____
h. Un bus viendra vous chercher au point de rencontre. _____

3. Bilden Sie Sätze, indem Sie das Verb ins *futur simple* setzen und die passende Fortsetzung finden.

a. ~~Je (prendre)~~ avec leurs enfants.
b. Tu (pouvoir) avec votre voisine.
c. Ils (venir) le prix Nobel pour sa découverte.
d. Nous (vendre) contentes de vous revoir.
e. Vous (se marier) te reposer un peu.
f. Il (recevoir) ~~ma retraite à 67 ans.~~
g. Elles (être) notre appartement parisien.

a. *Je prendrai ma retraite à 67 ans.*
b. _____
c. _____
d. _____
e. _____
f. _____
g. _____

On va passer des super vacances !

Zusammengesetzte Zukunft
(*futur composé*)

In diesem Kapitel geht es um eine weitere Zukunftsform: das *futur composé*, auch *futur proche* genannt, weil es meist Ereignisse bezeichnet, die unmittelbar bevorstehen, so wie bei dieser Familie, die schon unterwegs in den Urlaub ist.

Das *futur composé* wird mit dem Hilfsverb aller im Präsens und dem Infinitiv des jeweiligen Verbs gebildet. Die Verneinungswörter rahmen das Hilfsverb aller ein.

téléphoner (*telefonieren*)			**ne pas téléphoner** (*nicht telefonieren*)				
je	vais	téléphoner	je	ne	vais	pas	téléphoner
tu	vas	téléphoner	tu	ne	vas	pas	téléphoner
il/elle	va	téléphoner	il/elle	ne	va	pas	téléphoner
nous	allons	téléphoner	nous	n'	allons	pas	téléphoner
vous	allez	téléphoner	vous	n'	allez	pas	téléphoner
ils/elles	vont	téléphoner	ils/elles	ne	vont	pas	téléphoner

Futur simple und *futur composé* sind in den meisten Fällen austauschbar:
Je ne dirai rien. = Je ne vais rien dire.   *Ich werde nichts sagen.*

In einigen Fällen wird das **futur simple** jedoch bevorzugt:
- Bei Vorhersagen/Prognosen (z. B. bei der Wettervorhersage oder im Horoskop):
  Il pleuvra demain sur toute la France.   *Es wird morgen in ganz Frankreich regnen.*
  Vous ferez une rencontre intéressante.   *Sie werden eine interessante Begegnung machen.*
- Nach dem Verb espérer (*hoffen*):
  J'espère qu'il guérira vite.   *Ich hoffe, dass er schnell genesen wird.*
- Um einem Versprechen/festen Vorhaben mehr Gewicht zu verleihen:
  Je ne te quitterai jamais.   *Ich werde dich niemals verlassen.*
- In Verbindung mit einem realen Bedingungssatz mit si (→ Kapitel 39):
  S'il pleut, nous resterons ici.   *Wenn es regnet, werden wir hier bleiben.*

Das **futur composé** steht
- bei unmittelbar stattfindenden Handlungen:
  Attends, je vais t'expliquer.   *Warte mal, ich werde es dir (gleich) erklären.*
- bei Warnungen:
  Attention, tu vas tomber.   *Vorsicht, du fällst (gleich) hin.*

1. Was machen diese Personen in ihren Ferien? Verwenden Sie das *futur composé*.

a. Nous _____ _____ un gîte rural.

b. Pierre _____ _____ dans un café.

c. Toi, tu _____ _____ tes examens.

d. Nous, on _____ _____ au bord de la mer.

e. Mes parents _____ _____ chez nous.

f. Elena _____ _____ 15 jours au Portugal.

g. Moi, je _____ _____ un peu à la campagne.

h. Et vous, qu'est-ce que vous _____ _____ ?

> passer
> préparer
> louer
> faire
> aller
> travailler
> venir
> se reposer

2. Was wird bald passieren? Ergänzen Sie, indem Sie die Verben aus dem Kasten ins *futur composé* setzen.

rentrer	partir	préparer	téléphoner	poster	fermer	réfléchir	écrire

a. ▲ Le dîner est prêt ? – ● Non, mais je _____ le _____ .

b. ▲ Tu as réservé la chambre? – ● Non, mais je _____ _____ à l'hôtel tout à l'heure.

c. ▲ Tu as remercié tes parents ? – ● Non, mais je _____ leur _____ un mail ce soir.

d. ▲ La lettre est partie ? – ● Non, je _____ la _____ demain.

e. ▲ Anne est encore là ? – ● Oui, mais elle _____ _____ dans cinq minutes.

f. ▲ Tu viens avec nous à la piscine ? – ● Non, je _____ _____ à la maison.

g. ▲ La bibliothèque est encore ouverte ? – ● Oui, mais elle _____ _____ dans dix minutes.

h. ▲ Ce pull vous va très bien. Vous le prenez ? – ● Euh... je _____ _____ .

3. *Futur simple* oder *futur composé*? Ergänzen Sie die Verben. Begründen Sie Ihre Entscheidung, indem Sie (V) für eine Vorhersage, (S) bei einem si-Satz, (U) bei einem unmittelbaren Geschehen oder (W) bei einer Warnung notieren.

rentrer	avoir	aimer	renverser	pleuvoir	réussir	ne pas avoir	vivre

a. Dans dix ans, j'_____ quarante ans. V

b. Attention, tu _____ du vin sur le tapis. _____

c. Si tu travailles, tu _____ tes examens sans problèmes. _____

d. On _____ à la maison, il est tard. _____

e. Je t'_____ toujours ! _____

f. Vous _____ beaucoup d'argent, mais vous _____ heureux. _____

g. Le ciel est tout noir. Il _____ , c'est sûr. _____

On pourrait faire une fête pour mon anniversaire.
Wir könnten ein Fest machen zu meinem Geburtstag.

Conditionnel présent

Das *conditionnel présent* stellt einen Vorgang als möglich (aber im Moment nicht real) dar.

 Die Endungen -ais, -ais, -ait, -ions, -iez, -aient gelten für alle Verben. Sie werden in der Regel an den Infinitiv angehängt.

On pourrait faire une fête pour mon anniversaire.

Oui et on inviterait plein de gens.

téléphoner (*telefonieren*)	
je	téléphoner**ais**
tu	téléphoner**ais**
il/elle	téléphoner**ait**
nous	téléphoner**ions**
vous	téléphoner**iez**
ils/elles	téléphoner**aient**

 Der Verbstamm des *conditionnel présent* ist mit dem Verbstamm des *futur simple* identisch (→ Kapitel 35). Bei den Verben auf -re entfällt das letzte -e: attendre → attendrais (*ich würde warten*).

Bei den Verben auf -er mit folgenden orthografischen Besonderheiten werden die Endungen an die erste Person Singular Präsens + -r angehängt.

Infinitiv	Präsens	*conditionnel présent*	
payer	je paie/paye	il paierait/il payerait	*er würde bezahlen*
employer	j'emploie	nous emploierions	*wir würden benutzen*
acheter	j'achète	vous achèteriez	*ihr würdet/Sie würden kaufen*
préférer	je préfère	ils préféreraient	*sie würden bevorzugen*

avoir	→	j'aurais *ich werde haben*	faire	→ je ferais *ich würde machen*
être	→	je serais *ich werde sein*	venir	→ je viendrais *ich würde kommen*
...			...	

 Das *conditionnel présent* wird verwendet bei

- einer (höflichen) Bitte.
  Pourriez-vous fermer la fenêtre, S.V.P. ? *Könnten Sie bitte das Fenster schließen?*
- einem Rat oder einer Empfehlung (in Verbindung mit devoir, pouvoir).
  Tu devrais faire plus de sport. *Du solltest mehr Sport treiben.*
- einem Wunsch.
  J'aimerais tellement que ça marche ! *Ich hätte so gern, dass es funktioniert.*
- einer möglichen Folge einer in einem Satz mit si ausgedrückten Bedingung (→ Kapitel 39).
  Si je le savais, je te le **dirais**. *Wenn ich es wüsste, würde ich es dir sagen.*

1. Finden Sie in der Liste 8 Verben, die im *conditionnel présent* stehen. Notieren Sie sie und fügen Sie das/die passende(n) Pronomen aus dem Kasten rechts hinzu.

AIMERAIS   AIMIEZ   DORMIONS   ATTENDRAIS   DORMIRIONS   ATTENDRAIT
PRENDRIEZ   FINIRA   SORTIRAIS   ACHÈTERAIENT   PARLIONS   PARLERIONS

a. *j'/tu aimerais*   e. _____

b. _____   f. _____

c. _____   g. _____

d. _____   h. _____

je	tu
nous	il
ils j'	elles
vous	on

2. Kreuzen Sie die richtige Möglichkeit an.

a. Excusez-moi madame, ☐ pourrez-vous / ☐ pourriez-vous me dire l'heure, s'il vous plaît ?

b. Il ☐ va pleuvoir / ☐ pleuvrait demain toute la journée.

c. Nous ☐ déménagerons / ☐ déménagerions le mois prochain.

d. Il ☐ dormait / ☐ dormirait encore si je n'avais pas téléphoné.

e. Qu'est-ce que tu ☐ feras / ☐ ferais si tu étais à ma place ?

f. Qu'est-ce qu'il ☐ fera / ☐ ferait s'il rate ses examens ?

g. Si tu avais le temps, nous ☐ pourrons / ☐ pourrions aller au cinéma.

h. S'il pleut demain, nous ☐ annulerons / ☐ annulerions notre sortie.

3. Drei der folgenden Sätze sind fehlerhaft. Schreiben Sie sie richtig auf.

a. Si j'étais toi, je ne dirai rien.

b. Avant de partir, tu devrais terminer ton travail.

c. Excusez-moi, pourrez-vous me dire où est la poste, S.V.P. ?

d. Enfant, je n'aimais pas l'école.

e. Vous désirez ? – Je veux un pain, S.V.P.

_____

_____

_____

4. Verwenden Sie beim Übersetzen das *conditionnel présent*.

a. *Könnten Sie mir helfen, bitte?* _____

b. *Du solltest dich ausruhen.* _____

c. *Ich würde gern wissen ...* _____

d. *Hätten Sie morgen Zeit?* _____

e. *Es wäre ideal.* _____

f. *Ich würde lieber früh fahren.* _____

g. *Was würdest du an meiner Stelle tun?* _____

h. *Ich möchte drei Croissants, bitte.* _____

J'aurais tellement aimé avoir un mari bricoleur !
Ich hätte so gern einen Handwerker als Mann gehabt!

Conditionnel passé

Das *conditionnel passé* steht bei Ereignissen, die in der Vergangenheit hätten passieren können, aber nicht eingetreten sind.

> J'aurais tellement aimé avoir un mari bricoleur !

 Das *conditionnel passé* wird gebildet mit den Formen von être oder avoir im *conditionnel présent* und dem Partizip Perfekt des jeweiligen Verbs.

! Die Wahl des Hilfsverbs (être oder avoir) erfolgt nach den gleichen Kriterien wir für das *passé composé* (→ Kapitel 31).

! Das Partizip Perfekt der Verben, die mit être als Hilfsverb konjugiert werden, ist auch hier veränderlich.

faire (*machen*)			venir (*kommen*)		
j'	aurais	fait	je	serais	venu(e)
tu	aurais	fait	tu	serais	venu(e)
il/elle	aurait	fait	il/elle	serait	venu(e)
nous	aurions	fait	nous	serions	venu(e)s
vous	auriez	fait	vous	seriez	venu(e)(s)
ils/elles	auraient	fait	ils/elles	seraient	venu(e)s

 Mit dem *conditionnel passé* formulieren Sie
- Wünsche, die nicht mehr in Erfüllung gehen können, oft in Form von Bedauern.
  Il aurait tellement **aimé** venir !   *Er wäre so gern gekommen!*
- Vorwürfe (in Verbindung mit vouloir, devoir, pouvoir).
  Tu **aurais pu** au moins téléphoner.   *Du hättest wenigstens anrufen können.*
  Vous n'**auriez** pas dû y aller.   *Ihr hättet/Sie hätten nicht hingehen sollen.*
- die Folge einer mit einem si-Satz ausgedrückten Bedingung, die nicht mehr eintreten kann (→ Kapitel 39). In diesem Fall steht das Verb im si-Satz im Plusquamperfekt.
  Si tu avais écouté, tu **aurais compris**.   *Wenn du zugehört hättest, hättest du verstanden.*
- nicht verifizierte Informationen, Gerüchte.
  La police **aurait interpelé** 30 manifestants.   *Die Polizei soll 30 Demonstranten festgenommen haben.*

1. Verbinden Sie die Sätze, die zusammenpassen.

a. Le film est devenu intéressant vers la fin.
b. Votre fils est reparti au Canada.
c. Elle a cassé un verre.
d. Les routes sont glissantes.
e. Ils étaient furieux.
f. L'exposition est terminée.
g. Tu n'as pas suivi mes conseils.
h. Ça ne sert à rien de courir.

1. Nous aurions mieux fait de venir en train.
2. Tu aurais dû m'écouter.
3. On aurait dû partir plus tôt.
4. Tu n'aurais pas dû éteindre si vite la télé.
5. Je n'aurais pas dû leur mentir.
6. Elle aurait pu se faire mal.
7. Vous auriez dû profiter plus de sa présence.
8. J'aurais tellement aimé la voir !

2. Märchen und Fabeln: Was wäre (nicht) gewesen, wenn …? Setzen Sie das jeweils passende Verb ins *conditionnel passé*.

pouvoir	épouser	être	faire	rencontrer	se réveiller

a. Si le Petit Chaperon Rouge avait obéi à sa mère, il n'_____ pas _____ le loup.
b. Si Cendrillon n'avait pas perdu son soulier, elle n'_____ pas _____ le prince.
c. Si Blanche-Neige avait été moins belle, sa belle-mère _____ _____ moins jalouse.
d. Si la Cigale avait travaillé pendant l'été, elle _____ _____ des réserves pour l'hiver.
e. Si le Prince n'avait pas embrassé La Belle au bois dormant, elle ne _____ _____ pas _____ .
f. Si le corbeau avait été moins naïf, il _____ _____ manger son fromage tranquille.

3. *Conditionnel présent* oder *passé*? Kreuzen Sie die richtige Möglichkeit an.

a. Si tout se passait bien, il ☐ serait rentré / ☐ rentrerait avant 18 heures.
b. Si tu avais lu le journal, tu ☐ serais / ☐ aurais été au courant de cette affaire.
c. Nous ☐ prendrions / ☐ aurions pris l'appartement, mais il n'était plus libre.
d. Si Léo avait conduit moins vite, il ☐ n'aurait pas eu / ☐ n'aurait pas cet accident idiot.
e. Si elle mangeait moins souvent au restaurant, elle ☐ ferait / ☐ aurait fait des économies.
f. Si j'avais été à ta place, ☐ je téléphonerais / ☐ j'aurais téléphoné pour m'excuser.

4. Übersetzen Sie die Sätze und verwenden Sie dabei das *conditionnel passé*.

a. *Ich hätte nicht kommen sollen.*   Je n'aurais pas dû venir.
b. *Ich hätte dasselbe getan.*
c. *Es wäre so einfach gewesen!*
d. *Ich wäre früher gekommen.*
e. *Ich hätte sofort angerufen.*
f. *Sie hätten früher daran denken müssen.*
g. *Was hättest du an meiner Stelle getan?*

Bedingungssätze

 Mit dem Bedingungssatz
wird eine Bedingung und
ihre Folge(n) genannt.
Die Bedingung wird meist
durch si (*wenn*) eingeleitet.

> On peut t'aider, si tu veux.

! Vor il wird si zu s' (aber
nicht vor elle):
s'il veut   *wenn er will*
si elle veut   *wenn sie will*

 Es gibt drei Arten von Bedingungssätzen: Entscheidend ist, ob die Bedingung als erfüllbar
(real), nicht erfüllbar (irreal) oder als nicht erfüllt angesehen wird.

⇨ Kann die Bedingung (noch) erfüllt werden, so steht das Verb im si-Satz (Nebensatz) im Präsens oder *passé composé*. Im Hauptsatz steht das Präsens oder Futur.
Si tu viens en train, nous viendrons te chercher à la gare.   *Wenn du mit dem Zug kommst,*
(dann) holen wir dich vom Bahnhof ab.
Tu peux partir si tu as fini ton travail.   *Du kannst fahren, wenn du deine Arbeit beendet hast.*

! Steht der si-Satz am Satzanfang, so wird er durch ein Komma vom Hauptsatz getrennt:
Si j'ai le temps, je passerai te voir.   *Wenn ich Zeit habe, komme ich vorbei.*

⇨ Kann die Bedingung kaum oder nicht erfüllt werden, so steht das Verb im si-Satz im *imparfait*.
Im Hauptsatz steht dann das *conditionnel présent* (→ Kapitel 37).
Si je pouvais, je travaillerais moins.   *Wenn ich könnte, würde ich weniger arbeiten.*

! Im si-Satz steht das *imparfait* (und niemals das *conditionnel*).
Si j'étais toi, je le ferais tout de suite.   *Wenn ich du wäre, würde ich es sofort machen.*

⇨ Wurde die Bedingung nicht erfüllt, so steht das Verb im si-Satz im Plusquamperfekt (→ Kapitel 34). Im Hauptsatz steht das *conditionnel passé* (→ Kapitel 38).
Si tu étais partie plus tôt, tu n'aurais pas raté ton train.   *Wenn du früher gefahren wärst, hättest*
du deinen Zug nicht verpasst.

1. Der reale Bedingungssatz. Verbinden Sie die Elemente rechts und links.

a. Prenez un taxi
b. Prévenez-nous
c. Nous déménagerons
d. Je peux t'accompagner
e. Elle pourra dormir chez nous
f. Achète le journal
g. Tu peux gagner un voyage

1. si tu veux.
2. si tu réponds correctement à toutes les questions.
3. si tu fais les courses.
4. si vous avez besoin d'aide.
5. si elle ne trouve pas de chambre à l'hôtel.
6. si le loyer augmente de nouveau.
7. si vous avez bu de l'alcool.

2. Wiederholen Sie die Verbformen im *imparfait* und *conditionnel* und ergänzen Sie die Tabelle.

	infinitif	imparfait	conditionnel présent	conditionnel passé
a.	avoir	j'avais	j'_____	j'_____ _____
b.	être	il _____	tu serais	tu _____ _____
c.	faire	nous _____	vous _____	vous auriez fait
d.	aller	tu _____	ils _____	ils _____ _____
e.	finir	vous finissiez	on _____	on _____ _____
f.	attendre	on _____	nous attendrions	nous _____ _____

3. *Imparfait* oder Plusquamperfekt? Sind diese Bedingungen noch erfüllbar? Ergänzen Sie den si-Satz.

être plus sportif   vouloir rencontrer des gens   fumer moins
lire le journal   avoir des enfants

a. Si _____, je suivrais un cours à l'UP.
b. Si _____, tu tousserais moins le matin.
c. Si _____, elle aurait travaillé à mi-temps.
d. S'_____, il irait au travail à vélo.
e. S'_____, il aurait été mieux informé.

4. Drei der Sätze sind fehlerhaft. Schreiben Sie sie noch einmal richtig auf.

a. Si j'aurais beaucoup d'argent, j'arrêterais de travailler.
b. Prends de l'aspirine si tu as mal à la tête.
c. Si tu as le temps, on aurait pu aller au cinéma.
d. Si vous preniez le tram, vous alliez plus vite.
e. Si j'avais su, je n'aurais pas téléphoné.

_____
_____
_____

Wählen Sie die richtige Antwort.

Verneinung

1. Elle ___ .
   a) ne vient pas
   b) ne pas vient

2. Elle n'a ___ .
   a) téléphoné pas
   b) pas téléphoné

3. Nous n'avons ___ .
   a) pas des enfants
   b) pas d'enfants

4. Je ne comprends ___ .
   a) rien
   b) pas rien

5. Personne ___
   a) ne parle.
   b) parle pas.

Perfekt (passé composé)

6. Elle est ___ longtemps.
   a) resté
   b) restée

7. Nous avons ___
   a) bien mangé.
   b) bien mangés.

8. Il a ___ un pull rouge.
   a) acheter
   b) acheté

9. Les films que nous avons ___ .
   a) regardé
   b) regardés

10. Il ___ couru très vite.
    a) est
    b) a

11. Nous nous ___ bien reposés.
    a) avons
    b) sommes

12. Nous ___ malades.
    a) avons été
    b) sommes été

Imparfait und passé composé

13. Autrefois, la vie ___ plus dure.
    a) était
    b) été

14. Autrefois, nous ne ___ jamais la télé.
    a) regardions
    b) regardons

15. Souvent, ___ le train.
    a) nous prenions
    b) nous avons pris

16. Je me suis levé et ___ une douche.
    a) je prenais
    b) j'ai pris

17. Un jour, il ___ sa femme.
    a) quittait
    b) a quitté

Plusquamperfekt

18. Nous ___ attendu trois heures.
    a) avions
    b) étions

19. Elle ___ bien reposée.
    a) s'avait
    b) s'était

20. Elle avait oublié son rendez-vous et ___ .
    a) ne venait pas
    b) n'était pas venue

Einfache und zusammengesetzte Zukunft

21. Plus tard, je ____ à l'étranger.
    a) vivrai
    b) vivra

22. Notre fils, nous ____ Pablo.
    a) l'appelerons
    b) l'appellerons

23. Attention, le train ____ .
    a) vas partir
    b) partira

24. Je ne ____ .
    a) me marierai jamais
    b) vais jamais me marier

Conditionnel présent und passé

25. Elles ____ venir demain.
    a) pouvaient
    b) pourraient

26. Vous ____ manger moins gras.
    a) devriez
    b) devraient

27. Elle ____ dire ça.
    a) n'a pas dû
    b) n'aurait pas dû

Der Bedingungssatz

28. Si tu viens demain soir, nous ____ le film ensemble.
    a) regardons
    b) regarderons

29. Que ferais-tu si tu ____ ?
    a) étais à ma place
    b) serais à ma place

30. Si Anne ____ venue, nous aurions été treize à table.
    a) était
    b) serait

Vergleichen Sie nun Ihre Antworten mit den Lösungen auf Seite 156. Dieser Tabelle können Sie entnehmen, auf welches Kapitel sich jede Aufgabe bezieht. Wenn Sie eine Aufgabe nicht richtig gelöst haben, können Sie das entsprechende Kapitel wiederholen.

Aufgabe	Kapitel	Aufgabe	Kapitel	Aufgabe	Kapitel	Aufgabe	Kapitel	Aufgabe	Kapitel
1	27	7	29	13	32	19	34	25	37
2	27	8	30	14	32	20	34	26	37
3	27	9	30	15	33	21	35	27	38
4	28	10	31	16	33	22	35	28	39
5	28	11	31	17	33	23	36	29	39
6	29	12	31	18	34	24	36	30	39

40 Va chercher. Apporte.
Hol! Bring!

> Va chercher.
> Apporte.

Imperativ

Befehle, Aufforderungen und Verbote
werden mit dem Imperativ ausgedrückt.
Wie im Deutschen hat der Imperativ nur
eine 2. Person Singular und Plural und
eine 1. Person Plural.

Anders als im Deutschen fehlt bei allen Personen das Subjektpronomen.

Mange.   *Iss!*   Mangeons.   *Lass(t) uns essen!*   Mangez.   *Esst./Essen Sie.*

! Der Imperativ klingt im Französischen ziemlich energisch und wird meist mit s'il te plaît/s'il
vous plaît (*bitte*) gemildert. Am Ende des Imperativsatzes steht kein Ausrufezeichen, sondern
ein Punkt. Das Ausrufezeichen wird im Französischen nur bei Ausrufen verwendet.

REGEL Die Formen des Imperativs sind mit den jeweiligen Formen des Indikativ Präsens identisch.
Bei den Verben auf -er fehlt jedoch bei der 2. Person Singular das -s. Diese Regel gilt ebenfalls
für das unregelmäßige Verb aller (**Va** chercher. *Hol.*).

parler		finir *(beenden)*	dormir *(schlafen)*	prendre *(nehmen)*
parle	*sprich*	finis	dors	prends
parlons	*lass(t) uns sprechen*	finissons	dormons	prenons
parlez	*sprecht/sprechen Sie*	finissez	dormez	prenez

REGEL Die Verben avoir und être leiten ihre
Imperativformen vom *subjonctif présent*
(→ Kapitel 53) ab. Das Verb savoir hat
unregelmäßige Formen.

avoir *(haben)*	être *(sein)*	savoir *(wissen)*
aie	sois	sache
ayons	soyons	sachons
ayez	soyez	sachez

! Bei vouloir (*wollen*) wird vor allem die 2. Person Plural im gepflegtem Sprachgebrauch verwendet, z. B. im Schriftverkehr: Veuillez trouver ci-joint ...   *Beigefügt finden Sie ...*

REGEL Beim bejahten Imperativ stehen Objektpronomen oder Reflexivpronomen nach dem Verb.
Beim verneinten Imperativ stehen sie vor dem Verb. Anstelle von me und te werden im bejahten Imperativsatz moi und toi verwendet.

	bejahter Imperativ	verneinter Imperativ	
Objektpronomen	Téléphonez-nous.	Ne nous téléphonez pas.	*Rufen Sie uns (nicht) an.*
Reflexivpronomen	Dépêche-toi.	Ne te dépêche pas.	*Beeile dich (nicht)!*

! Mit dem verneinten Imperativ können Sie Verbote ausdrücken: Ne dis pas ça.   *Sag das nicht.*

1. Ergänzen Sie die Tabelle mit den Formen im Präsens bzw. Imperativ.

Infinitiv	(tu)	(nous)	(vous)
a. écouter	écoute	_____	_____
b. acheter	_____	achetons	
c. aller	_____	_____	allez
d. commencer	commence	_____	
e. sortir	_____	sortons	_____
f. attendre	_____	attendons	_____

2. Ergänzen Sie mit dem passenden Verb im Imperativ und verbinden Sie die Satzelemente.

relire	réfléchir	~~passer~~	revenir	être	ouvrir	ne pas avoir	vouloir

a. Si tu fais les courses, _passe_   1. prudent. Il y a du verglas.

b. On ferme, _____   2. encore un peu.

c. Nous ne savons pas quoi faire, _____ 3. à la boulangerie.

d. Je suis vraiment désolé, _____   4. demain si vous avez le temps.

e. Vous verrez, tout ira bien, _____   5. ce texte ensemble.

f. Si tu prends la voiture, _____   6. la fenêtre, s'il te plaît.

g. On a fait une erreur, _____   7. m'excuser de ce retard.

h. Il fait trop chaud ici, _____   8. peur.

3. Bejahter oder verneinter Imperativsatz? Vervollständigen Sie die Tabelle.

a. Tu lui téléphone.   Téléphone-lui.   _Ne lui téléphone pas._

b. Vous m'attendez.   _____ Ne m'attendez pas.

c. Tu vas au marché.   _____ Ne va pas au marché.

d. Tu t'assieds là.   Assieds-toi là.   _____

e. Vous m'apportez le dossier. Apportez-moi le dossier. _____

f. Nous nous levons.   _____ Ne nous levons pas.

4. Übersetzen Sie die folgenden gebräuchlichen Imperativsätze mithilfe der rechts angegeben Verben.

a. *Komm rein.* _____ . entrer

b. *Setzen Sie sich, bitte.* _____ . s'asseoir

c. *Nehmen Sie bitte Platz.* _____ . prendre

d. *Reg dich nicht auf.* _____ . s'énerver

e. *Beeilen wir uns.* _____ . se dépêcher

f. *Beruhige dich.* _____ . se calmer

g. *Sei nicht egoistisch.* _____ . être

h. *Hab keine Angst.* _____ . avoir

Tu t'en vas? – Oui, j'en ai marre.
Gehst du? – Ja, ich habe genug.

Gebrauch von *en*

 Das Pronomen *en* ist im Französischen sehr gebräuchlich. Oft wird es im Deutschen gar nicht übersetzt.

 Das Pronomen *en* ersetzt
- eine Ortsangabe mit der Präposition *de* (*aus/von*). In diesem Fall hat *en* die Bedeutung *davon/von dort*:
  Tu viens de la fac ? Oui, j'**en** viens.   *Kommst du von der Uni? – Ja, ich komme **von dort**.*

- eine Gruppe mit Substantiv und unbestimmtem Artikel (*un, une, des*) oder Teilungsartikel (*du, de la, de l'*):
  Vous avez **un portable** ? – Oui, j'**en** ai un.   *Haben Sie ein Handy? – Ja, ich habe eins.*
  Vous prenez **du** sucre? – Non, je n'**en** prends pas.   *Nehmen Sie Zucker? – Nein, ich nehmen keinen.*

! In dieser Verwendung wird *en* oft vergessen, weil es im Deutschen meist unübersetzt bleibt.

- eine Verb- oder Adjektivergänzung mit *de* (*du, de la, de l', des*) bei Sachen und Sachverhalten. En entspricht hier dem Deutschen *davon, darüber, daraus* usw.:

  s'occuper de   →   Je m'**en** occupe.   *Ich kümmere mich darum.*
  parler de   →   Tout le monde **en** parle.   *Alle sprechen darüber.*
  être fier de   →   Il **en** est très fier.   *Er ist sehr stolz darauf.*

! Bei Personen sollte nicht *en*, sondern *de* + betontes Pronomen (*moi, toi, lui* ...) verwendet werden. Diese Regel wird jedoch nicht immer befolgt.
  Tu t'occupes de ton petit frère? – Oui, je m'occupe **de lui**.
  *Kümmerst du dich um deinen kleinen Bruder? – Ja, ich kümmere mich **um ihn**.*

 Wie alle Pronomen steht *en* in der Regel vor der konjugierten Verbform, nur im bejahten Imperativsatz steht es mit Bindestrich angeschlossen dahinter (→ Kapitel 40). Bei den Verben auf *-er* wird im bejahten Imperativsatz mit *en* das *-s* wieder eingeführt:
  J'achète des croissants? – Oui, achète**s**-en trois.   *Soll ich Croissants kaufen? – Ja, (kaufe) drei.*

Die Gruppe *en* + Verb wird von den Verneinungswörtern im verneinten Satz nicht getrennt:
  Tu as besoin de la voiture, ce soir ? – Non, je **n'**en ai **pas** besoin.
  Brauchst du das Auto heute Abend? – Nein, ich brauche es nicht.

1. Wofür könnte **en** in den folgenden Sätzen stehen? Lesen Sie die Sätze laut und schreiben Sie die richtige Antwort auf die Linie hinter den Sätzen.

> des souvenirs   du jambon   un portable   des coquillages
> des cadeaux   de la brosse à dents   du sport

a. On en achète souvent en vacances : _____

b. On s'en sert tous les jours : _____

c. On en achète à la charcuterie : _____

d. Presque tout le monde en a un : _____

e. On en trouve sur les plages : _____

f. On en achète à Noël : _____

g. On en fait pour rester en forme : _____

2. Antworten Sie für sich mit „ja" oder „nein" und verwenden Sie **en**. In einem Satz können Sie en nicht anwenden.

a. Vous faites du sport ? – *Oui, j'en fais. / Non, je n'en fais pas.*

b. Vous achetez souvent des vêtements ? – _____

c. Vous avez un chien ? – _____

d. Vous buvez du café le matin ? – _____

e. Vous mangez de la viande ? – _____

f. Vous achetez souvent des légumes ? – _____

g. Vous aimez le cinéma ? – _____

h. Vous portez des lunettes ? – _____

3. Kreuzen Sie die richtige Antwort an.

a. Tu prends souvent le train ? – Oui, ☐ je le prends / ☐ j'en prends pour aller au travail.

b. Tu as vu Pierre récemment? – Non, mais nous ☐ avons parlé de lui / ☐ en avons parlé hier.

c. Vous êtes content de votre nouvelle collègue? – Oui, nous ☐ en sommes vraiment contents / ☐ sommes vraiment contents d'elle.

d. Il est fier de sa nouvelle voiture? – Oui, il ☐ en est très fier / ☐ est très fier d'elle.

4. Kreuzen Sie die passende Übersetzung an.

a. Je lui en veux.   ☐ *Ich bin ihm böse.*   ☐ *Ich bin ihm noch etwas schuldig.*

b. Tu en es où ?   ☐ *Wo bist du?*   ☐ *Wie weit bist du?*

c. On s'en va.   ☐ *Wir gehen weg.*   ☐ *Wir gehen mit.*

d. J'en ai marre.   ☐ *Ich habe keine mehr.*   ☐ *Mir reicht's.*

e. Je n'en peux plus.   ☐ *Ich kann nichts dafür.*   ☐ *Ich kann nicht mehr.*

f. Ne t'en fais pas.   ☐ *Mach dir keine Sorgen.*   ☐ *Mach dich nicht lustig darüber.*

42   Oui, oui, j'y pense. Ne t'inquiète pas. – Je n'y crois pas trop.

Ja, ja, ich denke dran. Mach dir keine Sorgen. – Ich glaube nicht ganz daran.

Gebrauch von *y*

Das Pronomen *y* ist Ihnen bestimmt aus der sehr gebräuchlichen Wendung il y a (*es gibt*) schon bekannt: Dans le parc, il y a une fontaine.   *Im Park gibt es einen Brunnen.*

 Dieses im Französischen sehr wichtige Wörtchen erfüllt unterschiedliche Aufgaben. Es ersetzt

- Ortsangaben mit einer Ortspräposition (außer de):
  Tu vas souvent à la fac ? Oui, j'**y** vais quatre fois par semaine.
  *Gehst du oft zur Uni? – Ja, ich gehe viermal die Woche **hin**.*
  La télécommande n'est pas sur la table. – Si, elle **y** est.
  *Die Fernbedienung ist nicht auf dem Tisch. – Doch, sie ist **dort**.*

- Ergänzungen von Verben mit à (au, à la, à l', aux) bei Sachen und Sachverhalten (y entspricht in diesem Fall *daran/darauf/dafür* usw.):
  penser à → Tu penses à la lettre ? – Oui, j'**y** pense.
  *Denkst du an den Brief? – Ja, ich denke **daran**.*

!   Bei **Personen** wird nicht y sondern à + betontes Pronomen (moi, toi, lui …) verwendet:
Tu penses à ton frère ? – Oui, je pense **à lui**.
*Denkst du an deinen Bruder? – Ja, ich denke **an ihn**.*

 Wie alle Pronomen steht y in der Regel vor der konjugierten Verbform. Die Gruppe y + Verb wird von den Verneinungswörtern nicht getrennt.
Tu participes au match, ce soir? – Non, je **n'**y participe **pas**.
Nimmst du am Spiel heute Abend teil? – Nein, ich nehme nicht daran teil.

!   Im bejahten Imperativsatz (→ Kapitel 40) steht y nach dem Verb. Bei den Verben auf -er wird ein -s eingeführt: Pense à la lettre. → Penses-y.   *Denke daran.*

1. Verbinden Sie die zueinandergehörenden Sätze.

a. Il faut que j'aille chez le docteur.
b. Pierre est encore à la plage !
c. J'ai laissé les clés sur la commode.
d. Tu as acheté le journal ?
e. Tu connais le Portugal ?
f. Vous aimez les cartes ?
g. Que penses-tu de ma proposition ?
h. Je suis allé au marché.
i. J'ai oublié mon pull à la piscine.
j. Quel boulot !

1. Non, je n'y joue jamais.
2. J'y ai trouvé de belles pommes.
3. Je n'y ai pas encore réfléchi.
4. On devrait s'y mettre tout de suite.
5. Je peux t'y conduire si tu veux.
6. Oui, j'y suis allé l'an dernier.
7. Elles n'y sont plus.
8. Oui, il y est depuis ce matin.
9. Désolé, je n'y ai pas pensé.
10. J'y suis retourné pour rien. Quelqu'un l'a pris.

2. Antworten Sie für sich mit „ja" oder „nein" und verwenden Sie y. In einem Satz können Sie y nicht anwenden.

a. Vous allez souvent chez le coiffeur ? Oui/Non _____
b. Vous jouez au loto ? _____
c. Vous croyez à l'astrologie? _____
d. Vous pensez souvent à vos parents ? _____
e. Vous vous intéressez à la mode? _____

3. Ergänzen Sie die Minidialoge. Verwenden Sie y wenn nötig.

a. Je pars en France demain. Ah bon ? Et tu _____ comment ? (*aller*)
b. Vous restez longtemps là-bas ? Nous _____ deux ou trois jours. (*rester*)
c. Et vous rentrez quand ? Nous _____ au plus tard dimanche. (*rentrer*)
d. Vous connaissez l'Auvergne ? Oui, nous _____ nos dernières vacances. (*passer*)
e. Qu'est-ce qu'on peut faire là-bas ? On peut _____ des randonnées magnifiques et on _____ très bien. (*faire/manger*)
f. Alors, le Maroc, ça vous a plu ? Oui, beaucoup, on _____ cet été. (*retourner*)

4. In welcher Situation können Sie die folgenden Redewendungen mit y gebrauchen?

Ça y est. On y va ? Je m'y connais.
Je n'y suis pour rien. J'y tiens.

a. *Sie schlagen vor, aufzubrechen.* _____
b. *Sie kennen sich mit etwas gut aus.* _____
c. *Sie haben etwas gerade beendet.* _____
d. *Sie legen Wert auf etwas.* _____
e. *Sie beteuern Ihre Unschuld.* _____

J'en ai marre, tu me l'annonces toujours au dernier moment.
Mir reicht's, du sagst es mir immer im letzten Augenblick.

Mehrere Pronomen im Satz

 In einem Satz können zwei Objektpronomen verwendet werden. Die Reihenfolge der Pronomen ist festgelegt: Sie wird vereinfacht wie folgt dargestellt:

me te se nous vous	vor	le la les	vor	lui leur	vor	y	vor	en	vor dem Verb

 Die Pronomen me, te, se, nous und vous stehen als indirekte Pronomen vor den direkten Pronomen le, la, les.

Elle nous montre des photos. → Elle **nous les** montre.
  Sie zeigt uns Fotos. → Sie zeigt sie uns.

 Die direkten Pronomen le, la, les stehen vor den indirekten Pronomen lui und leur.

Je lui prête ma voiture. → Je **la lui** prête.   *Ich leihe ihm/ihr mein Auto. → Ich leihe es ihm/ihr.*

Die Pronomen en und y kommen immer zuletzt.

Il leur donne du pain. → Il **leur en** donne.   *Er gibt ihnen Brot. → Er gibt ihnen welches.*
Il nous invite à sa fête. → Il **nous y** invite.   *Er lädt uns zu seinem Fest ein. → Er lädt uns dazu ein.*

! Stehen y und en zusammen im Satz, so steht y immer vor en:
Il y a des œufs dans le frigo. → Il **y en** a.   *Es gibt Eier im Kühlschrank. → Es gibt (dort) welche.*

Die Verneinungswörter rahmen die Gruppe Pronomen + konjugierte Verbform ein:
Il <u>ne</u> me le dit <u>jamais</u>.   *Er sagt es mir nie.*
Elle <u>ne</u> le lui a <u>pas</u> pardonné.   *Sie hat es ihm/ihr nicht verziehen.*

1. Verbinden Sie die Sätze, die zusammenpassen.

a. Ton père est au courant ?

b. Tu peux me prêter un peu d'argent ?

c. Ce texte est très difficile.

d. Il écrit bien, ton stylo.

e. Le lait est dans le frigo ?

f. J'ai besoin du dossier de notre client.

g. Ce tapis, c'est un cadeau de nos enfants.

h. Elle adore les fleurs.

1. Je vous l'apporte tout de suite.

2. Non, je ne le lui ai pas encore dit.

3. Il lui en offre souvent.

4. Euh … je crois qu'il n'y en a plus.

5. Oui, si tu me le rends avant la fin du mois.

6. Je te le prête si tu veux.

7. Tu peux me l'expliquer ?

8. Ils nous l'ont rapporté du Maroc.

2. Kreuzen Sie den Vorschlag an, bei dem die Pronomen in der richtigen Reihenfolge stehen.

a. Tu as envoyé le paquet à tes parents ? – Oui, je ☐ leur le / ☐ le leur ai envoyé.

b. Donnez-vous de l'argent aux musiciens des rues ? – Non, je ne ☐ leur en / ☐ en leur donne jamais.

c. Tu connais son nouvel ami ? – Oui, elle ☐ me l' / ☐ le m'a présenté hier.

d. Tu penses à mes livres ? – Oui, je ☐ les te / ☐ te les rapporte demain.

e. J'ai envie d'un café. – Si tu veux, je ☐ t'en / ☐ en te fais un.

f. Où est mon billet ? – Je ☐ le vous / ☐ vous l'ai donné il y a cinq minutes.

g. Il a parlé de ce problème à sa femme ? – Oui, il ☐ en lui / ☐ lui en a parlé ce matin.

h. Il n'enlève jamais ses chaussures ! – Et pourtant, je ☐ le lui / ☐ lui le dis toujours.

3. Zwei Sätze sind nicht korrekt. Schreiben Sie sie noch einmal richtig auf.

a. Je t'en ai parlé hier, de ce film.

b. L'argent, ils ne le m'ont toujours pas rendu.

c. Ce pull, je vais me l'acheter.

d. Des bonbons, j'en lui ai donné trois.

e. Je te l'ai déjà dit cent fois !

_____

_____

4. Antworten Sie jeweils mit zwei Objektpronomen. Worum könnte es hier gehen?

~~la voiture~~	les clés	des fleurs	le petit déjeuner	de ses problèmes
	au restaurant	mon portable		

a. Tu peux me la laisser pour ce soir ? – _Oui, je te la laisse._   _la voiture_

b. Il vous en parle souvent ? – Non, il ne _____ . _____

c. Vous les confiez à vos voisins ? – Oui, je _____ . _____

d. Vous en offrez souvent à votre mère ? – Oui, je _____ . _____

e. Vous l'apportez aux clients au lit ? – Oui, nous _____ . _____

f. Il vous y invite souvent? – Non, il ne _____ . _____

g. Tu me le prêtes ? – Non, je ne _____ . _____

Possessivpronomen

Possessivpronomen (auch besitzanzeigende Fürwörter genannt) richten sich nach dem Substantiv, das sie vertreten. Sie werden in der Regel mit dem bestimmten Artikel verwendet:

C'est <u>ton vélo</u> ? – Oui, c'est **le mien**.

Ist das dein Fahrrad? – Ja, das ist **meins**.

Voici <u>ma chaise</u>. Où est **la tienne** ?

Hier ist mein Stuhl. Wo ist **deiner**?

Das Possessivpronomen hat folgende Formen:

Substantiv im Singular		Substantiv im Plural	
maskulin	**feminin**	**maskulin**	**feminin**
le mien *meiner*	**la mienne** *meine*	**les miens** *meine*	**les miennes** *meine*
le tien *deiner*	**la tienne** *deine*	**les tiens** *deine*	**les tiennes** *deine*
le sien *seiner/ihrer*	**la sienne** *seine/ihre*	**les siens** *seine/ihre*	**les siennes** *seine/ ihre*
le nôtre *unserer*	**la nôtre** *unsere*	**les nôtres** *unsere*	
le vôtre *eurer/Ihrer*	**la vôtre** *eure/Ihre*	**les vôtres** *eure/Ihre*	
le leur *ihrer*	**la leur** *ihre*	**les leurs** *ihre*	

Anders als im Deutschen verweisen die Possessivpronomen in der 3. Person Singular (le sien/ la sienne) und Plural (les siens/les siennes) nicht auf das Geschlecht des Besitzers. Wie beim Possessivbegleiter (→ Kapitel 16) gibt nur der Kontext Auskunft darüber.

le fils de Jeanne/de Luc   → **le sien** *ihrer/seiner*

les enfants de Caroline/de Paul → **les siens** *ihre/seine*

Der erste Teil des Possessivpronomens ist der bestimmte Artikel (le, la, les). Beim Zusammentreffen mit à oder de, werden die zusammengezogenen Formen des Artikels (au/aux bzw. du/ des) verwendet.

J'ai écrit à mes parents. As-tu écrit **aux tiens** ?

Ich habe meinen Eltern geschrieben. Hast du **deinen** *geschrieben?*

Ça ne dépend pas de mes parents, mais **des vôtres**.

Das hängt nicht von meinen Eltern, sondern von **euren/Ihren** *ab.*

1. Jeweils drei Possessivpronomen in einem Kasten passen zu allen Wörtern einer Serie. Schreibe Sie den Buchstaben des Kastens neben jede Serie.

a.
le mien
le sien
le vôtre

b.
la mienne
la nôtre
la leur

c.
les siens
les nôtres
les leurs

d.
les miennes
les siennes
les leurs

1. ____ les amies – les idées – les photos
2. ____ la télé – la famille – la voiture
3. ____ le fils – le travail – le pays
4. ____ les amis – les résultats – les parents

2. Verbinden Sie die zusammenpassenden Sätze.

a. J'ai trouvé des lunettes.
b. Ce n'est pas mon manteau.
c. Ils ont une maison immense.
d. Ses parents l'ont beaucoup aidé.
e. Notre voiture consomme beaucoup.
f. J'ai fini mon livre.
g. Nos enfants sont adorables.
h. Ma valise est vraiment lourde.

1. La leur est très économique.
2. Les miens ne m'ont jamais donné un centime.
3. Est-ce que ce sont les tiennes ?
4. La tienne est beaucoup plus légère.
5. Les leurs sont insupportables.
6. Regarde, c'est le tien.
7. Elle n'a pas commencé le sien.
8. La nôtre est bien plus petite.

3. Hier stimmt etwas nicht mit den Possessivpronomen. Verbessern Sie die Fehler mithilfe der im Kasten stehenden Pronomen.

le mien	le vôtre	~~la tienne~~	au mien	les vôtres	le nôtre	le sien

a. Je lui présente mon idée et toi, tu lui présentes ~~la mienne~~. → la tienne
b. Oublions tout ça : c'est leur problème, pas les leurs. → _____
c. Voici mon ticket. Où est les nôtres, Monsieur Leblanc ? → _____
d. Ce pantalon vert n'est pas à moi. Le sien est bleu. → _____
e. Bon, tu parles à ton chef et moi, je parle au tien. → _____
f. Mon séchoir est en panne. Ma voisine m'a prêté le leur. → _____
g. J'ai contacté mes parents. Avez-vous contacté la vôtre ? → _____

4. Übersetzen Sie die Sätze zu Ende.

a. *Ihre Kinder sind älter als unsere.* → Leurs enfants sont plus âgés que ___ _____ .
b. *Gehört das Buch dir? – Ja, es ist meins.* → C'est ton livre ? – Oui, c'est ___ _____ .
c. *Ich lade meine Freunde ein. Julie lädt ihre ein.* → J'invite mes amis. Julie invite ___ _____ .
d. *Hier ist unser Auto. Wo ist eures?* → Voici notre voiture. Où est ___ _____ ?
e. *Ich vergesse nie ihren Geburtstag, sie denkt nie an meinen.* → Je n'oublie jamais son anniversaire, elle ne pense jamais ___ _____ .

> Cette voiture
> est super.

> Moi, je préfère
> celle-ci.

Demonstrativpronomen

Demonstrativpronomen (hinweisende Fürwörter) sind veränderlich und richten sich nach dem Substantiv, das sie vertreten:

Ce vin est bon, mais **celui-ci** est meilleur.   *Dieser Wein ist gut, aber dieser (hier) ist besser.*

Die Formen in der nebenstehenden Tabelle können nicht allein verwendet werden. Sie werden ergänzt durch

	maskulin		feminin	
Singular	celui	*dieser*	celle	*diese*
Plural	ceux	*diese*	celles	*diese*

- ein Relativpronomen:

  Il faut aider **ceux qui** n'ont rien.   *Man muss **denjenigen** helfen, die nichts haben.*

! Hier entspricht das Demonstrativpronomen dem deutschen Relativpronomen *derjenige, der/diejenige, die.*

- eine Ergänzung mit de (de la/du/des):

  Ce n'est pas mon sac, c'est **celui de** ma sœur.
  Das ist nicht meine Tasche, das ist die meiner Schwester.
  Voici ma chambre, et là c'est **celle des** enfants.
  Hier ist mein Zimmer und dort das der Kinder.

- -ci oder -là:

  Tu prends ce livre ? – Non, je prends **celui-ci/celui-là**.
  *Nimmst du dieses Buch? – Nein, ich nehme **dieses** (hier).*

! Die Formen auf -ci und auf -là sind in der Regel austauschbar. Treten sie in Konkurrenz, so weist die Form auf -ci (*hier*) auf Näheres, die Form auf -là (*da*) auf Entfernteres hin. Diese Unterscheidung wird vor allem im gepflegten Sprachgebrauch gemacht.
Quel verre veux-tu? **Celui-ci** ou **celui-là** ?   *Welches Glas möchtest du? Dieses hier oder das dort?*

1. Verbinden Sie die Elemente rechts und links.

a. Notre voiture est plus économique

b. Je vous recommande cet hôtel,

c. Cette photo est un peu ratée

d. Ces pulls sont en laine,

e. Si vous n'aimez pas ce modèle,

f. Cette chambre donne sur la mer,

g. Ces artichauts viennent d'Italie,

1. ceux-ci sont en coton.

2. celle-ci a vue sur la cour.

3. celui-ci est beaucoup trop cher.

4. ceux-là sont originaires de Bretagne.

5. essayez celui-ci.

6. que celle des voisins.

7. mais celles-ci sont magnifiques.

2. Verbinden Sie jedes Demonstrativpronomen mit den Substantiven, die es ersetzen könnte.

a. cette chemise

b. mes amis

c. vos sœurs

d. mon mari

e. ces livres

f. ce chapeau

celui-ci

celle-ci

ceux-ci

celles-ci

g. une plage

h. ces tomates

i. cet appartement

j. nos cousins

k. mes amies

l. cet homme

3. Celui/celle/ceux oder celles. Ergänzen Sie die fehlenden Demonstrativpronomen.

a. Prête-moi ton couteau, _____-là ne coupe pas bien.

b. On prend quelle route ? – Je préfère prendre _____ qui contourne la ville.

c. Ces fiches sont bien remplies, mais _____-ci sont incomplètes.

d. J'ai écrit à la directrice, mais _____-ci ne m'a pas répondu.

e. Mon nouvel emploi du temps est nul. Je préférais _____ de l'année dernière.

f. Ces livres sont à toi? – Non, ce sont _____ de mon frère.

g. Ce livre est intéressant, mais _____ que je suis en train de lire est encore mieux.

4. Wie heißen diese Sprichwörter richtig? Verbinden Sie die zusammenhängenden Satzteile und unterstreichen Sie die Demonstrativpronomen.

a. L'avenir appartient

b. Celui qui vit sans folie

c. Le bonheur va vers

d. Ce ne sont pas ceux qui savent le mieux parler

e. Celui qui parle trop

f. Il n'est pas de joie qui égale

g. Ceux qui ne demandent rien

1. ceux qui savent rire.

2. agira difficilement.

3. celle de se créer de nouvelles amitiés.

4. ont tout.

5. à ceux qui se lèvent tôt.

6. qui ont les meilleures choses à dire.

7. n'est pas si sage qu'il croit.

46

Tu vois quelque chose ? – Non, je ne vois rien. Il n'y a pas d'ours dans le coin.
Siehst du etwas? – Nein, ich sehe nichts. Es gibt keine Bären hier in der Gegend.

Indefinitpronomen

 Quelque chose (*etwas*) und rien (*nichts*) sind hier Indefinitpronomen: Sie vertreten eine nicht näher bestimmte Person oder Sache. Die gebräuchlichsten Indefinitpronomen sind:

aucun(e)	Tu vois des ours ? – Non, **aucun.** *Siehst du Bären? – Nein, **keine**.*
chacun(e)	**Chacun** était à sa place. *Jeder war an seinem Platz.*
on	**On** m'a dit que... *Man hat mir erzählt, dass ...*
personne	**Personne** ne me comprend. *Niemand versteht mich.*
quelque chose	Vous buvez **quelque chose** ? *Trinken Sie etwas?*
quelqu'un	**Quelqu'un** est venu ? *Ist jemand gekommen?*
rien	Tu ne dis **rien** ? *Sagst du nichts?*
tout	**Tout** va bien. *Alles ist gut.*
tous/toutes	**Tous** sont repartis très heureux. *Alle sind sehr glücklich weggefahren.*

- On ist ursprünglich ein Indefinitpronomen mit der Bedeutung *man*, ersetzt aber im gesprochenen Französisch oft das Pronomen nous.
  Ici, **on** parle français. *Hier spricht **man** Französisch.*
  Pierre et moi, **on** va au cinéma ce soir. *Pierre und ich, **wir** gehen heute Abend ins Kino.*

- Personne und rien werden in der Regel in Verbindung mit der Verneinungspartikel ne verwendet.
  Je **n'**ai **rien** vu. *Ich habe **nichts** gesehen.*
  Je **n'**ai parlé à **personne**. *Ich habe mit **niemandem** gesprochen.*

! Als Subjekt stehen personne und rien am Satzanfang.
  Rien ne va plus. *Nichts geht mehr.* Personne n'a appelé. *Niemand hat angerufen.*

- Tout ist im Singular unveränderlich und entspricht dem deutschen *alles*. Tous/toutes (*alle*) im Plural richtet sich im Genus nach dem Substantiv, das es ersetzt.
  C'est **tout** ? – Oui, c'est **tout**. *Ist das **alles**? – Ja, das ist **alles**.*
  Mes amis sont **tous** là, mais mes amies ne sont pas **toutes** venues.
  *Meine Freunde sind **alle** da, aber meine Freundinnen sind nicht **alle** gekommen.*

1. Unterstreichen Sie das Indefinitpronomen und übersetzen Sie es.

a. C'est <u>tout</u> pour le moment.   alles

b. Est-ce que quelqu'un peut m'aider ?   _____

c. J'ai pris un croissant pour chacun.   _____

d. Je n'y comprends rien.   _____

e. J'ai sonné, mais il n'y avait personne.   _____

f. On ne sait pas ce qui s'est passé.   _____

g. Personne n'a pu me renseigner.   _____

h. Vous avez prévenu les voisins ? – Oui, mais pas tous.   _____

2. Markieren Sie die passende Möglichkeit.

a. J'ai répondu à ⬜ tout / ⬜ rien mais je n'ai pas encore les résultats.

b. Elle ne raconte jamais ⬜ rien / ⬜ personne.

c. Au marché, je n'ai rencontré ⬜ aucun / ⬜ personne.

d. ⬜ On / ⬜ Tout raconte qu'il a été marié six fois.

e. Des baleines, nous n'en avons vu ⬜ rien / ⬜ aucune.

f. Est-ce qu'il t'a offert ⬜ rien / ⬜ quelque chose à boire ?

g. J'ai fait plusieurs magasins, mais je n'ai ⬜ rien / ⬜ aucun acheté.

h. Elles sont ⬜ tous / ⬜ toutes arrivées en retard.

3. Verbinden Sie die Fragen und Antworten. Unterstreichen Sie die Indefinitpronomen.

a. Tu vends tous ces livres ?   1. Aucune, il y avait très peu de trafic.

b. Ils t'ont offert quelque chose à boire ?   2. Non, ils sont déjà tous repartis.

c. Vous avez eu des difficultés pour rentrer ?   3. On me l'a volé la semaine dernière.

d. Qu'est-ce qu'il t'a dit ?   4. Rien, il ne m'a pas adressé la parole.

e. Qu'est-ce qui te dérange ?   5. Elles sont toutes nées le même jour.

f. Est-ce qu'il y a quelqu'un ?   6. Oui, je me débarrasse de tout.

g. Quel est le point commun entre ces personnes ? 7. Tout. Je ne supporte pas d'être ici.

h. Ils sont encore là?   8. Non, il n'y a personne. C'est la pause.

i. Et ton vélo vert ?   9. Non, rien, même pas un verre d'eau.

4. Verbinden Sie die französischen Wendungen mit ihren deutschen Entsprechungen.

a. tout ou rien   1. *wir alle*

b. tous ensemble   2. *(rein) gar nichts*

c. une fois pour toutes   3. *alles oder nichts*

d. quelqu'un de bien   4. *ein für alle Mal*

e. rien du tout   5. *keine Ahnung*

f. nous tous   6. *alle zusammen*

g. aucune idée   7. *ein guter Mensch*

Voilà une journée que je n'oublierai jamais !
Das ist ein Tag, den ich nie vergessen werde!

Relativpronomen

Das Relativpronomen vertritt ein Substantiv und leitet einen Nebensatz ein. Vor dem Relativsatz steht in der Regel kein Komma.

Voilà une journée que je n'oublierai jamais !

 Qui (*der, die, das*) ist Subjekt und vertritt eine Person oder eine Sache:
J'ai un ami **qui** s'appelle Max.
  *Ich habe einen Freund, **der** Max heißt.*
Il a une voiture **qui** roule très vite.
  *Er hat ein Auto, **das** sehr schnell fährt.*

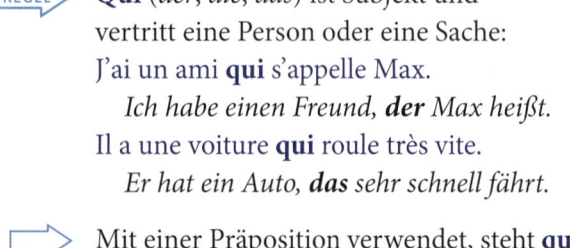 Mit einer Präposition verwendet, steht **qui** für ein indirektes Objekt. In diesem Fall vertritt qui nur Personen:
La fille **à qui** j'ai parlé est ma sœur.   *Das Mädchen, **mit dem** ich gesprochen habe, ist meine Schwester.*

! Bei Sachen wird lequel verwendet (→ Kapitel 48).

 Que/qu' (*den, die, das*) ist direktes Objekt und vertritt Personen oder Sachen:
Le film **que** j'ai vu hier est intéressant.   *Der Film, **den** ich gestern gesehen habe, ist interessant.*
Je lui ai offert un pull **qu'**elle ne met jamais.   *Ich habe ihr einen Pulli geschenkt, **den** sie nie anzieht.*

! Nach que/qu' steht das Subjekt (unterstrichen in den oben stehenden Beispielen).

 Où (*in/an den/dem … /wo*) vertritt eine Orts- oder eine Zeitangabe.
Ortsangabe: Comment s'appelle l'école **où** tu travailles ?   *Wie heißt die Schule, **in der** du arbeitest?*
Zeitangabe: Il arrive le jour **où** nous partons.   *Er kommt an dem Tag, **an dem** wir wegfahren.*

 Dont ist unveränderlich und vertritt immer eine Ergänzung mit de (du, de la, de l', des).
la mère de l'enfant → l'enfant **dont** la mère est malade   *das Kind, **dessen** Mutter krank ist*
la voiture de l'ami → l'ami **dont** la voiture est en panne   *der Freund, **dessen** Auto eine Panne hat*
on parle d'un voisin → le voisin **dont** nous parlons   *der Nachbar, **von dem** wir sprechen*
il est fier de ses enfants → ses enfants **dont** il est fier   *seine Kinder, **auf die** er stolz ist*

Ce qui und **ce que/qu'** werden im Deutschen mit dem Relativpronomen *was* wiedergegeben.
Ce qui vertritt das Subjekt, **ce que/qu'** das Objekt des Satzes.
Il aime tout **ce qui** est cher.   *Er liebt alles, **was** teuer ist.*
Il a tout **ce qu'**il veut.   *Er hat alles, **was** er will.*

1. Qui oder que/qu'? Kreuzen Sie das passende Relativpronomen an.

a. C'est une amie ☐ qui / ☐ que je connais depuis l'école maternelle.
b. Tu as regardé le DVD ☐ qui / ☐ que je t'ai prêté ?
c. Nous avons visité une exposition ☐ qui / ☐ que est vraiment exceptionnelle.
d. C'est un homme ☐ qui / ☐ qu'a beaucoup d'humour.
e. Nous avons des voisins ☐ qui / ☐ que sont très discrets.
f. C'est la femme ☐ à qui / ☐ à que j'ai téléphoné hier soir.

2. Qui, que/qu', où oder dont? Ergänzen Sie die Sätze und lösen Sie die folgenden Rätsel.

Les Misérables	la valse	le tire-bouchon	le couscous	Gustave Eiffel
le VTT	2001	francophile	la Pologne	la pâtisserie

a. C'est un objet _____ on se sert pour déboucher les bouteilles. _____
b. C'est l'ingénieur _____ a construit la tour la plus célèbre de Paris. _____
c. C'est un plat _____ vient du Maroc. _____
d. C'est un roman _____ Victor Hugo est l'auteur. _____
e. C'est un vélo _____ peut rouler partout. _____
f. C'est un mot _____ signifie que l'on aime la France et les Français. _____
g. C'est le pays _____ Varsovie est la capitale. _____
h. C'est un magasin _____ on peut acheter des gâteaux. _____
i. C'est une danse à trois temps _____ on danse à deux. _____
j. C'est l'année _____ on a introduit l'euro. _____

3. Kreuzen Sie die drei fehlerhaften Sätze an und schreiben Sie sie neu.

a. ☐ Elle ne fait jamais ce qu'elle dit.
b. ☐ Je n'aime pas les gens que mangent du chewing-gum.
c. ☐ Je n'ai pas reçu le SMS ce que tu m'as envoyé hier.
d. ☐ As-tu mangé le sandwich que je t'ai préparé ?
e. ☐ C'est un train dont est très confortable.

_____
_____
_____

4. Ergänzen Sie mit ce qui oder ce que/qu'.

a. J'aime tout _____ il fait.
b. _____ m'ennuie, c'est qu'il risque de faire mauvais temps.
c. Il ne fait que _____ lui plaît.
d. Vas-y, prends _____ tu veux.
e. J'ai fait tout _____ j'ai pu pour l'aider.
f. Il ne m'a rien dit, _____ est plutôt bon signe.

Relativpronomen *(lequel)*

 Das Relativpronomen lequel (*der, welcher*) steht sowohl für Personen als auch für Sachen. Lequel besteht aus zwei Elementen: dem Artikel le, la, les und quel. Beide Elemente werden dem Bezugswort angeglichen.

	maskulin		**feminin**	
Singular	lequel	*welcher*	laquelle	*welche*
Plural	lesquels	*welche*	lesquelles	*welche*

! In Verbindung mit der Präposition à verschmelzen die Formen le und les (erster Teil des Relativpronomens) zu au bzw. aux:
C'est un problème **auquel** je n'ai pas pensé.　*Das ist ein Problem, **an das** ich nicht gedacht habe.*
Ces sont des idées **auxquelles** je ne crois pas.　*Es sind Ideen, **an die** ich nicht glaube.*

 Lequel wird verwendet
- in Verbindung mit einer Präposition bei Sachen:
  Le lit **dans lequel** je dors est très bon.　*Das Bett, **in dem** ich schlafe, ist sehr gut.*
  La table **à laquelle** nous sommes assis est en chêne.　*Der Tisch, **an dem** wir sitzen, ist aus Eiche.*

! Bei Personen wird in der Regel qui bevorzugt:
la personne **pour laquelle** je travaille … = la personne **pour qui** je travaille …　*die Person, für die (welche) ich arbeite...*

- bei Personen in Verbindung mit den Präpositionen parmi (*unter*) und entre (*zwischen*):
  Les gens **parmi lesquels** je me trouvais étaient très sympathiques.　*Die Leute, **unter denen** ich mich befand, waren sehr lustig.*

- zur Verdeutlichung der Situation, wenn qui gleichzeitig auf zwei Personen verweisen kann:
  le mari de ma soeur **qui** apprend l'espagnol　*der Mann meiner Schwester, **der/die** Spanisch lernt* → le mari de ma sœur, **lequel/laquelle** apprend l'espagnol

1. Verbinden Sie die Satzelemente.

a. C'est une question
b. C'est un projet
c. Voici les raisons
d. C'est le tiroir
e. Ce sont deux appareils
f. Ce sont des gens
g. Ce sont les amis
h. Ce sont des chaussures

1. dans lesquelles je me sens très bien.
2. avec lesquels nous partons toujours en vacances.
3. pour lesquels j'ai beaucoup d'affection.
4. sur lequel nous travaillons depuis longtemps.
5. pour lesquelles je vais accepter cette offre.
6. à laquelle je ne peux pas répondre.
7. dans lequel je range tous mes souvenirs.
8. sans lesquels je ne pourrais plus vivre.

2. Lequel, laquelle, lesquels oder lesquelles? Fügen Sie die passende Form hinzu.

a. C'est une question à _____ j'ai beaucoup réfléchi.
b. L'entreprise dans _____ je travaille va licencier 20 personnes.
c. Les hôtels dans _____ nous avons dormi étaient très luxueux.
d. C'est un ami avec _____ j'ai vécu pendant trois ans.
e. Le gîte rural dans _____ nous avons passé nos vacances était très isolé.
f. La chaise sur _____ je suis assise est un peu bancale.

3. Rätsel: Fügen Sie das Relativpronomen hinzu und antworten Sie.

les dictionnaires	les cactus	le canapé	Marie Curie	Montréal
	le portable	l'hiver		

a. une femme pour _____ les Français ont beaucoup d'admiration _____
b. un appareil avec _____ on est joignable partout _____
c. un meuble sur _____ on s'installe souvent pour regarder la télé _____
d. des livres dans _____ on trouve tous les mots _____
e. la saison pendant _____ il neige _____
f. des plantes avec _____ on peut se piquer _____
g. une ville du Canada dans _____ on parle français _____

4. Kreuzen Sie die Sätze an, in denen auch das Relativpronomen qui stehen könnte.

a. ☐ C'est une personne avec laquelle je m'entends très bien.
b. ☐ Tous les gens auxquels j'ai parlé étaient de mon avis.
c. ☐ Voici la maison dans laquelle j'ai habité pendant 10 ans.
d. ☐ J'ai écrit au directeur du lycée, lequel ne m'a jamais répondu.
e. ☐ Je cherche une personne de mon âge avec laquelle je pourrais vivre en colocation.
f. ☐ L'événement auquel vous pensez a eu lieu il y a déjà très longtemps.
g. ☐ Le poste pour lequel je postule me paraît très intéressant.
h. ☐ J'ai une proposition, laquelle vous intéressera certainement.

49

Alors, tu t'es bien amusée hier ? – Oui, mais j'ai un peu trop bu.
Na, hast du dich gestern gut amüsiert? – Ja, aber ich habe ein bisschen zu viel getrunken.

Ursprüngliche Adverbien

Ein Adverb sagt aus, wie, wo oder wann etwas gemacht wird. Es bezieht sich meist auf ein Verb:
Ce train roule **vite**.   *Dieser Zug fährt **schnell**.*

Adjektiv: Elle est **très** jolie.   *Sie ist **sehr** hübsch.*
Adverb: Ce train roule **trop** vite.   *Dieser Zug fährt **zu** schnell.*

Anders als im Deutschen haben Adverbien im Französischen eine andere Form als Adjektive:
Adjektiv: J'ai passé une **bonne** soirée.   *Ich habe einen **schönen** Abend verbracht.*
Adverb: Je me suis **bien** amusé.   *Ich habe mich **gut** amüsiert.*

In diesem Kapitel geht es um die ursprünglichen Adverbien (Adverbien, die nicht von einem Adjektiv abgeleitet werden).

Adverbien der Zeit wie hier (*gestern*), demain (*morgen*), toujours (*immer*), souvent (*oft*), jamais (*niemals*), autrefois (*früher*), aujourd'hui (*heute*) …	Il est arrivé **hier**. *Er ist **gestern** gekommen.* Ils sont **toujours** ensemble. *Sie sind **immer** zusammen.*
Adverbien des Ortes wie ici (*hier*), là (*dort*), loin (*weit weg*), près (*in der Nähe von*) …	Je travaille **ici** depuis un an. *Ich arbeite **hier** seit einem Jahr.* Il habite tout **près**. *Er wohnt ganz **in der Nähe**.*
Adverbien der Menge wie beaucoup (*viel*), assez (*genug*), un peu (*ein wenig*) …	Il parle **peu**. *Er spricht **wenig**.* Elle a **beaucoup de** patience. *Sie hat **viel** Geduld.*
Adverbien der Intensität wie très (*sehr*), trop (*zu viel*) …	Elle est **très** belle. *Sie ist **sehr** schön.* Tu fumes **trop**. *Du rauchst **zu viel**.*
Adverbien der Art und Weise wie bien (*gut*), mal (*schlecht*), volontiers (*gern*) …	J'accepte **volontiers** votre offre. *Ich nehme Ihr Angebot **gerne** an.*

Das Adverb steht immer vor dem Adjektiv oder dem Adverb, das es näher bestimmt:
Elle est **très** sympathique.   *Sie ist sehr sympathisch.*
Je n'ai pas **très** bien compris.   *Ich habe nicht sehr gut verstanden.*

Das Adverb steht meist nach der konjugierten Verbform:
Elle chante **bien**.   *Sie singt gut.*   J'ai **mal** dormi.   *Ich habe schlecht geschlafen.*

Wie im Deutschen sind die Zeit- und Ortsadverbien im Satz beweglich:
Maintenant, j'habite en ville. / J'habite **maintenant** en ville. / J'habite en ville **maintenant**.
    Ich wohne jetzt in der Stadt.

1. Adverb oder Adjektiv? Unterstreichen Sie in den Sätzen alle Adverbien.

a. Mon appartement n'est pas très grand, mais je m'y sens très bien.

b. Même si je ne roule pas vite, j'aime bien les voitures puissantes.

c. Dans cet hôtel, les chambres sont agréables, mais le service est un peu décevant.

d. Nos dernières vacances se sont mal passées. Nous sommes rentrés déçus.

e. Cette robe est beaucoup trop courte et elle ne me va pas bien.

f. Il est toujours devant son ordinateur. Ce n'est pas raisonnable.

g. Il râle souvent, il n'est jamais de bonne humeur.

h. Nous partons demain en vacances.

2. Sagen Sie das Gegenteil mit einem Adverb aus dem Kasten rechts.

a. Ce professeur n'est <u>pas assez</u> sévère.   ≠ *est trop sévère*

b. J'y vois <u>bien</u> avec ces lunettes.   ≠ _____

c. Il met <u>peu de</u> sucre dans son café.   ≠ _____

d. Je ne vais <u>jamais</u> au cinéma.   ≠ _____

e. Ces enfants s'entendent <u>mal</u>, c'est dommage. ≠ _____

f. Je n'ai <u>jamais</u> aimé l'école.   ≠ _____

> toujours bien
> ~~trop~~
> mal beaucoup
> souvent

3. Bringen Sie die Satzteile in die richtige Reihenfolge.

a. passé / avons / belle / une / très / soirée / Nous

_____

b. en France / nos vacances / nous / souvent / passons

_____

c. volontiers / je viendrai / à ton anniversaire

_____

d. rentrés / tard / très / et ils étaient / ils sont / fatigués

_____

e. peu / elle / avec nous / aimable / a été

_____

4. Verbinden Sie die entsprechenden Sprichwörter.

a. Qui trop embrasse mal étreint.

b. Tout est bien qui finit bien.

c. Le mensonge ne mène pas loin.

d. Rira bien qui rira le dernier.

e. Demain, il fera jour.

f. La vérité finit toujours par se savoir.

g. Un malheur ne vient jamais seul.

1. *Wer zuletzt lacht, lacht am besten.*

2. *Die Sonne bringt es an den Tag.*

3. *Ein Unglück kommt selten allein.*

4. *Wer allerlei beginnt, gar wenig gewinnt.*

5. *Morgen ist auch ein Tag.*

6. *Ende gut, alles gut.*

7. *Lügen haben kurze Beine.*

Adverbien auf *-ment*

 Die Adverbien auf -ment werden von der femininen Form des Adjektivs abgeleitet.

Adjektiv feminin + *-ment* =	Adverb
active *aktiv* →	activement
lente *langsam* →	lentement

! Einige Adverbien erhalten zusätzlich einen steigenden Akzent (*accent aigu*):
profond → Il dort profond**é**ment. *Er schläft tief.*
énorme → Il a énorm**é**ment grossi. *Er hat enorm zugenommen.*

➡ Endet die maskuline Form des Adjektivs auf -e, -é, -i, oder -u wird das Adverb von dieser
Form abgeleitet (und nicht von der femininen Form):

Adjektiv maskulin + *-ment* =	Adverb
facile *einfach* →	facilement
vrai *wahr* →	vraiment
absolu *absolut* →	absolument

Aber: gai (*fröhlich*) → gai<u>e</u>ment

REGEL Adjektive auf -ant bilden das Adverb auf -amment. Adjektive auf -ent (außer lent → lentement)
bilden das Adverb auf -emment:
courant → Elle parle **couramment** espagnol. *Sie spricht fließend Spanisch.*
récent → Je l'ai rencontré **récemment**. *Ich habe ihn neulich getroffen.*

REGEL In einigen gebräuchlichen Wendungen steht ein Adjektiv anstelle eines Adverbs.
chanter juste ≠ faux *richtig ≠ falsch singen*   travailler dur *hart arbeiten*
parler bas ≠ fort *leise ≠ laut sprechen*   dormir tranquille *ruhig schlafen*
sentir bon ≠ mauvais *gut ≠ schlecht riechen*   gagner gros *viel verdienen*

1. Ergänzen Sie die fehlenden Formen.

Adjektiv maskulin	Adjektiv feminin	Adverb
a. _____	lente	_____
b. rapide	_____	
c. _____	_____	difficilement
d. heureux	_____	
e. _____	_____	discrètement
f. _____	active	_____
g. rare	_____	_____
h. _____	vraie	_____
i. _____	_____	énormément

2. Welche Form passt? Kreuzen Sie an.

a. mauvais   ☐ mauvaisement   ☐ mal

b. calme   ☐ calmément   ☐ calmement

c. suffisant   ☐ suffisamment   ☐ suffisantement

d. bon   ☐ bonement   ☐ bien

e. lent   ☐ lentement   ☐ lentemment

f. profond   ☐ profondement   ☐ profondément

g. absolu   ☐ absolument   ☐ absoluement

3. Leiten Sie das Adverb ab und setzen Sie es in den passenden Satz.

1. actif _____
2. léger _____
3. récent _____
4. bruyant _____
5. complet _____
6. prudent _____

a. J'ai _____ oublié mon rendez-vous chez le dentiste.

b. Je désire participer _____ à ce projet.

c. Il n'était pas d'accord et il protestait _____ .

d. Il pleut très _____ .

e. Il conduisait très _____ à cause du brouillard.

f. Pierre ? Je l'ai rencontré _____ à l'anniversaire de ma sœur.

4. Übersetzen Sie die folgenden Sätze zu Ende.

a. *Sie hat eine schöne Stimme, aber sie singt falsch.* → Elle a une belle voix, mais _____

b. *Er fährt gut, aber zu schnell.* → Il conduit _____

c. *Sie spricht fließend Französisch, aber schlecht Englisch.* → Elle parle _____

d. *Sie regt sich leicht auf und schreit sehr laut.* → Elle s'énerve _____

e. *Diese Rosen riechen sehr gut.* → Ces roses _____

Vergleiche

 REGEL Mit dem Komparativ werden Eigenschaften (Adjektive/Adverbien) oder Mengen (Substantive) verglichen:

Speech bubble: *Vous ne trouverez pas moins cher sur le marché.*

Sign: € 20.000

Eigenschaft: Elle est **plus riche** que moi.
> *Sie ist **reicher** als ich.*

Elle travaille **plus vite** que moi.
> *Sie arbeitet **schneller** als ich.*

Menge: Elle a **plus** d'argent que moi.
> *Sie hat **mehr** Geld als ich.*

 REGEL **Eigenschaften** werden wie folgt verglichen:

plus moins aussi } **Adjektiv** + que	Luc est **plus grand** que Max.	Luc ist **größer** als Max.
	Je suis **moins grand** que lui.	Ich bin **weniger groß** als er.
	Max est **aussi grande** que Léo.	Max ist **genauso groß** wie Léo.

plus moins aussi } **Adverb** + que	Luc roule **plus vite** que Max.	Luc fährt **schneller** als Max.
	Max roule **moins vite** que moi.	Max fährt **langsamer** als ich.
	Je roule **aussi vite** que Paul.	Ich fahre **genauso schnell** wie Léo.

! Im Vergleichssatz steht die betonte Form des Pronomens:
Elle est plus nerveuse que **lui**.   *Sie ist nervöser als er.*
Vous êtes moins stressés que **moi**.   *Sie sind weniger gestresst als ich.*

! Anders als im Deutschen ist der Komparativ mit moins (weniger) sehr gebräuchlich:
moins cher = *billiger (weniger teuer)*, moins grand = *kleiner (weniger groß)*

! Die Vergleichspartikel (*als* oder *wie* im Deutschen) heißt immer que.

! Merken Sie sich folgende unregelmäßige Komparativformen:
- **bon** (*gut*) → **meilleur** (*besser*): Elle a de **meilleures** notes que l'année dernière.
  > *Sie hat **bessere** Noten als letztes Jahr.*
- **mauvais** (in der Bedeutung von *schlimm*) → **pire** (*schlimmer*): Il est **pire** que sa sœur.
  > *Er ist **schlimmer** als seine Schwester.*
  Aber: Il fait **plus mauvais** ici qu'à Paris.   *Das Wetter ist hier **schlechter** als in Paris.*

 REGEL **Mengen** (Substantive) werden wie folgt verglichen:

plus de/d' autant de/d' moins de/d' } **Substantiv** + que	J'ai **plus d'amis** que Paul.	Ich habe **mehr Freunde** als Paul.
	J'ai **autant d'amis** que toi.	Ich habe **genauso viele Freunde** wie du.
	Anne a **moins d'amis** que moi.	Anne hat **weniger Freunde** als ich.

1. Bilden Sie Vergleiche.

a. Julie / jeune   (+) Anne est _plus jeune que Julie._

b. nous / bruyants   (=) Nos voisins sont _____

c. Lisa / élégante   (–) Anna est _____

d. ICE / rapide   (+) Le TGV est _____

e. théâtre / cher   (–) Le cinéma est _____

f. Léo / sympa   (=) Max est _____

2. Verbinden Sie die Satzteile zu sinnvollen Vergleichen.

a. Ce matin, le vent   sont aussi confortables   que le rugby.

b. Les fraises des bois   est pire   que le Danube.

c. La Loire   est moins populaire   que la nuit dernière.

d. Ce médicament   est souvent plus facile   que les gorges du Verdon.

e. Ces canapés   sont meilleures   que le mal.

f. Parler   est moins violent   que les fraises cultivées.

g. Les gorges du Tarn   est moins longue   que ces fauteuils.

h. En France, le foot   sont aussi spectaculaires   qu'agir.

3. Kreuzen Sie die passende Aussage an.

a. Il fait ☐ plus / ☐ moins chaud au mois de septembre qu'au mois de février.

b. Le mois de mars a ☐ moins de / ☐ autant de jours que le mois de juillet.

c. Le mois de juin est ☐ moins / ☐ plus court que le mois d'août.

d. En mai les jours sont ☐ plus / ☐ aussi longs qu'en décembre.

e. Le soleil brille ☐ moins / ☐ aussi fort en mars qu'en août.

f. Il pleut ☐ moins / ☐ plus souvent en juillet qu'en novembre.

g. On a ☐ moins / ☐ aussi chaud en mars qu'en juin.

h. Il y a ☐ moins de / ☐ plus de jours fériés en Alsace que dans le reste de la France.

4. Vergleichen Sie Zimmeranzahl, Preise, Komfort der verschiedenen Hotels. Benutzen Sie mindestens einmal jeweils autant, plus und moins.

nom de l'hôtel	nombre de chambres	prix des chambres	prix du petit déjeuner
Hôtel de la Poste***	35	65€	12€
Hôtel de la Gare***	52	77€	8,50€
Hôtel du Centre****	35	95€	8,50€

a. _L'hôtel de la Poste a moins d'étoiles que l'hôtel du Centre._

b. _____

c. _____

d. _____

e. _____

52

Je suis le plus grand, le plus fort ... – Et surtout, le moins modeste !
Ich bin der Größte, der Stärkste ... – Und vor allem der Unbescheidenste!

Superlativ

> Je suis le plus grand, le plus fort ...

> Et surtout, le moins modeste !

 Der Superlativ ist die höchste Steigerungs-
form des Adjektivs oder des Adverbs.
Je suis **le plus grand**.
  Ich bin der größte.
C'est cette voiture qui roule **le plus vite**.
  Dieses Auto fährt am schnellsten.

 Der Superlativ wird wie folgt gebildet:

| le / la / les plus | + Adjektiv/Adverb |
| le / la / les moins | |

! Bei Adjektiven, die vor dem Substantiv stehen (→ Kapitel 15), kann der Superlativ vor oder
hinter dem Substantiv stehen:
la ville la plus grande = la plus grande ville   *die größte Stadt*

! Anstelle des bestimmten Artikels (le/la/les) kann der Possessivbegleiter (mon/ma/mes) stehen:
mon plus beau souvenir de vacances   *meine schönste Urlaubserinnerung*

! Anders als im Deutschen ist der Superlativ mit moins (*am wenigsten*) genauso gebräuchlich:
le moins cher = *das billigste (am wenigsten teuer)*
le moins grand = *das kleinste (am wenigsten groß)*

 Merken Sie sich folgende unregelmäßige Superlativformen von bon (Adjektiv) und bien
(Adverb):
• **bon** (*gut*) → le/la meilleur(e)   *der/die beste*
          les meilleur(e)s   *die besten*
  Elle a les **meilleures** notes de la classe.   *Sie hat die besten Noten in der Klasse.*
• **bien** (*gut*) → le mieux   *am besten*
  C'est elle qui travaille **le mieux**.   *Sie arbeitet am besten.*

 Auf den Superlativ folgt in der Regel die Präposition de:
le plus beau pays du monde   *das schönste Land der Welt*
la plus jeune de mes filles   *die jüngste meiner Töchter*
les plus belles villes de France   *die schönsten Städte Frankreichs*

1. Wovon ist hier die Rede? Bilden Sie die Definitionen und verbinden Sie diese mit der passenden Antwort.

a. la planète / petit (+) → _la plus petite planète/_
   la planète la plus petite

b. la montagne / haute (+) → _____

c. le fleuve / long (+) → _____ .

d. la ville / peuplée (+) → _____

e. le train français / rapide (+) → _____

f. le continent / froid (+) → _____

g. l'animal / grand (+) → _____

Tokyo
l'Antarctique
Mercure
la baleine bleue
le Mont Everest
le Nil
le TGV

2. Sagen Sie nun Ihre Meinung: Quel(le) est pour vous ... ?

a. le magasin / cher (–) → _____ _____

b. l'acteur / bon (+) → _____ _____

c. le musée / prestigieux (+) → _____ _____

d. la ville / romantique (+) → _____ _____

e. le mois / agréable (–) → _____ _____

f. la ville / beau (+) → _____ _____

g. le moyen de transport / dangereux (–) → _____ _____

3. Verbinden Sie die gleichbedeutenden Wendungen.

a. le plus triste
b. le moins fort
c. le meilleur
d. le plus surprenant
e. le moins utile
f. le plus solide
g. le moins compliqué
h. le plus dangereux

1. le pire
2. le plus simple
3. le moins efficace
4. le moins fragile
5. le moins drôle
6. le plus faible
7. le moins sûr
8. le plus étonnant

4. Übersetzen Sie folgende Ausdrücke.

a. *der beste Schüler* _____

b. *das bequemste Auto* _____

c. *meine beste Freundin* _____

d. *der schlimmste Feind* _____

e. *das billigste Hotel* _____

f. *der heißeste Monat* _____

g. *meine schönste Reise* _____

h. *unsere besten Wünsche* _____

Wählen Sie die richtige Antwort.

Imperativ

1. Parl___ moins vite, s'il te plaît.
   a) [ ] -es
   b) [ ] -e

2. Écoute-___ bien.
   a) [ ] moi
   b) [ ] me

Pronomen

3. Tu as un chat ? – Oui, ___ .
   a) [ ] j'ai un
   b) [ ] j'en ai un

4. C'est une actrice très connue. Tout le monde ___ .
   a) [ ] en parle
   b) [ ] parle d'elle

5. Tu crois à l'astrologie ? – Non, je ___ crois pas.
   a) [ ] n'en
   b) [ ] n'y

6. Vous pensez souvent à vos parents ? – Oui, ___ souvent.
   a) [ ] je pense à eux
   b) [ ] j'y pense

7. Ce livre, tu peux ___ prêter ?
   a) [ ] me le
   b) [ ] le me

8. Ils vous a parlé de ses projets ? – Oui, il ___ a parlé hier soir.
   a) [ ] en nous
   b) [ ] nous en

Possessiv-, Demonstrativ- und Indefinit-pronomen

9. C'est votre fille ? – Oui, c'est ___ .
   a) [ ] la nôtre
   b) [ ] nôtre

10. Ta voiture est rouge, ___ est noire.
   a) [ ] la sienne
   b) [ ] le sienne

11. Vous prenez quelle robe ? – Je prends ___ .
   a) [ ] celle
   b) [ ] celle-ci

12. Ces clés, ce sont ___ des voisins.
   a) [ ] celles
   b) [ ] celles-ci

13. Vous désirez autre chose ? – Non merci, c'est ___ .
   a) [ ] tous
   b) [ ] tout

14. Vous prenez un apéritif ? – Non merci, je ___ .
   a) [ ] ne prends rien
   b) [ ] ne rien prends

15. Nous n'avons eu ___ .
   a) [ ] aucun problème
   b) [ ] aucuns problèmes

Relativpronomen

16. J'aime les histoires ___ finissent bien.
   a) [ ] qui
   b) [ ] que

17. C'est un roman ___ j'ai adoré.
   a) [ ] dont
   b) [ ] que

18. Je cherche un hôtel ___ dormir.
   a) [ ] à qui
   b) [ ] où

19. Elle fait toujours ____ lui plaît.
    a) ☐ ce qui
    b) ☐ ce que

20. Ce sont des gens parmi ____ je me sens bien.
    a) ☐ qui
    b) ☐ lesquels

21. La machine avec ____ je travaille est très moderne.
    a) ☐ qui
    b) ☐ laquelle

Adverbien
22. Ce train va ____ .
    a) ☐ vite
    b) ☐ rapide

23. Nous avons ____ mangé.
    a) ☐ mal
    b) ☐ mauvais

24. Il roule vite, il conduit ____ .
    a) ☐ imprudemment
    b) ☐ imprudamment

25. Ces roses sentent très ____ .
    a) ☐ bon
    b) ☐ bien

26. J'ai répondu ____ à toutes les questions.
    a) ☐ correct
    b) ☐ correctement

Vergleiche und Superlativ
27. Nos voisins sont ____ jeunes ____ nous.
    a) ☐ plus / comme
    b) ☐ plus / que

28. Le film est ____ intéressant que le livre.
    a) ☐ aussi
    b) ☐ autant

29. Paris est ____ grande ville de France.
    a) ☐ la plus
    b) ☐ la moins

30. Nous avons choisi la voiture ____ .
    a) ☐ le moins cher
    b) ☐ la moins chère

Vergleichen Sie nun Ihre Antworten mit den Lösungen auf Seite 159. Dieser Tabelle können Sie entnehmen, auf welches Kapitel sich jede Aufgabe bezieht. Wenn Sie eine Aufgabe nicht richtig gelöst haben, können Sie das entsprechende Kapitel wiederholen.

Aufgabe	Kapitel	Aufgabe	Kapitel	Aufgabe	Kapitel	Aufgabe	Kapitel	Aufgabe	Kapitel
1	40	7	43	13	46	19	47	25	50
2	40	8	43	14	46	20	48	26	50
3	41	9	44	15	46	21	48	27	51
4	41	10	44	16	47	22	49	28	51
5	42	11	45	17	47	23	49	29	52
6	42	12	45	18	47	24	50	30	52

Subjonctif présent: Bildung

 Mit dem *subjonctif* kennzeichnet der Sprecher den Vorgang als möglich bzw. wünschenswert oder nicht. Der *subjonctif* steht meist in einem Nebensatz mit que (*dass*). (Zum Gebrauch des *subjonctif présent* → Kapitel 54.)

J'ai peur que ce ne soit pas le bon chemin.

 Die Endungen des *subjonctif présent* werden an den Stamm der 3. Person Plural Präsens (ils) angehängt.

manger → ils **mang**ent		dire →	ils **dis**ent	Endungen
que je	mang**e**	que je	dis**e**	-e
que tu	mang**es**	que tu	dis**es**	-es
qu'il/elle	mang**e**	qu'il/elle	dis**e**	-e
que nous	mang**ions**	que nous	dis**ions**	-ions
que vous	mang**iez**	que vous	dis**iez**	-iez
qu'ils/elles	mang**ent**	qu'ils/elles	dis**ent**	-ent

! Diese Endungen gelten für alle Verben außer être und avoir.

 Verben mit Stammwechsel im Indikativ Präsens wie z.B. boire (nous **buv**ons/ils **boiv**ent) ändern im *subjonctif* ihre Stammform in der 1. und der 2. Person Plural: que je boive, que tu boives, qu'il boive, que nous **buv**ions, que vous **buv**iez, qu'ils boivent.

 Einige Verben haben unregelmäßige (Stamm-)Formen, die Endungen bleiben gleich.

	être	avoir	faire	aller	savoir	pouvoir
que je/j'	sois	aie	fasse	aille	sache	puisse
que tu	sois	aies	fasses	ailles	saches	puisses
qu'il/elle	soit	ait	fasse	aille	sache	puisse
que nous	soyons	ayons	fassions	allions	sachions	puissions
que vous	soyez	ayez	fassiez	alliez	sachiez	puissiez
qu'ils/elles	soient	aient	fassent	aillent	sachent	puissent

 Der *subjonctif passé* wird mit être oder avoir im *subjonctif présent* und dem Partizip Perfekt des entsprechenden Verbs gebildet.
Je crains **que tu te sois trompé** de chemin.   *Ich fürchte, dass du dich im Weg geirrt hast.*
Je ne suis pas sûr **qu'il ait** tout **compris**.   *Ich bin nicht sicher, dass er alles verstanden hat.*

1. Regelmäßige Formen: Kreuzen Sie die jeweils richtige *subjonctif*-Form an.

a. manger → que nous ☐ mangeons ☐ mangions
b. mettre → que tu ☐ mettes ☐ mets
c. finir → que nous ☐ finissons ☐ finissions
d. dormir → qu'ils ☐ dorment ☐ dormiez
e. sortir → que nous ☐ sortons ☐ sortions
f. attendre → qu'il ☐ attends ☐ attende
g. lire → qu'ils ☐ lisent ☐ lise
h. écrire → que vous ☐ écriviez ☐ écrivez

2. Bilden Sie die *subjonctif*-Formen der folgenden Verben mit Stammwechsel.

a. prendre que je _prenne_ que nous _____ qu'ils _____
b. recevoir qu'il _____ que vous _____ qu'elles _____
c. apprendre que j' _____ que nous _____ que vous _____
d. venir qu'elle _____ que vous _____ qu'ils _____
e. appeler que tu _____ que nous _____ que vous _____
f. voir que je _____ que nous _____ qu'elles _____
g. devoir qu'il _____ que vous _____ qu'ils _____

3. Unregelmäßige Formen: Die folgenden *subjonctif*-Formen sind fehlerhaft. Verbessern Sie sie und schreiben Sie sie richtig auf.

a. J'aimerais qu'*ils soyent* heureux. _____
b. J'ai peur qu'*elle aie* des problèmes. _____
c. Il faut que *vous saviez* que nous ne sommes pas d'accord. _____
d. Je souhaite que *vous faisiez* le ménage dans votre chambre. _____
e. Il faut que *nous aillions* faire des courses. _____
f. Je voudrais qu'*elle peuve* comprendre pourquoi j'ai fait ça. _____

4. Ergänzen Sie das jeweils passende Verb im *subjonctif présent*.

regarder	dire	partir	venir	prendre	faire	être

a. Je suis désolé, mais il faut que je _____ , on m'attend.
b. J'aimerais qu'il _____ ici le plus vite possible.
c. Je veux que tu me _____ toute la vérité.
d. Nous souhaitons que tous nos clients _____ satisfaits.
e. Je ne veux pas que tu _____ ma voiture.
f. Il faut qu'il _____ moins la télé et qu'il _____ plus de sport.

54

Tu ne viens pas avec nous ? – Non, il faut que je dorme un peu.
Kommst du nicht mit? – Nein, ich muss ein bisschen schlafen.

Subjonctif: Gebrauch

REGEL ▷ Der *subjonctif* ist nach bestimmten Verben/ Ausdrücken erforderlich. Diese sogenannten **subjonctif-Auslöser**, die meist die subjektive Haltung des Sprechers ausdrücken, sind z. B. Verben und Ausdrücke mit folgender Bedeutung:

> Tu ne viens pas avec nous ?

> Non, il faut que je dorme un peu.

- Wunsch/Wille/Notwendigkeit wie z. B. souhaiter (*wünschen*), vouloir (*wollen*), ne pas vouloir (*nicht wollen*), falloir (*müssen*):
  Je veux que vous soyez tous là à l'heure. *Ich will, dass ihr alle pünktlich da seid.*
  Il faut que je dorme un peu. *Ich muss ein bisschen schlafen.*

! Nach espérer (*hoffen*) steht aber der Indikativ:
J'espère que tu vas bien. *Ich hoffe, dass es dir gut geht.*

- Empfindung/Gefühl wie z. B. se réjouir (*sich freuen*), regretter (*bedauern*), craindre (*fürchten*), s'étonner (*sich wundern*), se plaindre (*beklagen*):
  Je me réjouis que vous veniez demain. *Ich freue mich, dass Sie morgen kommen.*

- Zweifel/Ungewissheit/Befürchtung wie z. B. douter (*zweifeln*), ne pas être sûr(e) (*nicht sicher sein*), avoir peur (*Angst haben*), craindre (*befürchten*):
  Je doute que ce soit une bonne idée. *Ich (be)zweifle, dass es eine gute Idee ist.*

- Stellungnahme/Wertung wie z. B. il vaut mieux que (*es ist besser*), dommage que (*schade, dass*):
  Il vaut mieux que je dorme un peu. *Es ist besser, wenn ich ein bisschen schlafe.*

REGEL ▷ Der *subjonctif* steht **nach den Konjunktionen** pour que/afin que (*damit*), bien que/quoique (*obwohl*), avant que (*bevor*) und jusqu'à ce que (*bis*):
J'attendrai **jusqu'à ce que** vous soyez là. *Ich werde warten, bis ihr da seid.*

REGEL ▷ Nicht verwendet wird der *subjonctif*
- in der indirekten Rede (anders als im Deutschen):
  Elle dit qu'elle a vingt ans. *Sie sagt, dass sie zwanzig sei.*

- nach Verben des Meinens und Denkens wie z. B. penser (*denken*), croire (*glauben*):
  Je crois que tu as raison. *Ich glaube, dass du Recht hast.*

! Werden diese Verben jedoch verneint, so steht der *subjonctif*:
Je ne crois pas que tu aies raison. *Ich denke nicht, dass du recht hast.*

REGEL ▷ Der *subjonctif présent* von avoir und être ist auch der Imperativ:

Soyez attentifs. *Seien Sie aufmerksam.*   N'aie pas peur. *Hab keine Angst.*

1. Was ist noch alles zu tun, bevor die Familie in den Urlaub fahren kann? Ergänzen Sie.

> passer   faire   fermer   arroser   partir   laisser
> téléphoner   sortir   disputer

a. Avant de partir en week-end, il faut que …

- je _____ à ma sœur.
- j'_____ les plantes.
- les enfants _____ leurs devoirs.

b. Il vaut mieux que …

- je _____ les clés aux voisins.
- je _____ les poubelles.
- nous _____ tous les volets.

c. J'aimerais que …

- nous ne _____ pas trop tard.
- les enfants ne se _____ pas dans la voiture.
- nous _____ de bonnes vacances.

2. Welche Aussagen passen zusammen? Verbinden Sie sie.

a. Je ne veux pas qu'elle vienne ce soir.
b. Dommage que vous partiez déjà.
c. Il faut absolument que tu le voies.
d. Je n'aime pas que tu dises ça.
e. Je ne suis pas sûre que cela suffise.
f. Il vaudrait mieux que tu prennes le train.
g. Il veut toujours qu'on lui obéisse.

1. Je le trouve très autoritaire.
2. Il va peut-être neiger.
3. Je n'ai pas envie de la voir.
4. On en prend trois en plus ?
5. Vous ne pouvez vraiment pas rester ?
6. C'est injuste.
7. C'est un film magnifique.

3. Markieren Sie die Konjunktionen im Kasten, die den *subjonctif* erfordern und ergänzen Sie dann damit die folgenden Sätze.

a. Parle plus fort _____ on puisse te comprendre.
b. J'aimerais te voir _____ tu partes.
c. Passez me voir _____ nous en parlions ensemble.
d. J'attendrai _____ il ne pleuve plus.
e. Il n'est pas français _____ il soit né en France.

> parce que   bien que
> pour que   avant que
> pendant que
> jusqu'à ce que
> après que   afin que

4. Kreuzen Sie den richtigen Vorschlag an.

a. Je doute que ☐ c'est / ☐ ce soit une bonne idée.
b. Il faut que ☐ nous faisons / ☐ nous fassions attention.
c. Je crois qu' ☐ il fera / ☐ il fasse beau demain.
d. J'espère que ☐ vous ferez / ☐ vous fassiez bon voyage.
e. Elle dit que tout ☐ va / ☐ aille bien.
f. Nous souhaitons que vous ☐ réussissez / ☐ réussissiez votre vie.
g. Je pense que ☐ ce n'est pas / ☐ ce ne soit pas possible.

Ils pleurent parce que tu ne joues pas avec eux.
Sie weinen, weil du nicht mit ihnen spielst.

Konjunktionen: Indikativ oder *subjonctif*?

> Ils pleurent parce que tu ne joues pas avec eux.

Konjunktionen leiten einen Nebensatz ein.
Je reste au lit **parce que** je suis malade.
 *Ich bleibe im Bett, **weil** ich krank bin.*

! Anders als im Deutschen steht das Verb im
französischen Nebensatz nicht am Satzende.
Außerdem werden Haupt- und Nebensatz in
der Regel nicht durch ein Komma getrennt.

Die folgenden Konjunktionen erfordern den Indikativ:

parce que (*weil*)	Je ne sors pas **parce qu'**il pleut. *Ich gehe nicht raus, weil es regnet.*
quand/lorsque (*wenn*)	Il ne faut pas le déranger **quand** il travaille. *Man darf ihn nicht stören, wenn er arbeitet.*
depuis que (*seit*)	Je suis plus calme **depuis que** je ne bois plus de café. *Ich bin ruhiger, seit ich keinen Kaffee mehr trinke.*
pendant que (*während*)	Elle lit **pendant qu'**il dort. *Sie liest, während er schläft.*
après que (*nachdem*)	**Après que** l'avion avait atterri, j'étais vraiment soulagée. *Nachdem das Flugzeug gelandet war, war ich wirklich erleichtert.*
dès que (*sobald*)	Je viendrai **dès que** je peux. *Ich werde kommen, sobald ich kann.*
comme/puisque (*da*)	**Puisque** tu es là, on peut commencer. *Da du hier bist, können wir anfangen.*
comme si (*als ob*)	J'ai fait **comme si** je n'étais pas au courant. *Ich habe (so) getan, als ob ich nicht informiert wäre.*
si (*wenn/falls; ob*)	**Si** tu continues, je m'en vais. ***Wenn** du so weiter machst, gehe ich.* Il ne sait pas **s'**il pourra venir. *Er weiß nicht, **ob** er kommen kann.*

! **Si** in der Bedeutung von *wenn/falls* leitet einen Bedingungssatz (siehe Beispielsatz 1) ein, in
der Bedeutung von *ob* eine indirekte Frage (siehe Beispielsatz 2). Si wird vor il zu s', aber nicht
vor elle.

Nur wenige Konjunktionen erfordern den *subjonctif* (→ Kapitel 54).
Rentrons **avant qu'**il (ne) pleuve.   *Gehen wir heim, bevor es regnet.*

! Avant que wird im gepflegten Sprachgebrauch mit ne verwendet.

Ist das Subjekt im Haupt- und Nebensatz dieselbe Person, wird eine Infinitivkonstruktion bevorzugt: Lave-toi les dents avant d'aller au lit.   *Putz dir die Zähne, bevor du ins Bett gehst.*

1. Welche Konjunktion passt?

a. Je suis en retard ☐ quand / ☐ parce qu'il y avait un bouchon.
b. ☐ Comme si / ☐ Dès que ses parents dorment, il quitte la maison.
c. Les cambrioleurs sont entrés ☐ pendant que / ☐ si nous dormions.
d. Je suis très heureuse ☐ comme / ☐ depuis que j'ai rencontré Léo.
e. J'ai fait ☐ comme si / ☐ lorsque je ne comprenais pas.
f. ☐ Comme / ☐ Quand je n'avais pas le choix, j'ai accepté sa proposition.
g. Il est reparti ☐ après que / ☐ avant que le feu est passé au vert.
h. Vous pouvez attendre ici ☐ quand / ☐ si vous voulez.

2. Beenden Sie die Sätze.

> je ne sache pas nager   sa voiture est en panne   mes invités arrivent
> le Mur est tombé   tu es d'accord   je prépare la sauce   tu veux du dessert
> ses enfants fassent des études

a. Il est venu à pied **parce que** _____.
b. Elle travaille dur **pour que** _____.
c. Je vais souvent à la piscine **bien que** _____.
d. J'avais dix ans **quand** _____.
e. Tu peux laver la salade **pendant que** _____.
f. Mange ta soupe **si** _____.
g. Je dois me préparer **avant que** _____.
h. Je ne sais toujours pas **si** _____.

3. Diese Sätze entbehren jeder Logik. Wie sollten die Konjunktionen richtig lauten?

a. Il allume la télé *pour que* ses parents quittent la maison.   *dès que*
b. Écrivez-nous *quand* vous êtes intéressés. _____
c. Je ne sors pas ce soir *depuis que* je suis fatigué. _____
d. Je viendrai te voir *parce que* j'aurai fini mon travail. _____
e. Je dors mal *dès que* je prenne chaque soir un somnifère. _____
f. J'aimerais vous voir *afin que* vous partiez. _____
g. Je me sens mieux *bien que* je fume moins. _____

4. Nebensatz oder Infinitivkonstruktion? Kreuzen Sie die richtige Aussage an.

a. Décide-toi ☐ avant qu'il soit trop tard / ☐ avant d'être trop tard.
b. Aide-moi ☐ pour que je me prépare / ☐ à me préparer.
c. J'ai répondu ☐ sans que je réfléchisse / ☐ sans réfléchir.
d. Je lui ai préparé un thé ☐ pour qu'elle se calme / ☐ pour se calmer.
e. ☐ Après que je me suis levé / ☐ Après m'être levé, je suis allé dans la salle de bain.

Hervorhebung im Satz *(mise en relief)*

Es gibt im Französischen mehrere Möglichkeiten ein Element im Satz hervorzuheben.

Il est tombé tout seul.

Non, c'est toi qui l'as fait tomber !

 REGEL Die Hervorhebung mit c'est ... qui/que ist
im gesprochenen Französisch sehr beliebt.
C'est ... qui oder C'est ... que steht immer am
Satzanfang.

- Mit **c'est ... qui** wird das Subjekt des Satzes
  hervorgehoben.
  C'est toi **qui** l'as fait tomber.   *Du hast es
      fallen lassen.* (wörtlich: *Du bist es, der es
      hat fallen lassen.*)
- Mit **c'est ... que/qu'** wird ein anderes Element im Satz hervorgehoben.
  C'est <u>un film</u> **que** j'adore.   *Ich liebe **diesen Film**.*
  C'est <u>dans cette rue</u> **qu'**il habite.   *In **dieser Straße** wohnt er.*

! Hebt c'est... que das direkte Objekt hervor, so wird das Partizip Perfekt an dieses Objekt
angeglichen.
C'est une robe que j'ai fait**e** toute seule.   *Dieses Kleid habe ich ganz allein gemacht.*

 REGEL Mit c'est ... qui/c'est … que wird die betonte Form des Personalpronomens verwendet.
C'est **moi** qui ai raison.   ***Ich** habe Recht.*
C'est **lui** que j'attends ce soir.   ***Ihn** erwarte ich heute Abend.*

 REGEL Die Hervorhebung durch Kommasetzung ist im Alltagsfranzösisch ebenfalls sehr gebräuchlich:
Das hervorzuhebende Element wird nach vorne oder nach hinten verschoben und mit einem
Komma vom Rest des Satzes getrennt.

neutrale Aussage	Hervorhebung (Voranstellung)	Hervorhebung (Nachstellung)
J'adore ce film.	Ce film, je l'adore.	Je l'adore, ce film.
Ich liebe diesen Film.	*Diesen Film liebe ich.*	*Ich liebe ihn, diesen Film.*

! Das verschobene Element muss durch ein Pronomen wieder aufgenommen bzw. angekündigt
werden (siehe oben stehende Beispiele).

! Wird das direkte Objekt vorangestellt, wird das Partizip Perfekt diesem Objekt angeglichen:
Cette voiture, je l'ai achet**ée** d'occasion.   *Diesen Wagen habe ich gebraucht gekauft.*
Je les ai rapport**és** de Tunisie, ces souvenirs.   *Ich habe diese Souvenirs aus Tunesien mitgebracht.*

1. Subjekt oder nicht? Ergänzen Sie mit qui oder que.

a. C'est un ami _____ je connais depuis longtemps.

b. C'est un roman _____ j'ai adoré.

c. C'est la machine à café _____ fait ce drôle de bruit.

d. C'est moi _____ fait toujours tout ici.

e. Ce sont les voisins _____ ont sonné.

f. C'est lui _____ j'ai rencontré hier.

g. C'est pour toi _____ j'ai fait ça.

2. Verbinden Sie die Elemente rechts und links zu sinnvollen Aussagen.

a. C'est une amie   1. qui avez raison.

b. Ce sont les enfants   2. où nous passions nos vacances.

c. C'est vous   3. que j'ai vu plusieurs fois.

d. C'est un problème   4. que mon mari m'a offerte pour Noël.

e. C'est la ville   5. qui avons gagné le match.

f. C'est un film   6. auquel nous n'avions pas pensé.

g. C'est la bague   7. dont je n'ai plus de nouvelles.

h. C'est nous   8. qui nous ont raconté ce mensonge.

3. Drei Sätze sind fehlerhaft. Schreiben Sie sie richtig auf.

a. Ce dont je rêve, c'est de faire un grand voyage.

b. C'est qui moi décide.

c. C'est que je n'ai jamais pratiqué un sport.

d. Le sport, je déteste ça.

e. Tu y es déjà allé, au Portugal ?

f. Cette fille, j'aime beaucoup.

_____

_____

_____

4. Heben Sie das unterstrichene Element durch Kommasetzung hervor. Gleichen Sie, wenn nötig, das Partizip Perfekt an.

a. L'été est ma saison préférée. → *Ma saison préférée, c'est l'été.*

b. Nous avons rencontré ce problème souvent. → _____

c. J'ai lu cinq fois ce livre. → _____

d. Je ne supporte pas cette fille. → _____

e. Je n'ai pas lu ces livres. → _____

f. Je connais par cœur cette histoire. → _____

g. J'ai trouvé ces fleurs au marché. → _____

Tu as encore repassé en regardant la télé !
Du hast schon wieder beim Fernsehen gebügelt!

> Tu as encore repassé en regardant la télé !

Gerundium (*gérondif*)

Mit dem *gérondif* (eine Verbform, die es im Deutschen nicht gibt) können Sätze verkürzt werden:

Il repassait et il regardait la télé.

→ Il repassait **en regardant** la télé.

Das *gérondif* ist im Französischen sehr gebräuchlich und wird wie folgt gebildet: **en + Partizip Präsens.**

Das Partizip Präsens wird gebildet aus dem Stamm der 1. Person Plural (nous) im Präsens und der Endung -ant.

nous **dorm**ons	→	**dorm-** + ant	→	**dormant**	*schlafend*
nous **finiss**ons	→	**finiss-** + ant	→	**finissant**	*beendend*
nous **écriv**ons	→	**écriv-** + ant	→	**écrivant**	*schreibend*

! Beachten Sie folgende unregelmäßige Formen des Partizip Präsens:

avoir → ayant   être → étant   savoir → sachant

Das *gérondif* hat folgende Bedeutungen:

Gleichzeitigkeit (*während*)	Elle parle pendant qu'elle dort. → Elle parle **en dormant**. *Sie spricht im Schlaf.*
Grund (*weil*)	Je me suis tordu la cheville parce que je suis tombé. → Je me suis tordu la cheville **en tombant**. *Ich habe mir beim Fallen den Knöchel verrenkt.*
Bedingung (*wenn/falls*)	Si tu prends ton billet à l'avance, tu as une réduction. → **En prenant** ton billet à l'avance, tu as une réduction. *Wenn du deine Fahrkarte früh kaufst, bekommst du eine Ermäßigung.*
Art und Weise (*wie*)	Il est entré et il riait. → Il est entrée **en riant**. *Er kam lachend herein.*

! Nur wenn beide (Teil-)Sätze dasselbe Subjekt haben, kann das *gérondif* verwendet werden. Im ersten der folgenden zwei Sätze ist es nicht möglich, da beide Handlungen von verschiedenen Personen durchgeführt werden.

Je suis parti quand **le voisin** est arrivé.   *Ich bin weggegangen, als der Nachbar kam.*

Je suis parti et **je** courais. → Je suis parti **en courant**.   *Ich bin weggerannt.*

Das *gérondif* ist unveränderlich. Für welche Zeit es steht entnehmen Sie dem Kontext:

Je dîne en regardant la télé.   *Ich sehe beim Abendessen fern.*

J'ai dîné en regardant la télé.   *Ich habe beim Abendessen ferngesehen.*

Je dinerai en regardant la télé.   *Ich werde beim Abendessen fernsehen.*

1. Verbinden Sie die folgenden Satzteile zu sinnvollen Aussagen.

a. Il est interdit de téléphoner   1. en portant ce carton de livres.

b. J'adore tricoter   2. en apprenant les résultats.

c. Je me suis fait mal au dos   3. en faisant la vaisselle.

d. J'ai cassé un verre   4. en souriant.

e. Il me regardait   5. en regardant la télé.

f. J'ai rencontré la voisine   6. en conduisant.

g. J'ai été agréablement surpris   7. en allant au courrier.

2. Ergänzen Sie die Sätze mit der richtigen *gérondif*-Form der Verben aus dem Kasten.

faire	sortir	glisser	prendre	passer	vouloir	ranger

a. Je suis tombé _____ sur une peau de banane.

b. _____ un billet première classe, tu voyageras plus confortablement.

c. _____ du sport régulièrement, vous serez plus en forme.

d. Il a tout raté, _____ trop bien faire.

e. Pensez à bien refermer la porte _____ .

f. _____ mes étagères, j'ai retrouvé le livre que je cherchais.

g. Je lui ai dit un petit bonjour _____ .

3. Ersetzen Sie den unterstrichenen Satzteil durch eine *gérondif*-Konstruktion.

a. Je ris <u>quand je repense à cette histoire</u>.   →   *en repensant à cette histoire*

b. <u>Si tu travailles plus</u>, tu réussiras tes examens.   → _____

c. Faites attention <u>quand vous descendez du train</u>.   → _____

d. Je me suis trompé <u>quand j'ai rendu la monnaie</u>.   → _____

e. <u>Pendant que j'attendais mon tour</u>, j'ai lu le journal. → _____

f. Elle est tombée <u>parce qu'elle courait trop vite</u>.   → _____

g. Je me suis brûlé <u>quand j'ai allumé une bougie</u>.   → _____

4. Unterstreichen Sie die Subjekte in den Sätzen und bilden Sie, wenn möglich, die entsprechende *gérondif*-Konstruktion.

a. Je fais le ménage et j'écoute la radio.

b. J'ai rencontré Marc, il sortait de son bureau.

c. J'ai téléphoné dès que je suis arrivé à la maison.

d. Il est arrivé en retard et il s'est excusé.

e. Quand je suis arrivé à la maison, toute la famille m'attendait.

_____

_____

_____

Il dit qu'il nous invite à son anniversaire samedi.
Er sagt, dass er uns am Samstag zu seinem Geburtstag einlädt.

Indirekte Rede

Mit der indirekten Rede gibt man die Äußerung einer anderen Person wieder. Die indirekte Rede wird von Verben wie dire *(sagen)*, annoncer *(ankündigen)*, prétendre/affirmer *(behaupten)*, répondre *(antworten)*, penser *(denken)*, trouver *(finden)*, savoir *(wissen)* eingeführt.

Wie im Deutschen werden Pronomen, Begleiter und Verbformen sowie einige Zeit- und Ortsadverbien der veränderten Redesituation angepasst. Die indirekte Rede wird mit que *(dass)* eingeleitet. Anders als im Deutschen kann que nicht entfallen.

direkte Rede	**indirekte Rede**
Elle dit : « **Je suis** contente de **vous** voir. »	Elle dit qu'**elle est** contente de **nous** voir.
Sie sagt: „Ich freue mich, euch zu sehen."	*Sie sagt, dass **sie sich freut, uns** zu sehen.*
Il annonce : « **Je vais** rester **ici** une semaine. »	Il annonce qu'**il va** rester **là-bas** une semaine.
Er kündigt an: „Ich werde eine Woche hier bleiben."	*Er kündigt an, dass **er** eine Woche **dort** bleiben **wird**.*

Steht das einleitende Verb im Präsens, wird die Zeit der direkten Rede übernommen.

direkte Rede	**indirekte Rede**
Il dit: « **Je viendrai** demain. »	Il dit qu'**il viendra** demain.
Er sagt: „Ich werden morgen kommen."	*Er sagt, dass er morgen kommen wird.*
Elle affirme : « **Je n'étais** pas au courant. »	Elle affirme qu'**elle n'était** pas au courant.
Sie behauptet: „Ich war nicht informiert."	*Sie behauptet, dass sie nicht informiert war.*

Steht das einleitende Verb in einer Zeit der Vergangenheit, gilt folgende Zeitenfolge:

direkte Rede	**indirekte Rede**	
<u>Il a dit :</u> « Je suis malade. »	<u>Il a dit</u> qu'il était malade.	Präsens → *imparfait*
« Il a neigé cette nuit. »	qu'il avait neigé cette nuit.	Perfekt → Plusquamperfekt
« Je rentrerai tard. »	qu'il rentrerait tard.	Futur → *conditionnel*

Imparfait, Plusquamperfekt und *conditionnel* der direkten Rede werden unverändert in die indirekte Rede übernommen.

1. Leiten Sie die indirekte Rede ab. Passen Sie die Pronomen, Begleiter und Verbformen an.

a. Ma grand-mère raconte : « J'adorais l'école et j'étais très bonne élève. »

   → Elle raconte qu' _____ .

b. Le client affirme : « J'ai déjà payé. »

   → Il affirme qu' _____ .

c. Les touristes disent : « Nous aimerions beaucoup prolonger notre séjour. »

   → Ils disent qu' _____ .

d. Anne annonce : « La réunion aura lieu demain à 14 heures. »

   → Elle annonce que _____ .

e. Léonie pense : « J'aimerais faire une croisière en Norvège. »

   → Elle pense qu' _____ .

f. Pierre dit : « Je ne sais pas quand j'arriverai. »

   → Il dit qu' _____ .

2. Geben Sie das, was die verschiedenen Personen sagen, in der indirekten Rede wieder.

a. Pierre dit _____ .

b. Martin répond _____ .

c. Jeanne dit _____ .

d. Louis répond _____ .

e. Marie pense _____ .

f. Léon dit _____ .

g. Arnaud dit _____ .

3. Kreuzen Sie die richtige Möglichkeit an.

a. Pierre m'a raconté qu'il ☐ avait fait / ☐ faisait du ski hier.

b. Je ne savais pas qu'il ☐ est médecin / ☐ était médecin.

c. Elle avait dit qu'elle ne ☐ viendra / ☐ viendrait pas au cinéma avec nous.

d. Il a affirmé que le paquet ☐ est parti / ☐ était parti hier.

e. Il a promis qu'il ☐ finissait / ☐ finirait avant ce soir.

f. Il prétendait que ses voisins ☐ avaient fait / ☐ fassent du bruit toute la nuit.

Indirekte Frage

Eine indirekte Frage wird von Verben des Fragens oder (Nicht-)Wissens wie demander (*fragen*), ne pas savoir/ignorer (*nicht wissen*), se demander (*sich fragen*) eingeführt.

direkte Frage

Il (me) demande : « Tu arrives quand ? »
Er fragt (mich): „Wann kommst du an?"

indirekte Frage

Il (me) demande quand j'arrive.
Er fragt mich, wann ich ankomme.

Alle Fragewörter (außer que, qu'est-ce que und qui est-ce que) werden in die indirekte Rede unverändert übernommen. Est-ce que entfällt.

Fragewort	direkte Frage	indirekte Frage
où ?	Il me demande: « Où vas-tu ? »	Il me demande où je vais.
quand ?	« Quand rentres-tu ? »	quand je rentre.
pourquoi ?	« Pourquoi ris-tu ? »	pourquoi je ris.
comment ?	« Comment vas-tu ? »	comment je vais.
quel(le) ?	« Quel âge as-tu ? »	quel âge j'ai.

- Que/Qu'est-ce que ? (*was?* als direktes Objekt) wird zu ce que/qu':
  Il me demande : « **Que** penses-tu/**Qu'est-ce que** tu penses de tout ça ? »
  → Il me demande **ce que** je pense de tout cela. *Er fragt mich, was ich von dem Ganzen halte.*
- Qu'est-ce qui (*was?* als Subjekt) wird zu ce qui:
  Il demande : « **Qu'est-ce qui** se passe ? » → Il demande **ce qui** se passe. *Er fragt, was los ist.*

Indirekte Fragen **ohne Fragewort** werden mit si (*ob*) eingeführt.
Il demande si tu viens au stade avec lui. *Er fragt, ob du mit ihm ins Stadion gehst.*

! Si wird vor il/ils zu s' verkürzt, aber nicht vor elle:
Je me demande s'il va pleuvoir. *Ich frage mich, ob es regnen wird.*
Aber: Je ne sais pas **si elle** viendra. *Ich weiß nicht, ob sie kommt (kommen wird).*

1. Ein Verhör: Leiten Sie die direkte Frage ab. Bilden Sie, wenn möglich, Inversionsfragen (→ Kapitel 26).

J'aimerais savoir …

a. où vous habitez. → *Où habitez-vous ?*

b. si vous avez des enfants. → _____ ?

c. si vous êtes française. → _____ ?

d. quand vous êtes arrivée en France. → _____ ?

e. ce que vous faites dans la vie. → _____ ?

Leiten Sie nun die indirekte Frage ab.

Dites-moi, …

f. Comment vous appelez-vous ? → comment _____ .

g. Avez-vous un numéro de portable. → _____ .

h. D'où venez-vous ? → _____ .

i. Qu'est-ce qui s'est passé ? → _____ .

j. Pouvez-vous décrire le voleur ? → _____ .

2. Ce qui (Subjekt) oder ce que/qu' (Objekt)? Ergänzen Sie die indirekten Fragen.

Je lui demande …

a. _____ est arrivé à la voisine.
b. _____ elle veut faire plus tard.
c. _____ il y aura pour déjeuner.
d. _____ elle a raconté à son mari.

Elle ne sait pas …

e. _____ s'est passé.
f. _____ l'intéresse.
g. _____ elle va faire à manger.
h. _____ elle peut lui dire.

3. Geben Sie die Informationen aus dem Brief in der indirekten Rede wieder.

Ma chérie,

Notre voyage s'est très bien passé et nous sommes arrivés, comme prévu avant 16 heures à l'hôtel. Nous n'avons eu aucun problème sur la route. Notre hôtel est situé tout près de la plage et nous avons de la chance : notre chambre a vue sur la mer.

Et toi, comment vas-tu ? Peux-tu te reposer un peu chez Mamie ? As-tu les résultats de tes examens ? Qu'est-ce que tu fais de tes journées ?
Quand rentres-tu ?

Grosses bises   Papa

Il raconte …

a. *que leur voyage* _____
b. _____
c. _____
d. _____
e. _____

Il demande …

f. _____
g. _____
h. _____
i. _____
j. _____

> *On vient d'acheter un ordinateur, Luc est en train de l'installer. Je crois qu'il va piquer une crise.*

Unmittelbare Vergangenheit, Verlaufsform und nahe Zukunft

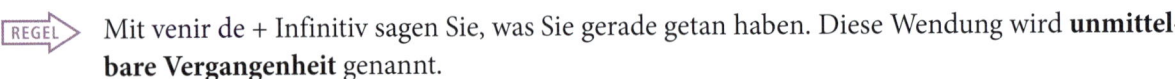

REGEL Mit venir de + Infinitiv sagen Sie, was Sie gerade getan haben. Diese Wendung wird **unmittelbare Vergangenheit** genannt.

On vient (juste) d'acheter un ordinateur.   *Wir haben gerade einen Computer gekauft.*

! Das Verb venir kann im Präsens oder im *imparfait* stehen, aber nicht in einer anderen Zeit.
Nous venions de dîner quand il a téléphoné.   *Wir hatten gerade zu Abend gegessen, als er angerufen hat.*

REGEL Mit être en train de + Infinitiv sagen Sie, was Sie gerade dabei sind zu tun. Diese Wendung wird auch **Verlaufsform** genannt.

Qu'est-ce que tu fais ? – Je suis en train de lire.   *Was machst du? – Ich lese gerade./Ich bin am Lesen.*

! Das Verb être kann in dieser Wendung im *imparfait* stehen, aber nicht im *passé composé*.
Nous étions en train de manger quand tu as téléphoné.   *Wir waren gerade beim Essen, als du angerufen hast.*

REGEL Mit aller + Infinitiv, sagen Sie, was Sie gleich machen werden. Eine ausführliche Darstellung dieser Zeit (auch **nahe Zukunft** genannt) finden Sie im Kapitel 36.
Je vais partir.   *Ich werde weggehen.*

! Das Verb aller kann hier im *imparfait* stehen, aber nicht in einer anderen Zeit. Es drückt dann eine Absicht aus und wird meist mit *wollen* übersetzt.
J'allais partir.   *Ich wollte gerade gehen.*

1. Verbinden Sie die passenden Satzteile.

a. Léonie vient de jeter sa vieille télé
b. Léo est dans le jardin,
c. Marc est en train de remplir les cartons
d. Il va pleuvoir d'une minute à l'autre,
e. L'avion vient d'atterrir
f. Il vient juste de téléphoner
g. Julie est en train de se reposer

1. parce qu'il va déménager la semaine prochaine.
2. on devrait se dépêcher de rentrer.
3. nous n'allons pas la déranger.
4. parce qu'elle va en acheter une neuve.
5. il est en train de planter des salades.
6. les passagers sont en train de descendre.
7. il va rappeler tout à l'heure.

2. Sagen Sie dasselbe mit venir de, aller oder être en train de.

a. Pierre sort dans quelques minutes. → *Pierre va sortir.*
b. Le train arrive bientôt. → _____
c. Nous allons à Barcelone ce week-end. → _____
d. Marie lit le journal dans le salon. → _____
e. J'ai envoyé le mail il y a cinq minutes. → _____
f. Le docteur examine le patient. → _____
g. J'ai fini mon travail. → _____

3. Unmittelbare Vergangenheit, nahe Zukunft oder Verlaufsform? Anworten Sie.

a. Tu veux manger quelque chose ? – (dîner) – *Non merci, je viens de dîner.*
b. Qu'est-ce que tu fais ? – (travailler) – Je _____ .
c. Je peux parler à Pierre ? – (dormir) – Non, il _____ .
d. Le train est encore en gare ? – (partir) – Non, il _____ .
e. Tu as enregistré le film hier ? – (regarder) – Oui, je _____ ce soir.
f. Le voisin est là ? – (tondre) – Oui, il _____ le gazon.
g. Tu as vu le ciel ? – (neiger) – Oui, on dirait qu'il _____ .
h. Tu travailles ? – (manger) – Non, je _____ .
i. La poste est encore ouverte ? – (fermer) – Non, elle _____ .

4. Übersetzen Sie mit Hilfe von venir de, aller, être en train de.

a. *Ich heirate nächsten Monat.* Je vais me marier le mois prochain.
b. *Ich habe es gerade eben verstanden.* _____ .
c. *Wir werden uns gut amüsieren.* _____ .
d. *Er sieht gerade fern.* _____ .
e. *Ich habe gerade angerufen.* _____ .
f. *Sie ist gerade eben angekommen.* _____ .
g. *Er spielt gerade Klavier.* _____ .
h. *Ich überlege es mir.* _____ .

Non, nous n'avons pas été invités, mais nous aimerions bien dormir un peu.
Nein, wir sind nicht eingeladen worden, aber wir möchten gern ein bisschen schlafen.

Passiv

Non, nous n'avons pas été invités, mais nous aimerions bien dormir un peu.

 In einem **Aktivsatz** steht das (handelnde) Subjekt im Mittelpunkt: **Nous** invitons les voisins. *Wir laden die Nachbarn ein.*
In einem **Passivsatz** steht die Person/Sache, mit der etwas geschieht, im Mittelpunkt: **Les voisins** sont invités. *Die Nachbarn sind eingeladen.*

! Das direkte Objekt des Aktivsatzes wird zum Subjekt des Passivsatzes. Aus diesem Grund kann nur mit Verben mit direktem Objekt das Passiv gebildet werden.

 Das Passiv wird mit être + Partizip Perfekt gebildet. Das Partizip Perfekt wird dem Subjekt angeglichen: Je suis invité(e).   *Ich werde/bin eingeladen.*

Elle est invitée.	*Sie wird/ist eingeladen.*
Nous sommes invité(e)s.	*Wir werden/sind eingeladen.*
Elles sont invitées.	*Sie werden/sind eingeladen.*

! Ob der Passivsatz im Deutschen mit *werden* oder *sein* wiedergegeben wird, entscheidet allein der Kontext des Satzes:
Ces livres **sont vendus** à prix bas.   *Diese Bücher **werden** zu einem niedrigen Preis verkauft.*
La banque **est fermée** aujourd'hui.   *Heute **ist** die Bank geschlossen.*

 Das Passiv existiert in allen Zeiten und Modi. Die Zeit von être ist die Zeit des Verbs im Passivsatz:

Präsens	il **est** interrogé (par la police)	*er wird (von der Polizei) verhört*
Passé composé	il **a été** interrogé	*er ist verhört worden*
Imparfait	il **était** interrogé	*er wurde verhört*
Futur	il **sera** interrogé	*er wird verhört werden*
Plusquamperfekt	il **avait ét**é interrogé	*er war verhört worden*
Conditionnel	il **serait** interrogé	*er würde verhört werden*
Subjonctif présent	qu'il **soit** interrogé	*dass er verhört werde*

! Der Urheber wird in der Regel mit der Präposition par eingeführt:
J'ai été surpris **par** cette nouvelle.   *Ich bin von dieser Nachricht überrascht worden.*

! Das Passiv ist im Französischen weniger gebräuchlich als im Deutschen. Das Alltagsfranzösisch bevorzugt andere (als weniger steif empfundene) Wendungen wie
- eine aktive Wendung mit on: J'ai été invité. → On m'a invité.
- eine Wendung mit einem reflexiven Verb (im Deutschen auch möglich):
  Ce produit se vend très bien.   *Dieses Produkt verkauft sich sehr gut.*

1. Setzen Sie être in die jeweils vorgegebene Zeit und fügen Sie den Urheber hinzu.

> la tempête   le maire   ~~le professeur~~   le jardinier   le chirurgien
> le patron   la femme de ménage

a. (Präsens)   Les devoirs _sont_ corrigés.   (*par le professeur*)
b. (Futur)   La nouvelle usine _____ inaugurée demain.   (_____)
c. (*passé composé*)   Les chemises _____ repassées soigneusement. (_____)
d. (*conditionnel*)   Le patient _____ opéré le plus vite possible. (_____)
e. (*imparfait*)   Les fleurs _____ arrosées régulièrement.   (_____)
f. (Plusquamperfekt)   Tout le toit _____ emporté.   (_____)
g. (*subjonctif présent*) J'ai peur que notre projet _____ refusé.   (_____)

2. Kreuzen Sie die drei Sätze an, die ein direktes Objekt enthalten, und leiten Sie dann daraus die entsprechenden Passivsätze ab.

a. ☐ Les enfants ont mangé tout le gâteau. _____
b. ☐ La neige est tombée toute la nuit. _____
c. ☐ Les nuages cachent le soleil. _____
d. ☐ Le train est parti comme prévu à onze heures. _____
e. ☐ Le Guide Michelin recommande ce restaurant. _____

3. „Werden" oder „sein"? Kreuzen Sie die jeweils passende Übersetzung an.

a. Ce chien a été abandonné par ses maîtres. → *Dieser Hund* ☐ *ist /* ☐ *wurde von seinen Herrchen ausgesetzt.*
b. La pièce est divisé en deux parties. → *Der Raum* ☐ *ist /* ☐ *wird in zwei Bereiche geteilt.*
c. Le match est retransmis ce soir. → *Das Spiel* ☐ *ist /* ☐ *wird heute Abend übertragen.*
d. Nous sommes très surpris par cette réaction. → *Wir* ☐ *sind /* ☐ *werden sehr überrascht von dieser Reaktion.*

4. Ergänzen Sie die Sätze mit Hilfe des passenden Verbs aus dem Kasten im Passiv. Die Zeit ist jeweils in Klammern angegeben.

> annoncer   annuler   réveiller   informer   décorer

a. (Futur)   Tous les vols du week-end _____ .
b. (Präsens)   Tous les touristes _____ du danger.
c. (*passé composé*) Une grève des bus _____ à la radio.
d. (*imparfait*)   Le sapin de Noël _____ avec goût.
e. (*passé composé*) Nous _____ par le coq des voisins.

Präpositionen: *à, de, en*

À, en und de sind die am meisten verwendeten Präpositionen des Französischen. Sie werden im Deutschen je nach Kontext unterschiedlich wiedergegeben, z. B.:

Je vais **à** la maison.   *Ich gehe **nach** Hause.*
À quelle heure?   ***Um** wie viel Uhr?*

! À und de verschmelzen mit le und les zu au/aux bzw. du/des (→ Kapitel 3).

 REGEL Die **Präposition à** (*in/auf/nach* …) steht:
- bei **Ortsangaben**: Ce matin, je reste **au** lit.   *Heute Morgen bleibe ich im Bett.*
- bei **Städtenamen**: Je pars demain **à** Paris.   *Ich fahre morgen nach Paris.*
- bei **maskulinen Ländernamen**: Il vit **au** Japon.   *Er lebt in Japan.*
- bei **Uhrzeitangaben**: Le film commence **à** 19 heures.   *Der Film beginnt um 19 Uhr.*
- mit der **Bedeutung** bis: **À** bientôt ! – de 8 heures **à** midi   *Bis bald! – von 8 bis 12 Uhr*
- bei **Feiertagen**: **à** Noël – **à** Pâques   *an Weihnachten – zu Ostern*
- bei **Entfernungsangaben**: J'habite **à** 3 km du centre.   *Ich wohne 3 km vom Zentrum (entfernt).*
- bei Angabe der **Art und Weise**: J'adore le lapin **à** l'ail.   *Ich liebe Kaninchen mit Knoblauch.*
- bei **(offenen) Verkehrsmitteln**: Je suis venu **à** vélo.   *Ich bin mit dem Fahrrad gekommen.*
- bei **Preisangaben**: un menu **à** 25 euros   *ein Menü zu/für 25 Euro*
- bei der Angabe des **indirekten Objekts**: J'envoie ce mail **à** ma sœur.   *Ich schicke meiner Schwester diese E-Mail.*
- bei **bestimmten Verben**: s'intéresser **à** – aider **à**   *sich interessieren für – helfen*

REGEL Die **Präposition en** (*in/aus*) wird verwendet:
- bei **femininen Ländern und Regionen**: J'habite **en** Autriche. – Je vais **en** Bretagne.
  Ich wohne in Österreich. – Ich fahre in die Bretagne.
- bei **maskulinen Ländern**, die **mit Vokal anfangen**: **en** Iran   *im Iran*
- bei **Jahreszahlen, Monatsnamen, Jahreszeiten**: **en** 2010 – **en** juin – **en** hiver   *(im Jahre) 2010 – im Juni – im Winter*
- bei **(geschlossenen) Verkehrsmitteln**: Je suis venu **en** taxi.   *Ich bin mit dem Taxi gekommen.*
- zur Angabe des **Materials/Stoffes**: une veste **en** lin   *eine Jacke aus Leinen*

REGEL Die **Präposition de** (*von/aus*) wird verwendet:
- zur Angabe der **Herkunft**: Je viens **de** Suisse.   *Ich bin aus der Schweiz.*
- bei **Mengenangaben**: un verre/un litre **de** vin   *ein Glas/ein Liter Wein*
- bei **bestimmten Verben**: se souvenir **de** – parler **de**   *sich erinnnern an – sprechen von*
- zur Bildung von **Komposita**: une table **de** nuit   *ein Nachttisch*

1. Verbinden Sie die Elemente rechts und links zu sinnvollen Aussagen.

a. Je me suis acheté une belle veste
b. Nous avons fait un grand tour
c. Notre maison se trouve au centre ville
d. Je ne me souviens plus
e. Je viens de m'acheter une armoire
f. Nous avons habité cinq ans
g. Il ne s'intéresse pas du tout
h. Je n'ai pas encore parlé
i. Tous les voyageurs sont descendus
j. Cette année, je prends mes vacances

1. de ce film.
2. aux États-Unis.
3. du train.
4. à mes parents.
5. en bois massif.
6. à cinq minutes de la gare.
7. à vélo.
8. en lin.
9. en hiver.
10. à la politique.

2. Kreuzen Sie die richtige(n) Antwortmöglichkeit(en) an.

a. Vous habitez où ?   En France.   À la campagne.   Du musée.
b. Vous venez d'où ?   Du Portugal   En Italie.   Au lit.
c. Tu travailles où ?   À la maison.   Du bureau.   En ville.
d. Où allez-vous ?   En Bretagne.   Au Maroc.   En voiture.
e. Où sont vos amis ?   Au cinéma.   À vélo.   À la piscine.
f. Ils rentrent quand ?   À dix heures.   En mai.   Du travail.
g. Ils sont venus comment ? À pied.   En vélo.   En train.

3. Verbinden Sie die Satzteile mit der jeweils richtigen Präposition.

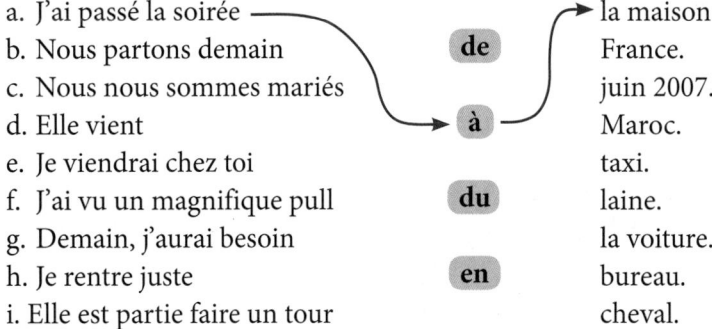

a. J'ai passé la soirée   la maison.
b. Nous partons demain   **de**   France.
c. Nous nous sommes mariés   juin 2007.
d. Elle vient   **à**   Maroc.
e. Je viendrai chez toi   taxi.
f. J'ai vu un magnifique pull **du** laine.
g. Demain, j'aurai besoin   la voiture.
h. Je rentre juste   **en**   bureau.
i. Elle est partie faire un tour   cheval.

4. Verbinden Sie die Wendungen mit ihrer Übersetzung.

a. à la maison
b. en voiture
c. à la campagne
d. à cinq ans
e. aller à pied
f. au téléphone

1. *mit fünf Jahren*
2. *ans/am Telefon*
3. *zu Fuß gehen*
4. *zu/nach Hause*
5. *auf das/dem Land*
6. *mit dem Auto*

g. en voyage
h. en vacances
i. en ce moment
j. au travail
k. à la radio
l. à Noël

7. *im Augenblick*
8. *auf Reisen*
9. *im Radio*
10. *zu Weihnachten*
11. *bei der Arbeit*
12. *in Urlaub*

Je retourne chez ma mère.
Ich gehe zu meiner Mutter zurück.

Je retourne chez ma mère.

Weitere Präpositionen

Die folgende Tabelle gibt Ihnen einen Überblick über weitere gebräuchliche Präpositionen und deren Grundbedeutungen.

après ≠ avant *nach ≠ vor*	Qu'est-ce que tu fais **après** le cours ? *Was machst du nach dem Kurs?* Je suis arrivée **avant** lui. *Ich bin vor ihm angekommen.*
avec ≠ sans *mit ≠ ohne*	Je bois mon café **sans** sucre. *Ich trinke meinen Kaffee ohne Zucker.* Elle danse **avec** grâce. *Sie tanzt mit Anmut.*
chez *bei/zu*	Je suis passé **chez** le boulanger. *Ich bin zum Bäcker gegangen.*
contre *gegen/an*	Il s'appuie **contre** le mur. *Er lehnt sich gegen die Wand.*
dans *in (den/dem)*	Il aime être **dans** le jardin. *Er ist gern im Garten.* Je serai de retour **dans** une heure. *Ich bin in einer Stunde zurück.*
depuis *seit*	Il ne travaille plus **depuis** deux ans. *Er arbeitet seit zwei Jahren nicht mehr.*
derrière ≠ devant *hinter ≠ vor*	J'habite **derrière** l'église. *Ich wohne hinter der Kirche.* Ne reste pas **devant** la porte. *Bleib nicht vor der Tür stehen.*
entre *zwischen*	La pause, c'est **entre** midi et deux. *Die Pause ist zwischen 12 und 2 Uhr.*
par *per/mit* *durch* *pro*	Je t'envoie tout **par** mail. *Ich schicke dir alles per E-Mail.* Je suis passé **par** la fenêtre. *Ich bin durch das Fenster hereingekommen.* C'est 12 euros **par** personne. *Es kostet 12 Euro pro Person.*
pendant *während*	Il a neigé **pendant** la nuit. *Es hat während der Nacht geschneit.*
pour *für*	Ces fleurs sont **pour** toi. *Diese Blumen sind für dich.*
sous ≠ sur *unter ≠ auf*	Il s'est endormi **sous** un arbre. *Er ist unter einem Baum eingeschlafen.* Pose ton sac **sur** la chaise. *Stell deine Tasche auf den Tisch.*
vers *in Richtung* *gegen*	Ils sont partis **vers** la plage. *Sie sind in Richtung Strand weggegangen.* J'arriverai **vers** 18 heures. *Ich werde gegen 18 Uhr ankommen.*

! **Chez** (*bei/zu*) wird nur bei Personen (auch bei Personennamen als Firmennamen) verwendet: J'ai travaillé vingt ans chez Renault.   *Ich habe 20 Jahre lang bei Renault gearbeitet.*

! **Dans** steht bei maskulinen Namen von Gegenden und bei Gebirgsnamen: dans le Midi – dans les Pyrénées   *in den/im Süden – in die/den Pyrenäen*

1. In dieser Bildbeschreibung sind die Präpositionen vertauscht worden. Berichtigen Sie die Fehler.

a. La scène se passe ~~sur~~ la salle de séjour. → _dans_
b. L'homme cherche quelque chose dans le tapis. → _____
c. Sous la commode, il y a un vase. → _____
d. Derrière le vase, il y a trois fleurs. → _____
e. Le chien est installé confortablement sur le fauteuil. → _____
f. Devant le chien, il y a un lampadaire. → _____
g. Il y a une plante verte devant le sol. → _____
h. La femme est debout, sous le tapis. → _____

2. Durch welche Präposition können jeweils alle Wörter einer Reihe eingeführt werden?

vers	~~avant~~	dans	chez	devant	sur	par	avec	pour

a. _avant_ → le début du film → Noël → huit heures
b. _____ → les Alpes → la valise → le Périgord
c. _____ → Christine → moi → Siemens
d. _____ → une chaise → le sable → la route
e. _____ → quinze heures → la sortie → le sud
f. _____ → le public → tout le monde → la maison
g. _____ → mail → la grande porte → Paris
h. _____ → le plaisir → toi → son anniversaire
i. _____ → des amis → plaisir → joie

3. Verbinden Sie die Wendungen mit der jeweiligen Übersetzung. Unterstreichen Sie die Wendungen, in denen die Präpositionen abweichend von ihrer Grundbedeutung verwendet werden.

a. dans le vent
b. par terre
c. pour cette raison
d. dans l'escalier
e. dans trois ans
f. entre parenthèses
g. par amour

1. *aus diesem Grund*
2. *aus Liebe*
3. *in drei Jahren*
4. *in Klammern*
5. *im Wind*
6. *auf der Treppe*
7. *auf dem Boden*

h. sous la pluie
i. dans la rue
j. depuis peu
k. devant la télé
l. pendaut un an
m. pour la 1ère fois
n. en allemand

8. *seit kurzem*
9. *ein Jahr lang*
10. *auf Deutsch*
11. *im Regen*
12. *auf der Straße*
13. *vor dem Fernseher*
14. *zum ersten Mal*

Präpositionalausdrücke mit *à* und *de*

Präpositionalausdrücke werden mithilfe der Präposition à oder de gebildet.

Elles étaient au fond de la valise.

Bei allen Ausdrücken verschmelzen à und de mit dem bestimmten Artikel zu au/aux bzw. du/des (→ Kapitel 3).

le soir → **jusqu'au** soir   *bis zum Abend*
le cinéma → **à droite du** cinéma   *rechts vom Kino*

Folgende Ausdrücke führen eine Ortsangabe ein:

à côté de *neben*	**à côté du** restaurant *neben dem Restaurant*
à gauche de ≠ **à droite de** *links* ≠ *rechts*	**à gauche de** la table et **à droite du** canapé *links vom Tisch und rechts von der Couch*
au milieu de *in der Mitte von*	**au milieu de** la pièce *in der/die Mitte des Raumes*
près de ≠ **loin de** *in der Nähe von* ≠ *weit von*	**près de** l'école *neben der Schule* **loin du** centre *weit weg vom Zentrum*
en face de *gegenüber*	**en face de** la gare *gegenüber vom Bahnhof*
le long de *entlang*	**le long du** canal *am Kanal entlang*
au bord de *am/ans (Ufer)*	**au bord d'**un lac *an einem See (am/ans Ufer)*
au-dessus de ≠ **au-dessous de** *über/oberhalb* ≠ *unterhalb von*	**au-dessus de** ma chambre *über meinem Zimmer* **au-dessous de** zéro *unter Null*
jusqu'à *bis*	**jusqu'au** jardin *bis zum Garten*
au bout de *am Ende (von)*	**au bout de** la rue *am/ans Ende der Straße*

Folgende Ausdrücke führen eine Zeitangabe ein:

jusqu'à *bis*	**jusqu'à** la fin *bis zum Schluss*
au bout de *nach*	**au bout d'**une heure *nach einer Stunde*
à partir de *von ... an/ab*	**à partir de** demain *ab morgen*

Die folgenden Ausdrücke führen einen Grund oder die Art und Weise an:

à cause de *wegen*	**à cause du** verglas *wegen Glatteis*
grâce à *dank*	**grâce à toi** *dank dir*

À cause de ist negativ besetzt und gibt meist an, wer „Schuld" an einer Sache hat.

1. Welche Ortsangaben passen? Kreuzen Sie alle richtigen Möglichkeiten an.

a. Nous avons marché ▪ le long de la plage.
▪ à partir de la plage.
▪ jusqu'à la plage.

b. Il y avait un magnifique tapis ▪ au milieu de la pièce.
▪ loin de la pièce.
▪ au-dessus de la pièce.

c. J'habite ▪ en face de la gare.
▪ au bord de la gare.
▪ près de la gare.

d. Je l'ai accompagné ▪ jusqu'à chez lui.
▪ au-dessus de chez lui.
▪ au bout de la rue.

e. Je ne connais pas les gens qui habitent ▪ au-dessus de chez moi.
▪ au milieu de chez moi.
▪ en face de chez moi.

f. J'aimerais passer mes prochaines vacances ▪ au bord de la mer.
▪ à droite de la mer.
▪ près de la mer.

2. Ergänzen Sie die Sätze mit dem jeweils passenden Präpositionalausdruck.

à cause de	à partir de	jusqu'à la	au bout d'	grâce à

a. J'arrête de fumer _____ la semaine prochaine.
b. Nous sommes partis _____ une heure.
c. Les bateaux sont restés au port _____ la tempête.
d. J'ai compris cet exercice _____ ses explications très claires.
e. Pourquoi n'es-tu pas resté _____ fin ?

3. Ergänzen Sie die fehlenden Präpositionalausdrücke mit den passenden Präpositionen. Achten Sie dabei auf die Form von à oder de.

a. <u>au bout du</u> fil   *am Apparat (Telefon)*
b. _____ présent   *bis jetzt*
c. _____ niveau de la mer   *über dem Meeresspiegel*
d. _____ monde   *am Ende der Welt*
e. _____ la nuit   *mitten in der Nacht*
f. _____ la ceinture   *unterhalb der Gürtellinie*
g. _____ aujourd'hui   *von heute an*

Wählen Sie die richtige Antwort.

Subjonctif présent

1. Je veux que tu ___ ton travail ce soir.
   a) finis
   b) finisses

2. Il faut que vous ___ tout de suite.
   a) veniez
   b) viendrez

3. Je souhaite qu'il ___ de la chance.
   a) aie
   b) ait

4. J'aimerais qu'elle ___ mieux.
   a) va
   b) aille

5. J'espère qu'elle ___ là pour Noël.
   a) sera
   b) soit

6. Elle dit qu'elle ___ venir demain.
   a) puisse
   b) peut

Konjunktionen

7. Elle a ri bien qu'elle n'___ pas beaucoup d'humour.
   a) a
   b) ait

8. Il passera me voir dès qu'il ___ .
   a) puisse
   b) pourra

9. Réservez avant qu'il ___ trop tard.
   a) soit
   b) est

Hervorhebung

10. C'est ___ qui m'a raconté cette histoire.
    a) lui
    b) il

11. C'est ici ___ j'habite.
    a) qui
    b) que

12. Cette poésie, ___ par cœur.
    a) je la connais
    b) je connais

Gerundium *(gérondif)*

13. Il est arrivé ___ .
    a) en courant
    b) en courir

14. J'ai ri ___ cette histoire.
    a) en entendant
    b) entendant

Indirekte Rede und indirekte Frage

15. Il dit qu'il ___ beau.
    a) fasse
    b) fait

16. Elle a dit qu'elle ___ peur.
    a) a
    b) avait

17. Elle demande ___ vous venez demain.
    a) est-ce qu
    b) si

18. Elle ne sait pas ___ s'est passé.
    a) ce qui
    b) ce que

19. Elle ne sait pas ___ elle veut.
    a) ce qu'
    b) qu'est-ce qu'

Umittelbare Vergangenheit, Verlaufsform und nahe Zukunft

20. Pierre est là ? – Oui, il ____ de rentrer.
    a) ▨ va
    b) ▨ vient

21. Qu'est-ce que tu fais? – Je ____ de manger.
    a) ▨ suis en train de
    b) ▨ vais

22. Le train ____ entrer en gare d'une minute à l'autre.
    a) ▨ est en train
    b) ▨ va

Das Passiv

23. Ce matin, nous avons été réveillés ____ le téléphone.
    a) ▨ avec
    b) ▨ par

24. Une tempête ____ annoncée pour ce soir.
    a) ▨ est
    b) ▨ sera

Präpositionen und Präpositionalausdrücke

25. Il vient ____ Maroc, mais il vit ____ Portugal.
    a) ▨ de/à
    b) ▨ du/au

26. Nous passons nos vacances ____ France, ____ Alpes.
    a) ▨ dans la/en
    b) ▨ en/dans les

27. Je suis arrivé ____ toi.
    a) ▨ avant
    b) ▨ devant

28. Nice est situé ____ de Cannes.
    a) ▨ près de
    b) ▨ chez

29. L'école se trouve en face ____ jardin public.
    a) ▨ de
    b) ▨ du

30. J'ai réussi ____ toi.
    a) ▨ à cause de
    b) ▨ grâce à

Vergleichen Sie nun Ihre Antworten mit den Lösungen auf Seite 161. Dieser Tabelle können Sie entnehmen, auf welches Kapitel sich jede Aufgabe bezieht. Wenn Sie eine Aufgabe nicht richtig gelöst haben, können Sie das entsprechende Kapitel wiederholen.

Aufgabe	Kapitel	Aufgabe	Kapitel	Aufgabe	Kapitel	Aufgabe	Kapitel	Aufgabe	Kapitel
1	53	7	55	13	57	19	59	25	62
2	53	8	55	14	57	20	60	26	62/63
3	53	9	55	15	58	21	60	27	63
4	54	10	56	16	58	22	60	28	64
5	54	11	56	17	59	23	61	29	64
6	54	12	56	18	59	24	61	30	64

1

1. a. Français (maskulin); b. mathématicien (nur maskulin); c. boulangère (feminin); d. étudiante (feminin)

2. a. actrice; b. architecte/–; c. journaliste/–; d. vendeur/vendeuse; e. informaticien/informaticienne; f. retraité/retraitée; g. boulanger/boulangère

3. b. le gâteau; c. la liberté; d. le magasin; e. le garage; f. la journée; g. la randonnée; h. le jardin; i. le manteau; j. la soirée; k. la chapelle; l. le bureau

4. -ure: voiture, ceinture; -ence: concurrence, prudence; -rie: boulangerie, mairie; -ée: année, idée, soirée; -ade: promenade, salade

2

1. Singular: Français, Allemande, prix, livre, auto; Plural: tables, Français, prix, maisons, villes, vélos, professeurs

2. a. voisins; b. bus; c. dos; d. voix; e. château; f. porte; g. gaz; h. voitures; i. tapis; j. trou

3. -s: promenade(s), radio(s), pneu(s), bisou(s); -x: cadeau(x), bijou(x), bureau(x), tuyau(x); -aux: travail (-aux), journal (-aux); –: croix, Anglais

4. a. milieu → vœux, jeux, milieux; b. hôpital → travaux, chevaux, canaux, hôpitaux; c. gens; d. bus; e. monsieur → cieux, mesdames, yeux, messieurs

3

1. le: journal, poulet, travail, voyage, frère; la: musique, nature, rue, cassette, culture; l': hôtel, histoire, appartement, ami, école; les: amies, fleurs, gens, vacances, enfants

2. a. la – 5. l'; b. les – 3. les; c. la – 7. le; d. la – 8. l'; e. la – 1. l'; f. les – 4. le; g. l' – 2. le; h. le – 6. la

3. a. à la; b. Les, à l'; c. du; d. la; e. aux; f. au; g. au, les; h. des

4. a. les, les; b. –; c. les, le; d. les, les; e. le; f. L'

4

1. b. un serveur; c. un journal; d. des châteaux; e. un livre; f. une cliente; g. une bouteille; h. une voiture; i. une baguette; j. des amies; k. des clients; l. des sœurs

2. a. une mère / une fille / une tante / ~~des parents~~ (Plural) / une amie; b. un café / ~~une bière~~ (feminin) / un thé / un verre / un jus d'orange; c. un cahier / un stylo / un crayon / ~~une voiture~~ (feminin) / un livre; d. une rue / une ville / une région / ~~un continent~~ (maskulin) / une maison; e. un cousin / ~~des bouteilles~~ (Plural) / un verre / une table / une chaise; f. un pays / un prix / un nez / un tapis / ~~des hommes~~ (nur Plural)

3. maskulin: un chat, un vase, un sac, un coussin, un carton; feminin: une femme, une raquette, une balle, une montre; Plural: des fleurs, des lunettes, des feuilles, des cheveux, des livres

4. a. des bananes; b. un vélo/une bicyclette, pas de voiture/pas d'auto; c. un verre, une bouteille, pas de tasses; d. un client; e. une collègue française; f. des amis français

5

1. du: pain, travail, vin, thé; de l': eau, amour, huile, argent; de la: bière, chance, viande, patience; des: fruits, légumes, vacances, gens

2. a. un kilo de tomates/des tomates; b. du sucre; c. un paquet de café/des légumes; d. d'argent; e. de la musique; f. du camping

3. b. des champignons; c. un litre/une bouteille de vin; d. de l'eau minérale; e. des vacances; f. beaucoup d'amour; g. du courage; h. trop de chocolat

4. a. des légumes, des fruits, des fleurs, beaucoup de gens; b. de la natation, des promenades, des photos; c. trop de viande, pas assez de légumes; d. un paquet de café, une bouteille d'huile; e. du café, du thé; f. de la confiture, un peu de miel

6

1. b. un paquet de café; c. un pot de confiture; d. un morceau de fromage; e. un kilo de bananes; f. une tranche de jambon; g. 150 grammes de pâté; h. une boîte d'ananas
2. a. du sport, trop de sport; b. des fruits, beaucoup de fruits, des légumes, beaucoup de légumes; c. du lait, un verre de lait; d. une tasse de café; e. pas de cigarettes, pas d'alcool, un petit verre de vin; f. plus de produits bio, moins de produits industriels
3. a. du, des, de la; b. du, de la, de la; c. des, de, de; d. des, des, de; e. de la, de, de; f. de, de, d'
4. b. a des problèmes; c. fait du sport; d. n'a pas d'amis/n'a pas beaucoup d'amis; e. a de l'argent/beaucoup d'argent; f. a des enfants

7

1. a. suis; b. êtes; c. es; d. sont; e. sommes; f. est; g. sont
2. b. Tu as quel âge ?; c. On a un rendez-vous important.; d. Nous sommes à Paris.; e. Vous êtes de Nice.; f. Ils ont des amis français.; g. Elle est malade.; h. Nous avons un problème.; i. Elles sont sympathiques.; j. Tu es allemand ?; k. Vous avez un chien ?; l. Il est architecte.; m. Je suis optimiste.; n. Ils ont deux enfants.
3. a. Vous, nous; b. Ils, ils; c. Elle, Il; d. Tu, J'; e. On, nous; f. Nous, Je; g. Vous, je
4. a.-6. est; b.-5. a; c.-4. avons; d.-8. ont; e.-1. as; f.-7. sommes; g.-3. avez; h.-2. sont

8

1. b. tu travailles; c. il parle; d. je parle; e. nous regardons; f. ils aiment
2. a. parlez; b. adorent; c. habitons; d. regardent; e. cherches, cherche; f. travaillez, travaille
3. a. je paie/paye, vous payez; b. envoyer, j'envoie; c. j'appuie, vous appuyez; d. essayer, vous essayez; e. j'emploie, vous employez; f. j'essuie, vous essuyez
4. a. Nous mangeons; b. J'achète/Vous achetez des légumes. c. Il commence/Nous commençons à 9 heures. d. Tu appelles/Nous appelons la police. e. Je préfère/Vous préférez rester à la maison.

9

1. a. finis, finissez; b. partir, part; c. sert, servons; d. réfléchir, réfléchissent; e. réagis, réagissez; f. mentir, mentent; g. obéir, obéit
2. a. dormez; b. Tu sors; c. Nous ne réfléchissons pas, Nous réagissons; d. Elles/Ils partent; e. Je finis; f. Il/Elle ment
3. TIR<u>RÉPOND</u>O<u>BATTENDONS</u>IER<u>DESC</u><u>ENDS</u>VE<u>VENDENT</u>EAU<u>PERDEZ</u>CHE<u>ATT</u><u>ENDENT</u>SPUPRU<u>PERD</u>SON /
b. attendent; c. descends; d. répond; e. attendons; f. perds; g. vendent
4. a. ~~servir~~ (ohne -iss-Erweiterung) → réfléchir; b. ~~prendre~~ (unregelmäßig) → perdre; c. ~~grandir~~ (-iss-Erweiterung) → dormir; d. ~~mentir~~ (wird nicht wie ein Verb auf -er konjugiert) → offrir

10

1. <u>waagrecht:</u> vas, prend, vais, met, faites, faisons, viennent, mettez, dit; <u>senkrecht:</u> vient, allons, mets, prenez, va, font, vont, dis, dites, venez, disent

a. faites, faisons, font; b. prend, prenez; c. vais, vas, va, allons, vont; d. vient, viennent, venez; e. dis, dit, dites, disent; f. mets, met, mettez
2. a.-6. vois; b.-7. fait; c.-3. prenons; d.-4. Lisez; e.-1. écris; f.-2. viennent; g.-5. mets
3. a. ils/elles; b. nous; c. nous; d. vous; e. j'/tu; f. vous; g. nous; h. je/tu; i. il/elle/on; j. ils/elles; k. il/elle/on; l. vous; m. je/tu; n. vous; o. ils/elles
4. a.-3. va; b.-4. fait; c.-5. mets; d.-1. dites; e.-2. prennent

11

1. b. sept → 7; c. onze → 11; d. douze → 12, quatre → 4; e. seize → 16; f. quatre → 4; g. treize → 13; h. deux → 2; i. six → 6; j. dix → 10, deux → 2
2. b. quarante-cinq; c. soixante; d. cinquante-six; e. trente-sept; f. trente et un; g. soixante-huit; h. quarante et un; i. soixante et un; j. vingt-neuf; k. trente-trois; l. cinquante
3. 70 soixante-dix; 71 soixante et onze; 72 soixante-douze; 73 soixante-treize; 74 soixante-quatorze; 75 soixante-quinze; 76 soixante-seize; 77 soixante-dix-sept; 78 soixante-dix-huit; 79 soixante-dix-neuf; 80 quatre-vingts; 81 quatre-vingt-un
4. b. soixante-douze 72; c. quatre-vingt-onze 91; d. cent 100; e. cent trente-neuf 139; f. cinq cents 500; g. huit cent cinquante-six 856; h. mille trois cent un 1301; i. huit mille 8000; j. neuf mille huit cents 9800

12

1. a.-4. deuxième; b.-5. première; c.-7. cinquième; d.-3. septième; e.-8. treizième; f.-2. troisième; g.-1. vingtième; h.-6. deuxième
2. a. premier/première; b. deuxième/second(e); c. quatre; d. trente et unième; e. cinquième; f. sept; g. neuvième; h. onze; i. quatorzième; j. sixième; k. centième; deux

3. a. onzième → novembre; b. quatrième → jeudi; c. première → le Nouvel An; d. cinquième → Bordeaux; e. centième → centime; f. vingt-sixième → Z; g. septième → cinéma; h. dix-neuvième → Victor Hugo
4. a. vingt et un; b. première; c. trentième; d. premier; e. Trois

13

1. a. dix heures quinze; b. douze heures trente; c. vingt-trois heures dix; d. vingt et une heure trente-cinq; e. vingt-deux heures vingt-cinq; f. seize heures quarante-cinq; g. treize heures cinquante-cinq; h. douze heures
2. 1. quatre heures et quart/seize heures quinze; 2. minuit/midi; 3. onze heures et demie/vingt-trois heures trente; 4. onze heures moins le quart/dix heures quarante-cinq
3. b. 10h15 – dix heures et quart; c. 12h30 – midi et demi; d. sept heures cinquante – 7h50; e. dix-sept heures quarante – six heures moins vingt; f. 00h – minuit; g. 15h45 – quatre heures moins le quart; h. dix-sept heures trente – 17h30
4. a. À quelle heure → Quelle heure…; b. C'est → Il est …; c. quelle heure → à quelle heure; d. sept heures et demie → six heures et demie; e. du matin → du soir; f. à minuit → à midi; g. une heure → l'heure; h et quart → quinze

TEST 1

1b, 2a, 3b, 4b, 5a, 6b, 7b, 8a, 9b, 10a, 11b, 12a, 13a, 14b, 15a, 16b, 17b, 18a, 19b, 20b, 21a, 22a, 23b, 24a, 25b, 26b, 27a, 28b, 29a, 30b

14

1. b. une montre suisse; c. un pull bleu; d. des films intéressants; e. une table basse; f. des idées géniales; g. un chien méchant

2. a. une robe blanche; b. une vieille femme; c. une bonne journée; d. une bière fraîche; e. un voisin indiscret; f. une table ancienne; g. une jupe longue; h. une alimentation légère

3. a. gris, courts; b. chère, bleue, rapide; c. allemands, fidèles, précieux; d. grand, clair, cher; e. originales, fausses, nouvelles

4. a. des vélos gris; b. un beau manteau; c. des pantalons kaki; d. des enfants nerveux; e. des projets géniaux; f. un vieil homme; g. deux nouveaux hôtels

15

1. a. un pull blanc; b. des chocolats belges; c. un gros pull; d. un bon livre; e. un été chaud; f. un journal anglais; g. une voiture rapide; h. une écharpe orange; i. un mauvais film

2. ABINBLEU<u>PETIT</u>VTUFRANÇAISTIA-GROSEN<u>BON</u>TROSYMPATHIQUESUIP-BEAURUGRANDAS0MAUVAISTIJOLI-VOIVIEUXBER / a. petit; b. vieille; c. bel; d. mauvaise; e. joli; f. gros; g. grand; h. bonne

3. a. une curieuse affaire; b. un pays pauvre; c. un ancien ministre; d. un gros mangeur; e. une seule femme

4. a. Nous avons un <u>nouveau</u> voisin très <u>sympathique</u>. b. La marche <u>nordique</u> est un sport <u>idéal</u> pour les personnes <u>âgées</u>. c. Des guirlandes <u>rouges</u> décorent la rue <u>principale</u>. d. La météo prévoit un été <u>sec</u> et <u>chaud</u>. e. Elle porte une robe <u>verte</u> et des chaussures <u>plates</u>.

16

1. b.-4. J'ai, <u>ma</u> voiture; c.-1. <u>Vous</u> habitez, <u>vos</u> parents; d.-7. <u>Tu</u> vois, <u>tes</u> frères et sœurs; e.-3. <u>Elle</u> fête, <u>son</u> anniversaire; f.-2. <u>Arnaud</u> a

parlé, <u>ses</u> projets, <u>ses</u> parents; g.-5. <u>Anne et Paul</u>, <u>leurs</u> clés

2. b. ses enfants; c. leur voiture; d. tes lunettes; e. leurs amis; f. mon pull; g. sa femme; h. son fils; i. votre problème; j. notre idée

3. a. mère; b. fille, fils; c. ami, amie; d. famille, cousine; e. voisines, problèmes; f. adresse, nom, numéro de téléphone; g. lunettes, collègues; h. habitude, collègue

4. a. mon; b. votre; c. ta; d. sa; e. mon; f. mes; g. leur

17

1. b. ces enfants; c. cette maison; d. cette amie; e. ce professeur; f. cet ordinateur; g. cet hiver; h. ce hamac; i. ces gens; j. ce parking; k. cet acteur; l. cet hôpital

2. a. ce livre, ces robes; b. cette fille, ce café, cet homme; c. ce train, ce bus, cet avion; d. ce restaurant, cet hôtel, ce vin; e. ces chaussures, ce modèle, ces fleurs; f. cette couleur, cette actrice, ces animaux

3. a. ces; b. cette → vacances; c. Cette → Paris; d. ce → robe; e. Cet → pastis; f. Cette → Provence; g. Cet → éléphant; h. Ces → bananes; i. ce → boulangerie

4. a. ce soir; b. cette place; c. Ce matin; d. cet hiver

18

1. b. <u>aucun film</u> keinen (einzigen) Film; c. <u>chaque enfant</u> jedes Kind; d. <u>aucune envie</u> gar keine Lust; e. <u>plusieurs fois</u> mehrere Male; f. <u>toute la journée</u> den ganzen Tag; g. <u>quelques amis</u> einige Freunde; h. <u>toutes mes cartes postales</u> alle meine Postkarten

2. a. ~~quelques fois~~ → plusieurs fois; b. ~~plusieurs problèmes~~ → quelques problèmes; c. ~~toute le week-end~~ → tout le week-end; d. ~~aucuns voisins~~ → aucun voisin; e. ~~toute la journée~~ →

Lösungsschlüssel

chaque jour; f. ~~plusieurs livres~~ → tous mes livres
3. a. toute; b. tous; c. toutes; d. toute, tous;
e. tout; f. toute
4. a. plusieurs; b. aucun; c. tout le; d. Plusieurs;
e. quelques

19
1. a. C'est; b. C'est; c. Ce sont; d. Ce sont;
e. C'est; f. Ce sont; g. C'est
2. a. C'; b.-7. Ça; c.-6. Ce; d.-4. Ça; e.-8. Ça;
f.-1. Ce; g.-2. C'; h.-3. Ça
3. a. Il y a; b. Ce sont/Il y a; c. Il y a; d. Il y a;
e. C'est; f. Il y a; g. Ce sont/Il y a; h. Il y a
4. a. Quelle heure est-il ? b. Qui est-ce ?/C'est
qui ? c. Est-ce qu'il y a/Il y a une banque près
d'ici ? d. Ce n'est pas difficile. e. Salut,
(comment) ça va ? f. Aujourd'hui, il y a des
croissants./Il y a des croissants aujourd'hui.
g. Il pleut souvent dans cette région. h. Il est
interdit de fumer ici.

20
1. a. il doit, nous devons, ils doivent; b. tu
veux, nous voulons, vous voulez, elles veulent;
c. je peux, tu peux, vous pouvez, ils peuvent;
d. tu sais, elle sait, nous savons, vous savez
2. a. ~~sais~~; b. ~~dois~~; c. ~~sais~~; d. ~~Devez-vous~~; e. ~~peux~~;
f. ~~veut~~
3. Vous pouvez: b, d, e, f, h, i; Vous savez: a, c,
g, j, k, l
4. b. Je peux prendre la voiture demain ?
c. Vous ne pouvez pas rester ici. d. Elle sait
nager depuis une semaine. e. Je ne veux pas
aller au cinéma. f. Nous voulons aller en
Autriche cet été./Cet été, nous…; g. Je dois
téléphoner à mes parents. h. Vous savez/
Savez-vous conduire une moto ?

21
1. a. nous; b. m'; c. se; d. se; e. vous; f. te; g. me;
h. s'
2. a.-4. me / me; b.-7. nous / nous ne nous
excusons pas; c.-3. te / tu ne te souviens pas;
d.-6. s' / elle ne s'ennuie pas; e.-2. vous / vous
ne vous levez pas; f.-1. se / ils ne se baignent
pas; g.-5. se / on ne se marie pas
3. a. ils se marient et ils ont trois enfants. b. Il
se lève, il se douche et il se rase. c. Elle
s'ennuie à la fête, elle rentre à la maison et elle
se couche. d. Elle oublie un rendez-vous, elle
se souvient, elle téléphone et elle s'excuse.
4. a. Comment vous appelez-vous ?/Vous
vous appelez comment ? – Je m'appelle Marie
Plantin. b. Tu t'amuses bien ? – Non, je
m'ennuie. c. Vous vous levez quand le matin ?/
Quand vous levez-vous le matin ? – Nous
nous levons à huit heures. d. Il se marie
quand ?/Quand est-ce qu'il se marie ? – Je ne
me souviens pas.

22
1. a. les; b. te; c. nous; d. m'; e. l'; f. vous; g. le;
h. la
2. a. On les presse; b. On le fête → l'anniversaire; c. On le mange → le melon; d. On peut
le prendre → le petit déjeuner; e. On l'ouvre
→ la bouteille de Champagne; f. On la regarde
→ la télé; g. On les met → les chaussures
3. b. nous les connaissons; c. je ne t'attends
pas; d. je les ai; e. je ne la vois pas souvent;
f. nous ne l'écoutons pas souvent; g. je ne les
ai pas; h. je t'aime
4. a. Il m'aime, il ne m'aime pas. b. Je le vois
souvent mais il ne me voit pas. c. Il la comprend mais elle ne le comprend pas. d. Anne
et Johann ? Je les trouve très sympathiques.

152

23

1. a.-4.; b.-8.; c.-5.; d.-7.; e.-2.; f.-6.; g.-1.; h.-3.

2. b. Je vous envoie la confirmation par mail. c. Elle nous téléphone tous les jours. d. Les voisins nous ont prêté leur voiture. e. Nous lui offrons des fleurs. f. Elle ne lui montre pas ses photos de vacances.

3. a. vous, nous; b. m', lui; c. t', m'; d. lui, lui, me; e. me

4. a. me; b. te; c. nous; d. lui; e. leur

24

1. TUMEMOIILELLELESTOISELENOUS-
EUXTEILSVOUSONELLESATLUI

b. Nous; c. Toi; d. Vous; e. Lui; f. Eux; g. Elle; h. Elles

2. a. vous; b. moi; c. Toi; d. elle, lui; e. eux; f. elles; g. nous

3. a. toi; b. lui; c. vous; d. tu; e. J'; f. moi; g. moi; h. elle

4. a. elle; b. nous; c. Lui; d. Moi; e. moi; f. toi; g. moi; h. moi; i. elle

25

1. a.-6. Combien; b.-3. Qu'est-ce que; c.-7. Qui; d.-2. Comment; e.-4. Pourquoi; f.-1. Quand; g.-5. Où

2. b. Quelle idée ?; c. Quel nom ?; d. Quels problèmes ?; e. Quelles fleurs ?; f. Quelle adresse ?; g. Quelles amies ?; h. Quels pays ?; i. Quel train ?; j. Quelle rue ?

3. a. Laquelle → Marseille; b. Lesquels → parler, travailler; c. Lesquelles → la Moselle, le Rhin; d. Lequel → la Norvège

4. a.-4. À quelle heure est-ce que le film commence ? b.-3. Combien de temps est-ce que vous restez ? c.-1. Pourquoi est-ce que tu es de mauvaise humeur ? d.-2. Où est-ce que vous déjeunez à midi ?

26

1. b. Tu t'appelles comment ?/Vous vous appelez comment ? c. Tu habites où ?/Vous habitez où ? d. Ce pull coûte combien ? f. Tu aimes/Vous aimez le sport ? g. Elle parle français ? h. Vous partez demain ?

2. b. Comment est-ce que tu t'appelles/vous vous appelez ? c. Où est-ce que tu habites/vous habitez ? d. Combien est-ce que ce pull coûte ? f. Est-ce que tu aimes/vous aimez le sport ? g. Est-ce qu'elle parle français ? h. Est-ce que vous partez demain ?

3. b. À quelle heure avons-nous rendez-vous ? c. Que faites-vous ce week-end ? d. Où allez-vous en vacances ? e. Pourquoi pleures-tu ? f. D'où viennent-ils ?

4. b. Vous arrivez à la gare à quelle heure ? – À quelle heure est-ce que arrivez-vous à la gare ? → À quelle heure est-ce que vous arrivez à la gare ? c. Vous avez compris la fin du film ? – Avez-vous est-ce que compris la fin du film ? → Avez-vous compris la fin du film ? d. Pourquoi est-ce qu'il ne vient pas demain ? – Pourquoi il ne vient pas demain ? → Pourquoi ne vient-il pas demain ? e. Où habite-t-il ? – Où est-ce qu'habite-t-il ? → Où est-ce qu'il habite ?

TEST 2

1a, 2b, 3b, 4a, 5a, 6a, 7a, 8b, 9b, 10a, 11a, 12a, 13b, 14b, 15b, 16a, 17b, 18b, 19a, 20b, 21a, 22b, 23a, 24a, 25b, 26b, 27b, 28a, 29a, 30b

27

1. a.-2.; b.-6.; c.-5.; d.-7.; e.-1.; f.-4.; g.-3.

2. b. Vous n'avez pas beaucoup d'amis. c. Il est toujours de bonne humeur. d. Elles n'aiment pas le cinéma. e. Vous avez beaucoup de temps. f. Pierre, je ne le vois pas souvent. g. Tu ne parles pas très bien anglais. h. Ils ne sont pas venus ensemble.

3. a. ne suis pas professeur; b. ne fait pas beau aujourd'hui; c. ne fais pas de danse; d. n'habitons pas en France; e. n'aime pas le ski; f. ne peux pas m'aider; g. ne parle pas anglais

4. a. Je n'aime pas les huîtres. b. Elle n'a pas d'enfants. c. Je ne prends pas de bière. d. Je ne les connais pas. e. Elle ne se repose pas. f. Je ne voudrais pas partir. g. Je n'ai pas le temps.

28

1. a.-5.; b.-6.; c.-7.; d.-1.; e.-3.; f.-4.; g.-2.

2. b. Il n'a ni frère ni sœur. c. Il n'habite plus chez ses parents. d. Il ne parle pas du tout espagnol. e. Il n'est pas encore marié. f. Il n'est jamais avec ses enfants. g. Il ne connaît personne dans son quartier. h. Il n'aime rien.

3. a. pas, plus, pas encore; b. pas, ni … ni, qu'; c. rien, personne, pas, pas encore

4. b. Ils parlent seulement ce soir/ce soir seulement. c. Nous n'acceptons que les cartes VISA. d. Je ne l'ai rencontré qu'une fois.

29

1. b. <u>Nous sommes restés</u> à la maison hier soir. c. <u>Elle a téléphoné</u> ce matin. d. <u>J'ai acheté</u> le dernier roman de Fred Vargas. e. <u>Vous êtes partis</u> ce week-end ? g. <u>Ils sont allés</u> au cinéma.
<u>avoir</u>: elle a téléphoné, j'ai acheté
<u>être</u>: nous sommes restés, vous êtes partis, ils sont allés

2. a. partis; b. née; c. –; d. rentré(e)(s); e. –; f. –; g. arrivées

3. b. Ils ont ouvert un nouveau magasin. c. J'ai acheté un cadeau pour ma fille. d. Nous avons visité le musée de la ville. e. Il est allé à la piscine avec des amis.

4. b. Nous n'avons pas dîné au restaurant. c. Vous êtes restés longtemps. d. Je n'ai pas oublié la date de son anniversaire. e. Nous n'avons pas visité le nouveau musée. f. Je suis allé à mon cours de danse. g. Je n'ai pas bien dormi. h. Elle n'est pas allée au lit de bonne heure.

30

1. b. elle a dormi; c. j'ai attendu; d. ils ont téléphoné; e. tu as réparé; f. vous avez fini; g. on a vendu; h. nous avons habité; i. il a répondu; j. elles ont menti

2. E<u>RPRIS</u>TE<u>MIS</u>ATO<u>FAIT</u>ON<u>VENU</u>REÉ<u>T</u> <u>ÉL</u>VE<u>U</u>MOC<u>VU</u>TIÉ<u>CRIT</u>LEI<u>LU</u>BIRE<u>ÇU</u>NT
mis ← mettre; fait ← faire; venu ← venir; été; eu; vu ← voir; écrit ← écrire; lu; reçu ← recevoir

3. a. Elles/Ils ont parlé français. b. As-tu/Tu as lu le journal ? c. Nous avons mangé ensemble. d. Il n'a pas travaillé dans le jardin. e. Elles/Ils ont/Vous avez acheté une nouvelle voiture. f. Qu'est-ce que tu as fait hier ? g. Je ne suis pas allé(e) au cinéma. h. Avez-vous/Vous avez bien dormi ?

4. a.-3. pris; b.-7. rentrés; c.-1. plu, parti; d.-6. été; e.-4. eu; f.-2. pu; g.-5. dit

31

1. a. sont allés; b. suis sorti(e); c. est né; d. suis tombé(e); e. êtes … resté(e)(s); f. sont venus

2. a. Nous avons passé une belle journée. b. Nos amis sont partis hier. c. J'ai grandi en Bavière. d. Elle ne s'est pas beaucoup reposée. e. Il a sauté par-dessus la barrière.

3. a. j'ai rencontré, Nous avons pris, Nous avons parlé, nous avons échangé; **b.** Il est arrivé, Il a trouvé, il a fait, Ils se sont mariés; **c.** elle s'est levée, elle a quitté, elle a marché, Elle a attendu, elle est rentrée

32

1. Autrefois, l'école n'<u>était</u> pas mixte. Les grands et les petits <u>étaient</u> ensemble dans une classe, mais ils ne <u>faisaient</u> pas le même travail. Dans la cour de récréation, les filles <u>jouaient</u> d'un côté, les garçons de l'autre. Tous <u>portaient</u> un tablier. Les élèves qui <u>habitaient</u> loin de l'école <u>devaient</u> se lever très tôt, car il n'y <u>avait</u> pas de bus. Les professeurs <u>étaient</u> sévères et <u>punissaient</u> souvent les élèves.
2. b. avoir → elles avaient; **c.** prendre → tu prenais; **d.** essayer → nous essayions; **e.** nager → il nageait; **f.** commencer → on commençait; **g.** finir → je finissais; **h.** faire → vous faisiez
3. a. habitiez, étiez; **b.** étaient; **c.** travaillait; **d.** faisiez; **e.** Aimiez; **f.** Aviez; **g.** s'appelait
4. b. mangeaient; **c.** habitions; **d.** faisait; **e.** aimiez; **f.** avais

33

1. b. E → je suis arrivé; **c.** B → était; **d.** B → j'avais; **e.** E → a entendu; **f.** E → j'ai acheté
2. b. … alors je suis parti(e) avant la fin. **c.** … il était en train de regarder la télé. **e.** J'ai passé une excellente soirée …
3. b. J'étais souvent malade. **c.** Ensuite, nous avons pris le train. **d.** Ils sont arrivés mardi. **e.** Le lundi, j'avais cours de danse. **f.** Tout à coup, il a commencé à pleuvoir. **g.** Cette année, j'ai passé mes vacances en France.
4. Jeanne avait 50 ans quand elle a pris pour la première fois l'avion. Elle a pris un tranquillisant parce qu'elle avait très peur. Le vol s'est bien passé et l'avion a atterri sans pro-

blèmes. Jeanne était soulagée quand elle a retrouvé le sol sous ses pieds.

34

1. a.-4.; **b.**-7.; **c.**-6.; **d.**-2.; **e.**-1.; **f.**-3.; **g.**-5.
2. a. tu avais oublié, elles avaient oublié; **b.** nous étions tombé(e)s, vous étiez tombé(e)(s); **c.** il avait fini, nous avions fini; **d.** vous aviez attendu, ils avaient attendu; **e.** elle avait eu, ils avaient eu
3. a. Elle avait appelé un taxi; **b.** Ils avaient dîné en amoureux. **c.** elle n'avait pas dormi de la nuit; **d.** elle était tombée; **e.** il n'avait pas entendu le réveil; **f.** elle avait passé trois mois
4. b. 1 → elle avait dû; **c.** 2 → Elle avait goûté; **d.** 4 → un prince était venu; **e.** 5 → et avait rencontré

35

1. a. il travaillera, vous travaillerez; **b.** je finirai, nous finirons; **c.** je prendrai, vous prendrez; **d.** il dormira, nous dormirons; **e.** je me lèverai, ils se lèveront; **f.** j'essaierai/essayerai, on essaiera/essayera; **g.** tu t'ennuieras, nous nous ennuierons; **h.** il espérera, elles espéreront; **i.** j'achèterai, on achètera
2. b. <u>recevra</u> → recevoir; **c.** <u>ferons</u> → faire; **d.** <u>pourrez</u> → pouvoir; **e.** <u>irons</u> → aller; **f.** <u>aurez</u> → avoir; **g.** <u>sera</u> → être; **h.** <u>viendra</u> → venir
3. b. Tu pourras te reposer un peu. **c.** Ils viendront avec leurs enfants. **d.** Nous vendrons notre appartement parisien. **e.** Vous vous marierez avec votre voisine. **f.** Il recevra le prix Nobel pour sa découverte. **g.** Elles seront contentes de vous revoir.

36

1. a. allons louer; **b.** va travailler; **c.** vas préparer; **d.** va aller; **e.** vont venir; **f.** va passer; **g.** vais me reposer; **h.** allez faire

2. a. vais … préparer; b. vais téléphoner;
c. vais … écrire; d. vais … poster; e. va partir;
f. vais rentrer; g. va fermer; h. vais réfléchir
3. a. aurai; b. vas renverser (W); c. réussiras
(S); d. va rentrer (U); e. aimerai (V); f. n'aurez
pas, vivrez (V); g. va pleuvoir (U)

37

1. conditionnel présent: ATTENDRAIS,
DORMIRIONS, ATTENDRAIT,
PRENDRIEZ, SORTIRAIS,
ACHÈTERAIENT, PARLERIONS
b. j'/tu attendrais; c. nous dormirions; d. il/on
attendrait; e. vous prendriez; f. je/tu sortirais;
g. ils/elles achèteraient; h. nous parlerions
2. a. … pourriez-vous me dire l'heure, s'il
vous plaît ? b. Il va pleuvoir …; c. Nous
déménagerons …, d. Il dormirait encore …;
e. … tu ferais si tu étais à ma place ? f. Qu'est-
ce qu'il fera …; g. … nous pourrions aller au
cinéma. h. … nous annulerons notre sortie.
3. a. Si j'étais toi, je ne dirais rien. c. Excusez-
moi, pourriez-vous me dire où est la poste,
S.V.P. ? e. Vous désirez ? – Je voudrais un
pain, S.V.P.
4. a. Pourriez-vous m'aider, s'il vous plaît ?
b. Tu devrais te reposer. c. J'aimerais bien
savoir …; d. Auriez-vous le temps demain ?
e. Ce serait idéal. f. J'aimerais mieux partir
tôt. g. Qu'est-ce que tu ferais/Que ferais-tu à
ma place ? h. Je voudrais trois croissants, s'il
vous plaît.

38

1. b.-7.; c.-6.; d.-1.; e.-5.; f.-8.; g.-2.; h.-3.
2. a. aurait … rencontré; b. aurait … épousé;
c. aurait été; d. aurait fait; e. se serait… réveil-
lée; f. aurait pu
3. a. il rentrerait; b. aurais été au courant;
c. aurions pris; d. n'aurait pas eu; e. ferait;

f. j'aurais téléphoné
4. b. J'aurais fait la même chose. c. Cela aurait
été si simple. d. Je serais venu(e) plus tôt.
e. J'aurais téléphoné toute de suite. f. Vous
auriez dû y penser plus tôt. g. Qu'est-ce que
tu aurais fait à ma place ?

39

1. a.-7.; b.-4.; c.-6.; d.-1.; e.-5.; f.-3.; g.-2.
2. a. j'aurais, j'aurais eu; b. il était, tu aurais
été; c. nous faisions, vous feriez; d. tu allais,
ils iraient, ils seraient allés; e. on finirait, on
aurait fini; f. on attendait, nous aurions
attendu
3. a. je voulais rencontrer des gens; b. tu
fumais moins; c. elle avait eu des enfants; d. il
était plus sportif; e. il avait lu le journal
4. a. Si j'avais beaucoup d'argent …; c. … on
pourrait aller au cinéma; d. … vous iriez plus
vite

TEST 3
1a, 2b, 3b, 4a, 5a, 6b, 7a, 8b, 9b, 10b, 11b, 12a,
13a, 14a, 15a, 16b, 17b, 18a, 19b, 20b, 21a,
22b, 23a, 24a, 25b, 26a, 27b, 28b, 29a, 30a

40

1. a. écoutons, écoutez; b. achète, achetez; c. va,
allons; d. commençons, commencez; e. sors,
sortez; f. attends, attendez
2. b.-4. revenez; c.-2. réfléchissons; d.-7.
veuillez; e.-8. n'ayez pas; f.-1. sois; g.-5.
relisons; h.-6. ouvre
3. b. Attendez-moi. c. Va au marché. d. Ne
t'assieds pas là. e. Ne m'apportez pas le
dossier. f. Levons-nous.
4. a. Entre. b. Asseyez-vous, s'il vous plaît.
c. Prenez place, s'il vous plaît. d. Ne t'énerve
pas. e. Dépêchons-nous. f. Calme-toi. g. Ne
sois pas égoïste. h. N'aie pas peur.

41

1. a. des souvenirs; b. de la brosse à dents;
c. du jambon; d. un portable; e. des coquillages;
f. des cadeaux; g. du sport
2. b. Oui, j'en achète souvent./Non, je n'en
achète pas souvent. c. Oui, j'en ai un./Non, je
n'en ai pas. d. Oui, j'en bois./Non, je n'en bois
pas. e. Oui, j'en mange./Non, je n'en mange
pas. f. Oui, j'en achète souvent./Non, je n'en
achète pas souvent. g. – (*mögliche Antwort
ohne en:* Oui, j'aime bien./Non, je n'aime pas
trop.); h. Oui, j'en porte./Non, je n'en porte pas.
3. a. je le prends; b. nous avons parlé de lui;
c. nous sommes vraiment contents d'elle;
d. il en est très fier
4. a. Ich bin ihm böse. b. Wie weit bist du?
c. Wir gehen weg. d. Mir reicht's. e. Ich kann
nicht mehr. f. Mach dir keine Sorgen.

42

1. a.-5.; b.-8.; c.-7.; d.-9.; e.-6.; f.-1.; g.-3.; h.-2.;
i.-10.; j.-4.
2. a. Oui, j'y vais souvent./Non, je n'y vais pas
souvent. b. Oui, j'y joue (de temps en temps)./
Non, je n'y joue pas. c. Oui, j'y crois./Non, je
n'y crois pas. d. Oui, je pense souvent **à eux**./
Non, je ne pense pas souvent **à eux**. e. Oui, je
m'y intéresse./Non, je ne m'y intéresse pas.
3. a. y vas; b. y restons; c. rentrons; d. y avons
passé; e. y faire, y mange; f. y retourne
4. a. On y va ? b. Je m'y connais. c. Ça y est.
d. J'y tiens. e. Je n'y suis pour rien.

43

1. a.-2.; b.-5.; c.-7.; d.-6.; e.-4.; f.-1.; g.-8.; h.-3.
2. a. le leur; b. leur en; c. me l'; d. te les; e. t'en;
f. vous l'; g. lui en; h. le lui
3. b. L'argent, ils ne me l'ont toujours pas
rendu. d. Des bonbons, je lui en ai donné trois.
4. b. m'/nous en parle jamais → de ses pro-

blèmes; c. les leur confie → les clés; d. lui en
offre souvent → des fleurs; e. le leur appor-
tons au lit → le petit déjeuner; f. m'/nous y
invite pas souvent/jamais → au restaurant;
g. te le prête pas → mon portable

44

1. 1.-d.; 2.-b.; 3.-a.; 4.-c.
2. a.-3.; b.-6.; c.-8.; d.-2.; e.-1.; f.-7.; g.-5.; h.-4.
3. b. les leurs → le nôtre; c. les nôtres → le
vôtre; d. le sien → le mien; e. au tien → au
mien; f. le leur → le sien; g. la vôtre → les
vôtres
4. a. les nôtres; b. le mien; c. les siens; d. la
vôtre; e. au mien

45

1. a.-6.; b.-3.; c.-7.; d.-1.; e.-5.; f.-2.; g.-4.
2. a. celle-ci; b. ceux-ci; c. celles-ci; d. celui-ci;
e. ceux-ci; f. celui-ci; g. celle-ci; h. celles-ci;
i. celui-ci; j. ceux-ci; k. celles-ci; l. celui-ci
3. a. celui; b. celle; c. celles; d. celle; e. celui;
f. ceux; g. celui
4. a.-5. ceux; b.-7. Celui; c.-1. ceux; d.-6. ceux;
e.-2. Celui; f.-3. celle; g.-4. ceux

46

1. b. quelqu'un/jemand; c. chacun/jeden;
d. rien/nichts; e. personne/niemand; f. on/
man; g. personne/niemand; h. tous/alle
2. a. tout; b. rien; c. personne; d. On; e. aucune;
f. quelque chose; g. rien; h. toutes
3. a.-6. tout; b.-9. quelque chose, rien;
c.-1. Aucune; d.-4. Rien; e.-7. Tout;
f.-8. quelqu'un, personne; g.-5. toutes;
h.-2. tous; i.-3. On
4. a.-3.; b.-6.; c.-4.; d.-7.; e.-2.; f.-1.; g.-5.

47

1. a. que; b. que; c. qui; d. qui; e. qui; f. à qui

2. a. dont → le tire-bouchon; b. qui → Gustave Eiffel; c. qui → le couscous; d. dont → Les Misérables; e. qui → le VTT; f. qui → francophile; g. dont → la Pologne; h. où → la pâtisserie; i. qu' → la valse; j. où → 2001

3. b. Je n'aime pas les gens qui mangent du chewing-gum. c. Je n'ai pas reçu le SMS que tu m'as envoyé hier. e. C'est un train qui est très confortable.

4. a. ce qu'; b. Ce qui; c. ce qui; d. ce que; e. ce que; f. ce qui

48

1. a.-6.; b.-4.; c.-5.; d.-7.; e.-8.; f.-3.; g.-2.; h.-1.

2. a. laquelle; b. laquelle; c. lesquels; d. lequel; e. lequel; f. laquelle

3. a. laquelle → Marie Curie; b. lequel → le portable; c. lequel → le canapé; d. lesquels → les dictionnaires; e. laquelle → l'hiver; f. lesquelles → les cactus; g. laquelle → Montréal

4. a. avec qui; b. à qui; d. qui; e. avec qui; h. qui

49

1. a. très (grand), très bien; b. Même, vite, bien; c. un peu; d. mal; e. beaucoup, trop, bien; f. toujours; g. souvent, jamais; h. demain

2. b. j'y vois mal; c. beaucoup de sucre; d. je vais souvent; e. s'entendent bien; f. j'ai toujours aimé

3. a. Nous avons passé une très belle soirée. b. Nous passons souvent nos vacances en France. c. Je viendrai volontiers à ton anniversaire. d. Ils sont rentrés (très) tard et ils étaient (très) fatigués. e. Elle a été peu aimable avec nous.

4. a.-4.; b.-6.; c.-7.; d.-1.; e.-5.; f.-2.; g.-3.

50

1. a. lent/lentement; b. rapide/rapidement; c. difficile/difficile; d. heureuse/heureusement; e. discret/discrète; f. actif/activement; g. rare/rarement; h. vrai/vraiment; i. énorme/énorme

2. a. mal; b. calmement; c. suffisamment; d. bien; e. lentement; f. profondément; g. absolument

3. 1. activement → b.; 2. légèrement → d.; 3. récemment → f.; 4. bruyamment → c.; 5. complètement → a.; 6. prudemment → e.

4. a. … elle chante faux. b. … bien, mais trop vite. c. … couramment français, mais mal anglais. d. … facilement et crie très fort. e. … sentent très bon.

51

1. b. … aussi bruyants que nous. c. … moins élégante que Lisa. d. … plus rapide que l'ICE. e. … moins cher que le théâtre. f. … aussi sympa que Léo.

2. a. … est moins violent que la nuit dernière. b. … sont meilleures que les fraises cultivées. c. … est moins longue que le Danube. d. … est pire que le mal. e. … sont aussi confortables que ces fauteuils. f. … est souvent plus facile qu'agir. g. … sont aussi spectaculaires que les gorges du Verdon. h. … est moins populaire que le rugby.

3. a. plus; b. autant de; c. plus; d. plus; e. moins; f. moins; g. moins; h. plus de

4. *mögliche Antworten:* b. L'Hôtel de la Poste a moins de chambres que l'Hôtel de la Gare/ autant de chambres que l'Hôtel du Centre. c. Les chambres sont moins chères à l'Hôtel de la Poste qu'à l'Hôtel de la Gare/qu'à l'Hôtel du Centre. d. Le petit déjeuner est aussi cher à l'Hôtel de la Gare qu'à l'Hôtel du Centre/ plus cher à l'Hôtel de la Poste qu'à l'Hôtel de la Gare ou à l'Hôtel du Centre. e. L'Hôtel de la

Gare et l'Hôtel de la Poste ont moins d'étoiles que l'Hôtel du Centre.

52

1. b. la montagne la plus haute/la plus haute montagne → le Mont Everest; c. le fleuve le plus long/le plus long fleuve → le Nil; d. la ville la plus peuplée → Tokyo; e. le train français le plus rapide → le TGV; f. le continent le plus froid → l'Antarctique; g. l'animal le plus grand/le plus grand animal → la baleine bleue
2. a. le magasin le moins cher → *eigene Antwort*; b. le meilleur acteur → *eigene Antwort*; c. le musée le plus prestigieux → *eigene Antwort*; d. la ville la plus romantique → *eigene Antwort*; e. le mois le moins agréable → *eigene Antwort*; f. la ville la plus belle/la plus belle ville → *eigene Antwort*; g. le moyen de transport le moins dangereux → *eigene Antwort*
3. a.-5.; b.-6.; c.-1.; d.-8.; e.-3.; f.-4.; g.-2.; h.-7.
4. a. le meilleur élève; b. la voiture la plus confortable; c. ma meilleure amie; d. le pire ennemi; e. l'hôtel le moins cher/le meilleur marché; f. le mois le plus chaud; g. mon plus beau voyage; h. nos meilleurs vœux

TEST 4

1b, 2a, 3b, 4b, 5b, 6a, 7a, 8b, 9a, 10a, 11b, 12a, 13b, 14a, 15a, 16a, 17b, 18b, 19a, 20b, 21b, 22a, 23a, 24a, 25a, 26b, 27b, 28a, 29a, 30b

53

1. a. mangions; b. mettes; c. finissions; d. dorment; e. sortions; f. attende; g. lisent; h. écriviez
2. a. prenions, prennent; b. reçoive, receviez, reçoivent; c. apprenne, apprenions, appreniez; d. vienne, veniez, viennent; e. appelles, appelions, appeliez; f. voie, voyions, voient; g. doive, deviez, doivent

3. a. ils soient; b. elle ait; c. vous sachiez; d. vous fassiez; e. nous allions; f. elle puisse
4. a. parte; b. vienne; c. dises; d. soient; e. prennes; f. regarde; g. fasse

54

1. a. téléphone, arrose, fassent; b. laisse, sorte, fermions; c. partions, disputent, passions
2. a.-3.; b.-5.; c.-7.; d.-6.; e.-4.; f.-2.; g.-1.
3. *Konjunktionen, die den subjonctif erfordern:* bien que, pour que, avant que, jusqu'à ce que, afin que
a. pour qu'/afin qu'; b. avant que; c. afin que/pour que; d. jusqu'à ce que; e. bien qu'
4. a. ce soit; b. nous fassions; c. il fera; d. vous ferez; e. va; f. réussissiez; g. ce n'est pas

55

1. a. parce qu'…; b. Dès que …; c. pendant que …; d. depuis que …; e. comme si …; f. Comme …; g. après que …; h. si …
2. a. … sa voiture est en panne. b. … ses enfants fassent des études. c. … je ne sache pas nager. d. … le Mur est tombé. e. … je prépare la sauce. f. … tu veux du dessert. g. … mes invités arrivent. g. … tu es d'accord.
3. b. quand → si; c. depuis que → parce que; d. parce que → quand/dès que; e. dès que → bien que; f. afin que → avant que; g. bien que → depuis que
4. a. avant qu'il soit trop tard; b. à me préparer; c. sans réfléchir; d. pour qu'elle se calme; e. Après m'être levé

56

1. a. que; b. que; c. qui; d. qui; e. qui; f. que; g. que
2. a.-7.; b.-8.; c.-1.; d.-6.; e.-2.; f.-3.; g.-4.; h.-5.
3. b. C'est moi qui décide. c. C'est un sport que je n'ai jamais pratiqué. f. Cette fille, je

l'aime beaucoup./Je l'aime beaucoup, cette fille.

4. b. Ce problème, nous l'avons souvent rencontré. c. Ce livre, je l'ai lu cinq fois. d. Cette fille, je ne la supporte pas. e. Ces livres, je ne les ai pas lus. f. Cette histoire, je la connais par cœur. g. Ces fleurs, je les ai trouvées au marché.

57

1. a.-6.; b.-5.; c.-1.; d.-3.; e.-4.; f.-7.; g.-2.
2. a. en glissant; b. En prenant; c. En faisant; d. en voulant; e. en sortant; f. En rangeant; g. en passant
3. b. En travaillant plus …; c. … en descendant du train. d. … en rendant la monnaie. e. En attendant mon tour …; f. … en courant trop vite. g. … en allumant une bougie.
4. a. <u>Je</u> fais le ménage et <u>j'</u>écoute la radio.
b. <u>J'</u>ai rencontré Marc, <u>il</u> sortait de son bureau. c. <u>J'</u>ai téléphoné dès que <u>je</u> suis arrivé à la maison. d. <u>Il</u> est arrivé en retard et <u>il</u> s'est excusé. e. Quand <u>je</u> suis arrivé à la maison, <u>toute la famille</u> m'attendait.
→ a. Je fais le ménage en écoutant la radio.
→ c. J'ai téléphoné en arrivant à la maison.
→ d. Il est arrivé en retard en s'excusant.

58

1. a. … elle adorait l'école et qu'elle était très bonne élève. b. … il a déjà payé. c. … ils aimeraient beaucoup prolonger leur séjour. d. … la réunion aura lieu demain à 14 heures. e. … elle aimerait faire une croisière en Norvège. f. … il ne sait pas quand il arrivera.
2. a. … qu'il trouve cette fête très réussie. b. … que oui, qu'on s'amuse bien. c. … qu'elle s'ennuie et qu'elle voudrait rentrer. d. … qu'il finit son verre. Qu'elle peut aller chercher son manteau si elle veut. e. … que c'est dommage,

qu'elle commençait juste à s'amuser. f. … qu'il a soif et qu'il fait chaud ici. g. … qu'il croit qu'il a trop bu.
3. a. avait fait; b. était médecin; c. viendrait ; d. était parti; e. finirait; f. avaient fait

59

1. b. Avez-vous des enfants ? c. Êtes-vous française ? d. Quand êtes-vous arrivée en France ? e. Que faites-vous dans la vie ? f. … comment vous vous appelez. g. … si vous avez un numéro de portable. h. … d'où vous venez. i. … ce qui s'est passé. j. … si vous pouvez décrire le voleur.
2. a. ce qui; b. ce qu'; c. ce qu'; d. ce qu'; e. ce qui; f. ce qui; g. ce qu'; h. ce qu'
3. a. … s'est très bien passé. b. … qu'ils sont arrivés comme prévu …; c. … qu'ils n'ont eu aucun problème …; d. … que leur hôtel est situé … et qu'ils ont de la chance. e. … que leur chambre a vue sur la mer. f. … comment elle va. g. … si elle peut se reposer un peu …; h. si elle a les résultats de ses examens. i. … ce qu'elle fait de ses journées. j. … quand elle rentre.

60

1. a.-4.; b.-5.; c.-1.; d.-2.; e.-6.; f.-7.; g.-3.
2. b. Le train va arriver. c. Nous allons aller à Barcelone ce week-end. d. Marie est en train de lire le journal dans le salon. e. Je viens d'envoyer le mail (il y a cinq minutes). f. Le docteur est en train d'examiner le patient. g. Je viens de finir mon travail.
3. b. … suis en train de travailler. c. … est en train de dormir. d. … vient (juste) de partir. e. … vais le regarder …; f. … est en train de tondre …; g. … va neiger. h. … suis en train de manger. i. … vient de fermer.
4. b. Je viens juste de comprendre. c. On va

bien s'amuser./Nous allons bien nous amuser.
d. Il est en train de regarder la télé. e. Je viens
juste de téléphoner. f. Elle vient juste d'arriver.
g. Il est en train de jouer du piano. h. Je vais
réfléchir.

61

1. b. sera → par le maire; c. ont été → par la
femme de ménage; d. serait → par le chirur-
gien; e. étaient → par le jardinier; f. avait été
→ par la tempête; g. (ne) soit → par le patron
2. a. Tout le gâteau a été mangé par les enfants.
c. Le soleil est caché par les nuages. e. Ce restaurant est recommandé par le Guide Michelin.
3. a. Dieser Hund wurde von seinen Herrchen ausgesetzt. b. Der Raum ist in zwei
Bereiche geteilt. c. Das Spiel wird heute
Abend übertragen. d. Wir sind sehr überrascht von dieser Reaktion.
4. a. seront annulés; b. sont informés; c. a été
annoncée; d. était décoré; e. avons été réveillés

62

1. a.-8.; b.-7.; c.-6.; d.-1.; e.-5.; f.-2.; g.-10.;
h.-4.; i.-3.; j.-9.
2. a. En France./À la campagne. b. Du Portugal. c. À la maison./En ville. d. En Bretagne./
Au Maroc. e. Au cinéma./À la piscine. f. À dix
heures./En mai. g. À pied./En train.
3. b. en; c. en; d. du; e. en; f. en; g. de; h. du; i. à
4. a.-4.; b.-6.; c.-5.; d.-1.; e.-3.; f.-2.; g.-8.;
h.-12.; i.-7.; j.-11.; k.-9., l.-10.

63

1. b. sous; c. sur; d. dans; e. dans; f. derrière;
g. sur; h. sur
2. b. dans; c. chez; d. sur; e. vers; f. devant;
g. par; h. pour; i. avec
3. a.-5.; b.-7. <u>par</u> terre (auf); c.-1. <u>pour</u> cette
raison (aus); d.-6. <u>dans</u> l'escalier (auf); e.-3.;

f.-4. <u>entre</u> parenthèses (in); g.-2. <u>par</u> amour
(aus); h.-11. <u>sous</u> la pluie (im); i.-12. <u>dans</u> la
rue (auf); j.-8.; k.-13.; l.-9. <u>pendant</u> un an
(lang); m.-14. <u>pour</u> la première fois (zum);
n.-10. <u>en</u> allemand (auf)

64

1. a. le long de la plage/jusqu'à la plage; b. au
milieu de la pièce; c. en face de la gare/près
de la gare; d. jusqu'à chez lui/au bout de la
rue; e. au-dessus de chez moi/en face de chez
moi; f. au bord de la mer/près de la mer
2. a. à partir de; b. au bout d'; c. à cause de;
d. grâce à; e. jusqu'à la
3. b. jusqu'à; c. au-dessus du; d. au bout du;
e. au milieu de; f. au-dessous de; g. à partir d'

TEST 5

1b, 2a, 3b, 4b, 5a, 6b, 7b, 8b, 9a, 10a, 11b, 12a,
13a, 14a, 15b, 16b, 17b, 18a, 19a, 20b, 21a,
22b, 23b, 24a, 25b, 26b, 27a, 28a, 29b, 30b

Verbtabellen

Aus Gründen der besseren Lesbarkeit werden für die 3. Person Singular und Plural nur die maskulinen Pronomen il bzw. ils angegeben.

Infinitiv	Präsens	Passé composé	Imparfait	Conditionnel
Regelmäßige Verben auf -er				
parler	je parle	j'ai parlé	je parlais	je parlerais
sprechen	tu parles	tu as parlé	tu parlais	tu parlerais
	il parle	il a parlé	il parlait	il parlerait
	nous parlons	nous avons parlé	nous parlions	nous parlerions
	vous parlez	vous avez parlé	vous parliez	vous parleriez
	ils parlent	ils ont parlé	ils parlaient	ils parleraient

! Alle Verben auf -er (außer aller und envoyer) werden nach diesem Muster konjugiert.

! Beispiele für Verben auf -er mit orthografischen Besonderheiten (wie z. B. acheter, payer, …) sind in der alphabetischen Liste der unregelmäßigen Verben aufgeführt (ab Seite 164).

Infinitiv	Präsens	Passé composé	Imparfait	Conditionnel
Regelmäßige Verben auf -ir mit -iss-Erweiterung (→ réfléchir, grandir, …)				
finir	je finis	j'ai fini	je finissais	je finirais
(be)enden	tu finis	tu as fini	tu finissais	tu finirais
	il finit	il a fini	il finissait	il finirait
	nous finissons	nous avons fini	nous finissions	nous finirions
	vous finissez	vous avez fini	vous finissiez	vous finiriez
	ils finissent	ils ont fini	ils finissaient	ils finiraient

! Verben auf -ir ohne Stammerweiterung (wie z. B. mentir, sentir, sortir, …) finden Sie in der alphabetischen Liste der der unregelmäßigen Verben aufgeführt (ab Seite 164).

Infinitiv	Präsens	Passé composé	Imparfait	Conditionnel
Regelmäßige Verben auf -(d)re (→ répondre, vendre, descendre, …)				
attendre	j'attends	j'ai attendu	j'attendais	j'attendrais
warten	tu attends	tu as attendu	tu attendais	tu attendrais
	il attend	il a attendu	il attendait	il attendrait
	nous attendons	nous avons attendu	nous attendions	nous attendrions
	vous attendez	vous avez attendu	vous attendiez	vous attendriez
	ils attendent	ils ont attendu	ils attendaient	ils attendraient

Futur	Plus-que-parfait	Subjonctif Präsens	Imperativ	Gérondif
je parlerai	j'avais parlé	que je parle		en parlant
tu parleras	tu avais parlé	que tu parles	parle	
il parlera	il avait parlé	qu'il parle		
nous parlerons	nous avions parlé	que nous parlions	parlons	
vous parlerez	vous aviez parlé	que vous parliez	parlez	
ils parleront	ils avaient parlé	qu'ils parlent		
je finirai	j'avais fini	que je finisse		en finissant
tu finiras	tu avais fini	que tu finisses	finis	
il finira	il avait fini	qu'il finisse		
nous finirons	nous avions fini	que nous finissions	finissons	
vous finirez	vous aviez fini	que vous finissiez	finissez	
ils finiront	ils avaient fini	qu'ils finissent		
j'attendrai	j'avais attendu	que j'attende		en attendant
tu attendras	tu avais attendu	que tu attendes	attends	
il attendra	il avait attendu	qu'il attende		
nous attendrons	nous avions attendu	que nous attendions	attendons	
vous attendrez	vous aviez attendu	que vous attendiez	attendez	
ils attendront	ils avaient attendu	qu'ils attendent		

Verbtabellen

Wichtige unregelmäßige Verben

! Von den hier angegebenen Formen können Sie alle weiteren Formen ableiten.
Bei Verben, die dasselbe Konjugationsmuster haben, wird auf ein konjugiertes Beispielverb verwiesen:
apercevoir → recevoir.

Infinitiv	Präsens	Passé composé	Imparfait	Conditionnel
accueillir *empfangen*	j'accueille nous accueillons ils accueillent	j'ai accueilli	j'accueillais nous accueillions ils accueillaient	j'accueillerais nous accueillerions ils accueilleraient
acheter *kaufen*	j'achète nous achetons ils achètent	j'ai acheté	j'achetais nous achetions ils achetaient	j'achèterais nous achèterions ils achèteraient
aller *(hin)gehen / (hin)fahren*	je vais tu vas il va nous allons vous allez ils vont	je suis allé(e) tu es allé(e) il/elle est allé(e) nous sommes allé(e)s vous êtes allé(e)(s) ils/elles sont allé(e)s	j'allais tu allais il allait nous allions vous alliez ils allaient	j'irais tu irais il irait nous irions vous iriez ils iraient
apercevoir *erblicken* → recevoir				
appartenir *gehören* → tenir				
appeler *(an)rufen*	j'appelle nous appelons ils appellent	j'ai appelé	j'appelais nous appelions ils appelaient	j'appellerais nous appellerions ils appelleraient
apprendre *lernen* → prendre				
appuyer *drücken*	j'appuie nous appuyons ils appuient	j'ai appuyé	j'appuyais nous appuyions ils appuyaient	j'appuierais nous appuierions ils appuieraient
s'asseoir *sich setzen*	je m'assieds/assois nous nous asseyons/ assoyons ils s'asseyent/ assoient	je me suis assis(e)	je m'asseyais/assoyais nous nous asseyions/ assoyions ils s'asseyaient/ assoyaient	je m'assiérais/ assoirais nous nous assiérions/ assoirions ils s'assiéraient/ assoiraient

Futur	Plus-que-parfait	Subjonctif Präsens	Imperativ	Gérondif
j'accueillerai nous accueillerons ils accueilleront	j'avais accueilli	que j'accueille que nous accueillions qu'ils accueillent	accueille accueillons accueillez	en accueillant
j'achèterai nous achèterons ils achèteront	j'avais acheté	que j'achète que nous achetions qu'ils achètent	achète achetons achetez	en achetant
j'irai tu iras il ira nous irons vous irez ils iront	j'étais allé(e)	que j'aille que tu ailles qu'il aille que nous allions que vous alliez qu'ils aillent	 va allons allez	en allant
j'appellerai nous appellerons ils appelleront	j'avais appelé	que j'appelle que nous appelions qu'ils appellent	appelle appelons appelez	en appelant
j'appuierai nous appuierons ils appuieront	j'avais appuyé	que j'appuie que nous appuyions qu'ils appuient	appuie appuyons appuyez	en appuyant
je m'assiérai/assoirai nous nous assiérons/ assoirons ils s'assiéront/ assoiront	je m'étais assis(e)	que je m'asseye/assoie que nous nous asseyions/ assoyions qu'ils asseyent/s'assoient	assieds-/ assois-toi asseyons-/ assoyons- nous asseyez-/ assoyes-vous	en s'asseyant/ assoyant

Verbtabellen

Infinitiv	Präsens	Passé composé	Imparfait	Conditionnel
avoir *haben*	j'ai tu as il a nous avons vous avez ils ont	j'ai eu tu as eu il a eu nous avons eu vous avez eu ils ont eu	j'avais tu avais il avait nous avions vous aviez ils avaient	j'aurais tu aurais il aurait nous aurions vous auriez ils auraient
battre *schlagen*	je bats nous battons ils battent	j'ai battu	je battais nous battions ils battaient	je battrais nous battrions ils battraient
commencer *beginnen*	je commence nous commençons ils commencent	j'ai commencé	je commençais nous commencions ils commençaient	je commencerais nous commencerions ils commenceraient
comprendre *verstehen* → prendre				
conclure *schließen /* *schlussfolgern*	je conclus nous concluons ils concluent	j'ai conclu	je concluais nous concluions ils concluaient	je conclurais nous conclurions ils concluraient
conduire *fahren*	je conduis nous conduisons ils conduisent	j'ai conduit	je conduisais nous conduisions ils conduisaient	je conduirais nous conduirions ils conduiraient
connaître *kennen*	je connais il connaît ils connaissent	j'ai connu	je connaissais nous connaissions ils connaissaient	je connaîtrais nous connaîtrions ils connaîtraient
construire *bauen* → conduire				
contenir *enthalten* → tenir				
contredire *widersprechen* → dire [im Präsens: vous contredisez]				
convenir *(gut) passen* → venir [im passé composé bzw. plus-que-parfait: j'ai / j'avais convenu]				
courir *rennen*	je cours nous courons ils courent	j'ai couru	je courais nous courions ils couraient	je courrais nous courrions ils courraient
craindre *befürchten*	je crains nous craignons ils craignent	j'ai craint	je craignais nous craignions ils craignaient	je craindrais nous craindrions ils craindraient

!
!

Futur	Plus-que-parfait	Subjonctif Präsens	Imperativ	Gérondif
j'aurai tu auras il aura nous aurons vous aurez ils auront	j'avais eu	que j'aie que tu aies qu'il ait que nous ayons que vous ayez qu'ils aient	aie ayons ayez	en ayant
je battrai nous battrons ils battront	j'avais battu	que je batte que nous battions qu'ils battent	bats battons battez	en battant
je commencerai nous commencerons ils commenceront	j'avais commencé	que je commence que nous commencions qu'ils commencent	commence commençons commencez	en commençant
je conclurai nous conclurons ils concluront	j'avais conclu	que je conclue que nous concluions qu'ils concluent	conclus concluons concluez	en concluant
je conduirai nous conduirions ils conduiront	j'avais conduit	que je conduise que nous conduisions qu'ils conduisent	conduis conduisons conduisez	en conduisant
je connaîtrai nous connaîtrons ils connaîtront	j'avais connu	que je connaisse que nous connaissions qu'ils connaissent		en connaissant
je courrai nous courrons ils courront	j'avais couru	que je coure que nous courions qu'ils courent	cours courons courez	en courant
je craindrai nous craindrons ils craindront	j'avais craint	que je craigne que nous craignions qu'ils craignent	crains craignons craignez	en craignant

Infinitiv	Präsens	Passé composé	Imparfait	Conditionnel
croire *glauben*	je crois nous croyons ils croient	j'ai cru	je croyais nous croyions ils croyaient	je croirais nous croirions ils croiraient
décevoir *enttäuschen* → recevoir				
découvrir *entdecken* → ouvrir				
décrire *beschreiben* → écrire				
devenir *werden* → venir				
devoir *müssen, sollen*	je dois nous devons ils doivent	j'ai dû	je devais nous devions ils devaient	je devrais nous devrions ils devraient
dire *sagen*	je dis nous disons vous dites ils disent	j'ai dit	je disais nous disions vous disiez ils disaient	je dirais nous dirions ils diraient
dormir *schlafen*	je dors nous dormons ils dorment	j'ai dormi	je dormais nous dormions ils dormaient	je dormirais nous dormirions ils dormiraient
écrire *schreiben*	j'écris nous écrivons ils écrivent	j'ai écrit	j'écrivais nous écrivions ils écrivaient	j'écrirais nous écririons ils écriraient
envoyer *schicken*	j'envoie nous envoyons ils envoient	j'ai envoyé	j'envoyais nous envoyions ils envoyaient	j'enverrais nous enverrions ils enverraient
essayer *versuchen*	j'essaie/essaye nous essayons ils essaient/essayent	j'ai essayé	j'essayais nous essayions ils essayaient	j'essaierais/ essayerais nous essaierions/ essayerions ils essaieraient/ essayeraient
éteindre *ausschalten / löschen*	j'éteins nous éteignons ils éteignent	j'ai éteint	j'éteignais nous éteignions ils éteignaient	j'éteindrais nous éteindrions ils éteindraient

Futur	Plus-que-parfait	Subjonctif Präsens	Imperativ	Gérondif
je croirai nous croirons ils croiront	j'avais cru	que je croie que nous croyions qu'ils croient	crois croyons croyez	en croyant
je devrai nous devrons ils devront	j'avais dû	que je doive que nous devions qu'ils doivent		en devant
je dirai nous dirons vous direz ils diront	j'avais dit	que je dise que nous disions que vous disiez qu'ils disent	dis disons dites	en disant
je dormirai nous dormirons ils dormiront	j'avais dormi	que je dorme que nous dormions qu'ils dorment	dors dormons dormez	en dormant
j'écrirai nous écrirons ils écriront	j'avais écrit	que j'écrive que nous écrivions qu'ils écrivent	écris écrivons écrivez	en écrivant
j'enverrai nous enverrons ils enverront	j'avais envoyé	que j'envoie que nous envoyions qu'ils envoient	envoie envoyons envoyez	en envoyant
j'essaierai/ essayerai nous essaierons/ essayerons ils essaieront/ essayeront	j'avais essayé	que j'essaie/essaye que nous essayions qu'ils essaient/ essayent	essaie/essaye essayons essayez	en essayant
j'éteindrai nous éteindrons ils éteindront	j'avais éteint	que j'éteigne que nous éteignions qu'ils éteignent	éteins éteignons éteignez	en éteignant

Infinitiv	Präsens	Passé composé	Imparfait	Conditionnel
être *sein*	je suis tu es il est nous sommes vous êtes ils sont	j'ai été tu as été il a été nous avons été vous avez été ils ont été	j'étais tu étais il était nous étions vous étiez ils étaient	je serais tu serais il serait nous serions vous seriez ils seraient
faire *machen*	je fais nous faisons vous faites ils font	j'ai fait	je faisais nous faisions vous faisiez ils faisaient	je ferais nous ferions vous feriez ils feraient
falloir *müssen*	il faut	il a fallu	il fallait	il faudrait

! interdire *verbieten* → dire [im Präsens: vous interdisez]

Infinitiv	Präsens	Passé composé	Imparfait	Conditionnel
interrompre *unterbrechen*	j'interromps nous interrompons ils interrompent	j'ai interrompu	j'interrompais nous interrompions ils interrompaient	j'interromprais nous interromprions ils interrompraient
jeter *wegwerfen*	je jette nous jetons ils jettent	j'ai jeté	je jetais nous jetions ils jetaient	je jetterais nous jetterions ils jetteraient
lire *lesen*	je lis nous lisons ils lisent	j'ai lu	je lisais nous lisions ils lisaient	je lirais nous lirions ils liraient
manger *essen*	je mange nous mangeons ils mangent	j'ai mangé	je mangeais nous mangions ils mangeaient	je mangerais nous mangerions ils mangeraient
mentir *lügen*	je mens nous mentons ils mentent	j'ai menti	je mentais nous mentions ils mentaient	je mentirais nous mentirions ils mentiraient
mettre *setzen / legen /* *stellen*	je mets nous mettons ils mettent	j'ai mis	je mettais nous mettions ils mettaient	je mettrais nous mettrions ils mettraient

Futur	Plus-que-parfait	Subjonctif Präsens	Imperativ	Gérondif
je serai	j'avais été	que je sois	sois	en étant
tu seras	tu avais été	que tu sois		
il sera	il avait été	qu'il soit		
nous serons	nous avions été	que nous soyons	soyons	
vous serez	vous aviez été	que vous soyez	soyez	
ils seront	ils avaient été	qu'ils soient		
je ferai	j'avais fait	que je fasse	fais	en faisant
nous ferons		que nous fassions	faisons	
vous ferez		que vous fassiez	faites	
ils feront		qu'ils fassent		
il faudra	il avait fallu	qu'il faille		
j'interromprai	j'avais interrompu	que j'interrompe	interromps	en interrompant
nous interromprons		que nous interrompions	interrompons	
ils interrompront		qu'ils interrompent	interrompez	
je jetterai	j'avais jeté	que je jette	jette	en jetant
nous jetterons		que nous jetions	jetons	
ils jetteront		qu'ils jettent	jetez	
je lirai	j'avais lu	que je lise	lis	en lisant
nous lirons		que nous lisions	lisons	
ils liront		qu'ils lisent	lisez	
je mangerai	j'avais mangé	que je mange	mange	en mangeant
nous mangerons		que nous mangions	mangeons	
ils mangeront		qu'ils mangent	mangez	
je mentirai	j'avais menti	que je mente	mens	en mentant
nous mentirons		que nous mentions	mentons	
ils mentiront		qu'ils mentent	mentez	
je mettrai	j'avais mis	que je mette	mets	en mettant
nous mettrons		que nous mettions	mettons	
ils mettront		qu'ils mettent	mettez	

Infinitiv	Präsens	Passé composé	Imparfait	Conditionnel
mourir *sterben*	je meurs nous mourons ils meurent	je suis mort(e)	je mourais nous mourions ils mouraient	je mourrais nous mourrions ils mourraient
naître *geboren werden*	je nais il naît nous naissons ils naissent	je suis né(e)	je naissais il naissait nous naissions ils naissaient	je naîtrais il naîtrait nous naîtrions ils naîtraient
obtenir *bekommen / erhalten* → tenir				
offrir *schenken*	j'offre nous offrons ils offrent	j'ai offert	j'offrais nous offrions ils offraient	j'offrirais nous offririons ils offriraient
ouvrir *öffnen*	j'ouvre nous ouvrons ils ouvrent	j'ai ouvert	j'ouvrais nous ouvrions ils ouvraient	j'ouvrirais nous ouvririons ils ouvriraient
paraître *(er)scheinen*	je parais il paraît nous paraissons ils paraissent	j'ai paru	je paraissais il paraissait nous paraissions ils paraissaient	je paraîtrais il paraîtrait nous paraîtrions ils paraîtraient
partir *weggehen / wegfahren*	je pars nous partons ils partent	je suis parti(e)	je partais nous partions ils partaient	je partirais nous partirions ils partiraient
permettre *erlauben / ermöglichen* → mettre				
se plaindre *klagen / sich beschweren*	je me plains nous nous plaignons ils se plaignent	je me suis plaint(e)	je me plaignais nous nous plaignions ils se plaignaient	je me plaindrais nous nous plaindrions ils se plaindraient
plaire *gefallen*	je plais il plaît nous plaisons ils plaisent	j'ai plu	je plaisais il plaisait nous plaisions ils plaisaient	je plairais il plairait nous plairions ils plairaient

Futur	Plus-que-parfait	Subjonctif Präsens	Imperativ	Gérondif
je mourrai nous mourrons ils mourront	j'étais mort(e)	que je meure que nous mourions qu'ils meurent	meurs mourons mourez	en mourant
je naîtrai il naîtra nous naîtrons ils naîtront	j'étais né(e)	que je naisse qu'il naisse que nous naissions qu'ils naissent		en naissant
j'offrirai nous offrirons ils offriront	j'avais offert	que j'offre que nous offrions qu'ils offrent	offre offrons offrez	en offrant
j'ouvrirai nous ouvrirons ils ouvriront	j'avais ouvert	que j'ouvre que nous ouvrions qu'ils ouvrent	ouvre ouvrons ouvrez	en ouvrant
je paraîtrai il paraîtra nous paraîtrons ils paraîtront	j'avais paru	que je paraisse qu'il paraisse que nous paraissions qu'ils paraissent	parais paraissons paraissez	en paraissant
je partirai nous partirons ils partiront	j'étais parti(e)	que je parte que nous partions qu'ils partent	pars partons partez	en partant
je me plaindrai nous nous plaindrons ils se plaindront	je m'étais plaint(e)	que je me plaigne que nous nous plaignions qu'ils se plaignent	plains-toi plaignons-nous plaignez-vous	en se plaignant
je plairai il plaira nous plairons ils plairont	j'avais plu	que je plaise qu'il plaise que nous plaisions qu'ils plaisent	plais plaisons plaisez	en plaisant

Infinitiv	Präsens	Passé composé	Imparfait	Conditionnel
pleuvoir *regnen*	il pleut	il a plu	il pleuvait	il pleuvrait
pouvoir *können /* *dürfen*	je peux il peut nous pouvons ils peuvent	j'ai pu	je pouvais il pouvait nous pouvions ils pouvaient	je pourrais il pourrait nous pourrions ils pourraient
préférer *bevorzugen*	je préfère nous préférons ils préfèrent	j'ai préféré	je préférais nous préférions ils préféraient	je préférerais nous préférerions ils préféreraient
prendre *nehmen*	je prends nous prenons ils prennent	j'ai pris	je prenais nous prenions ils prenaient	je prendrais nous prendrions ils prendraient

prescrire *verschreiben* → écrire

prévenir *benachrichtigen* → venir [im passé composé: j'ai prévenu]

prévoir *voraussehen* → voir [im conditionnel und Futur: je prévoirais / je prévoirai]

produire *herstellen / erstellen* → conduire

promettre *versprechen* → mettre

provenir *rühren von / herkommen* → venir

recevoir *bekommen /* *erhalten*	je reçois nous recevons ils reçoivent	j'ai reçu	je recevais nous recevions ils recevaient	je recevrais nous recevrions ils recevraient

recouvrir *zudecken / bedecken* → ouvrir

recueillir *empfangen / aufnehmen* → accueillir

ressentir *fühlen / empfinden* → sentir

rire *lachen*	je ris nous rions ils rient	j'ai ri	je riais nous riions ils riaient	je rirais nous ririons ils riraient

Futur	Plus-que-parfait	Subjonctif Präsens	Imperativ	Gérondif
il pleuvra	il avait plu	qu'il pleuve		
je pourrai	j'avais pu	que je puisse		en pouvant
il pourra		qu'il puisse		
nous pourrons		que nous puissions		
ils pourront		qu'ils puissent		
je préférerai	j'avais préféré	que je préfère	préfère	en préférant
nous préférerons		que nous préférions	préférons	
ils préféreront		qu'ils préfèrent	préférez	
je prendrai	j'avais pris	que je prenne	prends	en prenant
nous prendrons		que nous prenions	prenons	
ils prendront		qu'ils prennent	prenez	
je recevrai	j'avais reçu	que je reçoive	reçois	en recevant
nous recevrons		que nous recevions	recevons	
ils recevront		qu'ils reçoivent	recevez	
je rirai	j'avais ri	que je rie	ris	en riant
nous rirons		que nous riions	rions	
ils riront		qu'ils rient	riez	

Infinitiv	Präsens	Passé composé	Imparfait	Conditionnel
savoir *wissen*	je sais nous savons ils savent	j'ai su	je savais nous savions ils savaient	je saurais nous saurions ils sauraient
sentir *riechen*	je sens nous sentons ils sentent	j'ai senti	je sentais nous sentions ils sentaient	je sentirais nous sentirions ils sentiraient
servir *nutzen,* *bedienen*	je sers nous servons ils servent	j'ai servi	je servais nous servions ils servaient	je servirais nous servirions ils serviraient
sortir *ausgehen*	je sors nous sortons ils sortent	je suis sorti(e)	je sortais nous sortions ils sortaient	je sortirais nous sortirions ils sortiraient

sourire *lächeln* → rire

soutenir *behaupten* → tenir

se souvenir *sich erinnern* → venir

Infinitiv	Präsens	Passé composé	Imparfait	Conditionnel
suivre *folgen*	je suis nous suivons ils suivent	j'ai suivi	je suivais nous suivions ils suivaient	je suivrais nous suivrions ils suivraient

surprendre *erstaunen / überraschen* → prendre

Infinitiv	Präsens	Passé composé	Imparfait	Conditionnel
tenir *halten*	je tiens nous tenons ils tiennent	j'ai tenu	je tenais nous tenions ils tenaient	je tiendrais nous tiendrions ils tiendraient

traduire *übersetzen* → conduire

Infinitiv	Präsens	Passé composé	Imparfait	Conditionnel
valoir *wert sein*	je vaux nous valons ils valent	j'ai valu	je valais nous valions ils valaient	je vaudrais nous vaudrions ils vaudraient
venir *kommen*	je viens nous venons ils viennent	je suis venu(e)	je venais nous venions ils venaient	je viendrais nous viendrions ils viendraient
vivre *leben*	je vis nous vivons ils vivent	j'ai vécu	je vivais nous vivions ils vivaient	je vivrais nous vivrions ils vivraient

Futur	Plus-que-parfait	Subjonctif Präsens	Imperativ	Gérondif
je saurai nous saurons ils sauront	j'avais su	que je sache que nous sachions qu'ils sachent	sache sachons sachez	en sachant
je sentirai nous sentirons ils sentiront	j'avais senti	que je sente que nous sentions qu'ils sentent	sens sentons sentez	en sentant
je servirai nous servirons ils serviront	j'avais servi	que je serve que nous servions qu'ils servent	sers servons servez	en servant
je sortirai nous sortirons ils sortiront	j'étais sorti(e)	que je sorte que nous sortions qu'ils sortent	sors sortons sortez	en sortant
je suivrai nous suivrons ils suivront	j'avais suivi	que je suive que nous suivions qu'ils suivent	suis suivons suivez	en suivant
je tiendrai nous tiendrons ils tiendront	j'avais tenu	que je tienne que nous tenions qu'ils tiennent	tiens tenons tenez	en tenant
je vaudrai nous vaudrons ils vaudront	j'avais valu	que je vaille que nous valions qu'ils vaillent		en valant
je viendrai nous viendrons ils viendront	j'étais venu(e)	que je vienne que nous venions qu'ils viennent	viens venons venez	en venant
je vivrai nous vivrons ils vivront	j'avais vécu	que je vive que nous vivions qu'ils vivent	vis vivons vivez	en vivant

Verbtabellen

Infinitiv	Präsens	Passé composé	Imparfait	Conditionnel
voir *sehen*	je vois nous voyons ils voient	j'ai vu	je voyais nous voyions ils voyaient	je verrais nous verrions ils verraient
vouloir *wollen*	je veux nous voulons ils veulent	j'ai voulu	je voulais nous voulions ils voulaient	je voudrais nous voudrions ils voudraient

Futur	Plus-que-parfait	Subjonctif Präsens	Imperativ	Gérondif
je verrai nous verrons ils verront	j'avais vu	que je voie que nous voyions qu'ils voient	vois voyons voyez	en voyant
je voudrai nous voudrons ils voudront	j'avais voulu	que je veuille que nous voulions qu'ils veuillent	veuille (veux) veuillons (voulons) veuillez (voulez)	en voulant

Register

Die Zahlen verweisen auf das entsprechende Kapitel. Die in Großbuchstaben geschriebenen Begriffe beziehen sich auf die im Buch behandelten Grammatikthemen.

In dieser Vokabelliste finden Sie die Übersetzungen der auf den Übungsseiten vorkommenden französischen Wörter. Die deutschen Übersetzungen entsprechen dem Kontext, in dem die Wörter in den Übungen verwendet werden. Bei einigen Wörtern mit Mehrfachbedeutung ist die entsprechende Fundstelle in Klammern angegeben, z. B. (**61** 4), wobei die fett gedruckte Zahl auf das jeweilige Kapitel verweist und die darauf folgende Ziffer die Übungsnummer angibt. Außerdem werden folgende Abkürzungen und Symbole verwendet:

→	siehe	~	Ersatz für den Hauptbegriff
Adv.	Adverb	*etw.*	etwas
f.	feminin	*fam.*	familiäres Register
frz.	französisch	*jdm*	jemandem
jdn	jemanden	*K*	Kapitel
m.	maskulin	*Pl.*	Plural
qc	quelque chose	*qn*	quelqu'un
S.	Seite	*Sg.*	Singular
T	Test		

A

à (→ *K 62*)	in; um; auf; zu; an; *Angabe des indirekten Objekts*
abandonner	aussetzen
aboyer	bellen
abricot *(m.)*	Aprikose
absent	abwesend
absolu(e)	absolut
absolument *(Adv.)*	absolut
accepter	annehmen
accident *(m.)*	Unfall
accompagner	begleiten
acheter (→ *S. 164*)	kaufen
acteur	Schauspieler
actif (active)	aktiv
activement *(Adv.)*	aktiv
actrice	Schauspielerin
admiration *(f.)*	Bewunderung
adorable	süß, sehr lieb
adorer	lieben, sehr gern haben
adresse *(f.)*	Adresse
adresser (la parole à qn)	(das Wort an jdn) richten
affaire *(f.)*	Geschichte, Angelegenheit
affection *(f.)*	Zuneigung
affirmer	behaupten
afin que (+ *subjonctif*)	damit

âge *(m.)*	Alter
Tu as quel âge ?	Wie alt bist du?
âgé(e)	alt
agir	handeln
agréable	angenehm
agréablement *(Adv.)*	angenehm
ah	ach
aide *(f.)*	Hilfe
aider	helfen
aimable	freundlich
aimer	lieben, mögen
air *(m.)*	Aussehen
avoir l'air	aussehen, scheinen
alcool *(m.)*	Alkohol
alimentation *(f.)*	Ernährung
Allemagne *(f.)*	Deutschland
allemand *(m.)*	Deutsch *(Sprache)*
Allemand(e)	Deutscher, Deutsche
allemand(e)	deutsch
aller (→ *K 10, S. 164*)	gehen; fahren
aller (+ *Infinitiv*) (→ *K 36, 60*)	werden *(nahe Zukunft)*
aller bien	gut stehen *(Kleidung)*
aller chercher	holen
Ça va ?	Wie geht's?
On y va.	Los, gehen wir!
s'en aller	weggehen

allumer	einschalten (**55** 3); anzünden (**57** 3)	s'appeler	heißen
alors *(Adv.)*	also (**33** 2)	apporter	bringen
alors, ... ?	und, ...?	apprendre *(→ S. 164)*	lernen; erfahren (**34** 1, **57** 1)
ou alors	oder aber	appuyer *(→ S. 164)*	drücken
Alpes *(f. Pl.)*	Alpen	après	nach
alphabet *(m.)*	Alphabet	après que	nachdem
Alsace *(f.)*	Elsass	après-midi *(m. + f.)*	Nachmittag
ami(e)	Freund(in)	arbre *(m.)*	Baum
amitié *(f.)*	Freundschaft	architecte *(m. + f.)*	Architekt(in)
amour *(m.)*	Liebe	argent *(m.)*	Geld
par amour	aus Liebe	armoire *(f.)*	Schrank
amoureux (amoureuse)	verliebt	arrêt *(m.)*	Unterbrechung
		arrêt de bus *(m.)*	Bushaltestelle
en amoureux	romantisch	arrêter (de)	aufhören (zu)
amuser	unterhalten, amüsieren	arriver	ankommen; passieren, vorkommen, geschehen (**19** 2, **23** 4, **59** 2)
s'amuser	sich amüsieren, sich vergnügen		
an *(m.)*	Jahr	il m'est arrivé	mir ist ... passiert
à 30 ans	mit 30 Jahren	arroser	gießen
j'ai 32 ans	ich bin 32 Jahre alt	art *(m.)*	Kunst
Nouvel An *(m.)*	Neujahr	artichaut *(m.)*	Artischocke
ananas *(m.)*	Ananas	artiste	Künstler(in)
ancien(ne)	(antiquarisch) alt (**14** 2); ehemalig (**15** 3, **31** 3)	aspirine *(f.)*	Aspirin
		asseoir	setzen
Anglais	Engländer	être assis(e)	sitzen
anglais *(m.)*	Englisch *(Sprache)*	s'asseoir *(→ S. 164)*	sich setzen
anglais(e)	englisch	assez *(Adv.)*	genug
animal *(m.)*	Tier	astrologie *(f.)*	Astrologie
anis *(m.)*	Anis	attendre *(→ S. 162)*	warten (auf)
année *(f.)*	Jahr	attention *(f.)*	Vorsicht
anniversaire *(m.)*	Geburtstag	faire attention	aufpassen, achtgeben
anniversaire de mariage	Hochzeitstag	atterrir	landen
		aucun(e) *(→ K 18, 46)*	kein(e), kein(e) einzige(r)
annoncer	ankündigen	au-dessous de	unter, unterhalb von
annuler	absagen; annullieren (**61** 4)	au-dessus de	über, oberhalb von
Antarctique *(f.)*	Antarktis	augmenter	(an)steigen
Antilles *(f. Pl.)*	Antillen *(Inselgruppe der Karibik)*	aujourd'hui *(Adv.)*	heute
		aussi *(Adv.)*	auch
août *(m.)*	August	aussi (... que) *(→ K 51)*	genauso (... wie) (Vergleich)
apéritif *(m.)*	Aperitif		
appareil *(m.)*	Apparat (Telefon); Gerät (**48** 1, **48** 3)	aussitôt *(Adv.)*	sofort
		autant (de) *(Adv.)*	genauso viel(e)
appartement *(m.)*	Wohnung	auteur *(m.)*	Autor
appartenir à *(→ S. 164)*	gehören	auto *(f.)*	Auto
appeler *(→ S. 164)*	rufen (T1, **34** 3), an-rufen (8 4); nennen (T3)	autoritaire	autoritär
		autoroute *(f.)*	Autobahn

autre	anderer, andere, anderes
autrefois *(Adv.)*	früher
Autriche *(f.)*	Österreich
autrichien(ne)	österreichisch
Auvergne *(f.)*	Auvergne *(frz. Region)*
avance	Vorsprung
en avance	früh, zu früh
avant (de)	vor *(zeitlich)*; bevor
avant que	bevor
(+ *subjonctif*)	
avant-hier *(Adv.)*	vorgestern
avec	mit
avenir *(m.)*	Zukunft
avion *(m.)*	Flugzeug
avis *(m.)*	Meinung
à mon avis	meiner Meinung nach
avoir (→ K 7, S. 166)	haben
avoir besoin de qc	etw. brauchen
avoir fini	fertig sein

B

bague *(f.)*	Ring
baguette *(f.)*	*frz. Stangenweißbrot*
baigner	baden
se baigner	baden
bal *(m.)*	Ball *(Tanzveranstaltung)*
baleine *(f.)*	Wal
balle *(f.)*	Ball
banane *(f.)*	Banane
bancal(e)	wackelig
banque *(f.)*	Bank *(Geldinstitut)*
Barcelone	Barcelona
barrière *(f.)*	Zaun
bas(se)	niedrig
bateau *(m.)*	Schiff, Boot
Bavière *(f.)*	Bayern
beau (belle)	schön
il fait beau	es ist schön *(Wetter)*
beaucoup (de) *(Adv.)*	sehr; viel
belge	belgisch
belle-mère	Stiefmutter
berger (bergère)	Schäfer(in)
besoin *(m.)*	Bedarf
avoir besoin de qc	etw. brauchen
bibliothèque *(f.)*	Bibliothek, Bücherei
bicyclette *(f.)*	Fahrrad

bien *(Adv.)*	gut; gern (**37** 4)
bien que	obwohl
(+ *subjonctif*)	
bien sûr *(Adv.)*	natürlich
bientôt	bald
bière *(f.)*	Bier
bijou *(m.)*	Schmuck(stück)
billet *(m.)*	Fahrkarte, Ticket
bise *(f.)*	Kuss
grosses bises	liebe Grüße
bisou *(m.)*	Küsschen
bizarre	merkwürdig, komisch
blanc (blanche)	weiß
Blanche-Neige	Schneewittchen
blesser	verletzen
se blesser	sich verletzen
bleu(e)	blau
blond(e)	blond
boire (→ K 30, 53)	trinken
bois *(m.)*	Wald; Holz (**62** 1)
Belle au bois	Dornröschen
dormant (La ~)	
boîte *(f.)*	Dose
bon(ne)	gut
Ah bon ?	Ach ja?
bon *(Ausruf,*	also
Füllwort)	
bon marché	günstig, billig
c'est bon	es schmeckt
bonbon *(m.)*	Bonbon
bonheur *(m.)*	Glück
bonjour	guten Tag
dire un petit	kurz grüßen; Hallo
bonjour	sagen
bord *(m.)*	Ufer
au bord de la mer	am/ans Meer
bouchon *(m.)*	Stau
bougie *(f.)*	Kerze
boulanger (boulangère)	Bäcker(in)
boulangerie *(f.)*	Bäckerei
boulot *(m., fam.)*	Arbeit
bout *(m.)*	Ende
au bout de	am/ans Ende von *(räumlich)*; nach *(zeitlich)*
au bout du fil	am Apparat *(Telefon)*
bouteille *(f.)*	Flasche

bras *(m.)*	Arm	à cause de	wegen, aufgrund
Bretagne *(f.)*	*frz. Region*	CD *(m.)*	CD
bridge *(m.)*	Bridge *(Spiel)*	ce (→ K 17)	dieser, diese, dieses
briller	scheinen *(Sonne)*	ce (c') (→ K 19)	das
brosse à dents *(f.)*	Zahnbürste	ce que (qu')	(das,) was *(Objekt)*
brouillard *(m.)*	Nebel	(→ K 47)	
bruit *(m.)*	Geräusch	ce qui (→ K 47)	(das,) was *(Subjekt)*
faire du bruit	Lärm machen	ce sont	das sind
brûler qc	etw. verbrennen	c'est ...	das ist ...
se brûler	sich verbrennen	ceinture *(f.)*	Gürtel; Gürtellinie (**64** 3)
bruyamment *(Adv.)*	laut	cela	das; es
bruyant(e)	laut	célèbre	berühmt
bureau *(m.)*	Büro	célibataire	ledig
bus *(m.)*	Bus	celle(s)(-ci/-là)	diese (hier/da)
		(→ K 45)	
C		celui(-ci/-là) (→ K 45)	dieser (hier/da)
ça (→ K 19)	es; das	Cendrillon *(f.)*	Aschenputtel
Ça va ?	Wie geht's?	cent	hundert
cacher	verdecken	centime *(m.)*	Cent
cactus *(m.)*	Kaktus	centre *(m.)*	Zentrum
cadeau *(m.)*	Geschenk	centre ville *(m.)*	Stadtzentrum
café *(m.)*	Kaffee; Café (**17** 2, **36** 2)	certainement *(Adv.)*	sicherlich
cahier *(m.)*	Heft	ces (→ K 17)	diese
calme	ruhig	cette (→ K 17)	diese
calmer qn	jdn beruhigen	ceux(-ci/-là) (→ K 45)	diese (hier/da)
se calmer	sich beruhigen	chacun(e) (→ K 46)	jeder, jede, jedes
camarade	Kamerad(in)	chaise *(f.)*	Stuhl
camarade de classe	Klassenkamerad(in)	chambre *(f.)*	Schlafzimmer
cambrioleur *(m.)*	Einbrecher	Champagne *(m.)*	Champagner
campagne *(f.)*	Land	champignon *(m.)*	Pilz
à la campagne	auf dem Land	chance *(f.)*	Glück
camping *(m.)*	Camping (**5** 2); Camping-	avoir de la chance	Glück haben
	platz (**19** 3)	avoir la chance de	das Glück haben
		(+ *Infinitiv*)	
Canada *(m.)*	Kanada	changer	sich (ver)ändern
canal *(m.)*	Kanal	chanson *(f.)*	Lied, Chanson
canapé *(m.)*	Sofa, Couch	chanter	singen
capitale *(f.)*	Hauptstadt	chanter faux	falsch singen
car	denn	chapeau *(m.)*	Hut
carte *(f.)*	Karte; Kreditkarte (**28** 4);	chapelle *(f.)*	Kapelle
	Spielkarte (**42** 1)	chaque (→ K 18)	jeder, jede, jedes
carte postale	Postkarte	charcuterie *(f.)*	Metzgerei *(nur Schweine-*
carton *(m.)*	Karton		*fleisch und Geflügel)*
casser	(zer)brechen, kaputt	chat *(m.)*	Katze
	machen	château *(m.)*	Schloss
cassette *(f.)*	Schatulle	chatter	chatten
cause *(f.)*	Grund, Ursache	chaud(e)	warm

chauffage *(m.)*	Heizung	Comment allez-vous ?	Wie geht es euch/Ihnen?
chaussure *(f.)*	Schuh	commode *(f.)*	Kommode
chemise *(f.)*	Hemd	commun(e)	gemeinsam
cher (chère)	teuer; lieb (**16** 4)	complet (complète)	voll; vollständig ausgebucht (**34** 1)
chercher	suchen		
aller chercher	holen	complètement *(Adv.)*	ganz, gänzlich
venir chercher	abholen	compliqué(e)	kompliziert, schwierig
chérie *(f.)*	Liebling	comprendre (→ S. 166)	verstehen
cheval *(m.)*	Pferd	concert *(m.)*	Konzert
cheveu *(m.)*	Haar	concurrence *(f.)*	Konkurrenz
chewing-gum *(m.)*	Kaugummi	conduire (→ S. 166)	(Auto) fahren
chez (→ K 63)	bei, zu	confier qc à qn	jdm etw. anvertrauen
chez nous	bei uns (zu Hause)	confirmation *(f.)*	Bestätigung
chien *(m.)*	Hund	confiture *(f.)*	Marmelade, Konfitüre
chinois *(m.)*	Chinesisch *(Sprache)*	confortable	komfortabel, bequem
chirurgien *(m.)*	Chirurg	confortablement *(Adv.)*	bequem
chocolat *(m.)*	Schokolade	connaissance *(f.)*	Bekanntschaft
chocolat chaud	heiße Schokolade	faire la connaissance	kennenlernen
chocolats *(m. Pl.)*	Pralinen	connaître (→ S. 166)	kennen
choix *(m.)*	Wahl	Je m'y connais.	Damit kenne ich mich aus.
chose *(f.)*	Sache		
la même chose	dasselbe	connu(e)	bekannt
ciel *(m.)*	Himmel	conseil *(m.)*	Rat
cigale *(f.)*	Zikade *(hier:* Grille)	consommer	verbrauchen
cigarette *(f.)*	Zigarette	construire (→ S. 166)	bauen
cinéma *(m.)*	Kino	contacter	kontaktieren
cinq	fünf	content(e)	froh
cinquante	fünfzig	content(e) de	zufrieden mit
ciseaux *(m. Pl.)*	Schere	continent *(m.)*	Kontinent
clair(e)	hell (**14** 3); klar (**64** 2)	contourner	herumführen um
classe *(f.)*	Klasse	contre	gegen
première classe	erste Klasse	copine	Freundin
clé *(f.)*	Schlüssel	coq *(m.)*	Hahn
client(e)	Kunde, Kundin	coquillage *(m.)*	Muschel
cœur *(m.)*	Herz	corbeau *(m.)*	Rabe
par cœur	auswendig	correctement *(Adv.)*	korrekt, richtig
coiffeur *(m.)*	Friseur	corriger	korrigieren
collègue	Kollege, Kollegin	côté *(m.)*	Seite *(räumlich)*
colocation *(f.)*	Wohngemeinschaft	d'un côté	auf einer Seite
combien (de) ?	wie viel?	coton *(m.)*	Baumwolle
combien de temps ?	wie lange?	coucher	schlafen
comme	da	se coucher	ins Bett gehen, sich hinlegen
comme entrée	als Vorspeise		
comme si	als ob	couler	fließen
commencer (→ S. 166)	beginnen, anfangen	couleur *(f.)*	Farbe
comment ?	wie?	couper	schneiden

cour (f.)	Innenhof
cour de récréation	Pausenhof
courage (m.)	Mut
couramment (Adv.)	fließend
courant (m.)	Strom; Strömung
être au courant	auf dem Laufenden sein
courir (→ S. 166)	rennen, laufen
courrier (m.)	Post
aller au courrier	die Post holen
cours (m.)	Unterricht, Kurs
course (f.)	Einkauf
faire des/les courses	einkaufen
court(e)	kurz
couru (→ courir)	gerannt
couscous (m.)	Couscous
cousin(e)	Cousin(e)
coussin (m.)	Kissen
couteau (m.)	Messer
coûter	kosten
crayon (m.)	Stift
créer	schaffen
se créer	entstehen
crier	schreien
croire (à) (→ S. 168)	glauben (an)
croisière (f.)	Kreuzfahrt
croissant (m.)	Croissant, Hörnchen
croix (f.)	Kreuz
cultivé(e)	gezüchtet
culture (f.)	Kultur
curieux (curieuse)	merkwürdig

D

d'accord	einverstanden
danger (m.)	Gefahr
dangereux (dangereuse)	gefährlich
dans	in
danse (f.)	Tanz
faire de la danse	tanzen
danser	tanzen
Danube (m.)	Donau
date (f.)	Datum
de (→ K 5, 62)	von; aus; an
débarrasser	ausräumen
se débarrasser de qc	etw. loswerden
déboucher	entkorken
debout (Adv.)	stehend
être debout	stehen
début (m.)	Beginn
décembre (m.)	Dezember
décevant(e)	enttäuschend
décider	entscheiden
se décider	sich entscheiden
décorer	schmücken
découverte (f.)	Entdeckung
décrire (→ S. 168)	beschreiben
déçu(e)	enttäuscht
dehors (Adv.)	außer Haus
déjà (Adv.)	schon
déjeuner (m.)	Mittagessen
déjeuner	zu Mittag essen
demain (Adv.)	morgen
pour demain	bis morgen
demander	fragen; fordern (**45** 4)
déménager	umziehen
demi(e)	halb (Uhrzeit)
midi et demi	halb eins
dent (f.)	Zahn
dentiste	Zahnarzt, Zahnärztin
dépêcher	(schnell) schicken
se dépêcher	sich beeilen
depuis	seit; seitdem (**32** 1)
depuis longtemps	schon lange, seit Langem
depuis peu	seit Kurzem
depuis que	seit
déranger	stören
dernier (dernière)	letzter, letzte, letztes
derrière	hinter
des (→ K 4)	*Plural des unbestimmten Artikels (unübersetzt)*
dès que	sobald
descendre (de)	aussteigen (aus)
désirer	wünschen
désolé(e)	untröstlich
je suis désolé(e)	es tut mir leid
dessert (m.)	Nachtisch, Dessert
en dessert	zum/als Dessert
détester	hassen
deux	zwei
à deux	zu zweit
deuxième	zweite(r); zweitgrößte(r) (**25** 3)
devant	vor (räumlich)

devenir (→ S. 168)	werden
devoir (m.)	Hausaufgabe; Klassen-arbeit (**23** 3)
devoir (→ K 20, S. 168)	müssen; sollen
dictionnaire (m.)	Wörterbuch
différent(e)	verschieden
difficile	schwierig, schwer
difficilement (Adv.)	schwer
difficulté (f.)	Schwierigkeit
dimanche (m.)	Sonntag
le dimanche	sonntags
dimension (f.)	Dimension
dîner (m.)	Abendessen
dîner	zu Abend essen
dire (→ S. 168)	sagen
dire l'heure	die Uhrzeit sagen
directeur (directrice)	Direktor(in), Leiter(in)
discret (discrète)	dezent (**14** 2); diskret (**47** 1)
discrètement (Adv.)	diskret
dispute (f.)	Streit
disputer	streiten
se disputer	sich streiten
dit (→ dire)	gesagt
diviser	teilen
dix	zehn
docteur (m.)	Doktor, Arzt
doigt (m.)	Finger
dommage	schade
donner	geben
donner sur	(hinaus)gehen zu (Zimmer)
dont (→ K 47)	dessen, deren
dormir (→ S. 168)	schlafen
dos (m.)	Rücken
dossier (m.)	Akte
d'où ?	woher?
douche (f.)	Dusche
prendre une douche	duschen
doucher	(ab)duschen
se doucher	(sich) duschen
douter	(be)zweifeln
douze	zwölf
droit(e)	gerade; rechter, rechte, rechtes
à droite (de) (Adv.)	rechts (von)
drôle	merkwürdig, komisch; lustig (**52** 3)

dû (→ devoir)	gemusst
dur(e)	hart
DVD (m.)	DVD

E

eau (f.)	Wasser
eau minérale	Mineralwasser
échanger	austauschen
écharpe (f.)	Schal
échelle (f.)	Leiter
école (f.)	Schule
école maternelle	Vorschule
économies (f. Pl.)	Ersparnisse
faire des économies	sparen
économique	sparsam
écouter	(zu)hören
écrire (→ S. 168)	schreiben
écrit (→ écrire)	geschrieben
écrivain (m.)	Schriftsteller
efficace	wirksam
égaler	gleich sein
égalité (f.)	Gleichheit
égoïste	egoistisch
élégance (f.)	Eleganz
élégant(e)	elegant
éléphant (m.)	Elefant
élève	Schüler(in)
elle (→ K 7, 24)	sie; ihr (+ Präposition)
elles (→ K 7, 24)	sie; ihnen (+ Präposition)
embrasser	küssen (**38** 2); umarmen (**49** 4)
emploi (m.)	Arbeitsstelle
emploi du temps	Stundenplan
employer	benutzen
empoisonné(e)	vergiftet
emporter	fortreißen
en (Präposition / → K 62)	in; nach; aus
en dessert	zum/als Dessert
en (Pronomen / → K 41)	davon, daraus, darüber
J'en ai marre.	Mir reicht's.
encore	(immer) noch
(ne ...) pas encore	noch nicht
énerver	auf die Nerven gehen
s'énerver	sich aufregen

Glossar

enfant (m. + f.) — Kind; als Kind (**37** 3)
enlever — ausziehen
ennemi (m.) — Feind
ennuyer — stören; langweilen
   s'ennuyer — sich langweilen
ennuyeux (ennuyeuse) — langweilig
énorme — enorm; riesig (**17** 3)
énormément (Adv.) — gewaltig, riesig
enregistrer — aufnehmen
ensemble — zusammen
ensuite — danach, anschließend
entendre — hören; verstehen (**28** 2)
   s'entendre (avec qn) — sich (mit jdm) verstehen
entre — zwischen
entrée (f.) — Vorspeise
   comme entrée — als Vorspeise
entreprise (f.) — Unternehmen
entrer — eintreten, hereinkommen; einfahren (T5)

envie (f.) — Lust
   avoir envie (de) — Lust haben (auf/zu)
environ — ungefähr
envoyer (→ S. 168) — schicken, senden
épouser qn — jdn heiraten
équipe (f.) — Mannschaft, Team
erreur (f.) — Irrtum, Fehler
escalier (m.) — Treppe
espagnol (m.) — Spanisch (Sprache)
espérer — hoffen
essayer (→ S. 168) — versuchen, (aus)probieren
essuyer — abwischen, abtrocknen
et — und
étagère (f.) — Regal
États-Unis (m. Pl.) — Vereinigte Staaten
été (m.) — Sommer
été (→ être) — gewesen
éteindre (→ S. 168) — ausschalten
étoile (f.) — Stern
étonnant(e) — überraschend, verwunderlich
étonner — wundern, erstaunen
   s'étonner — sich wundern
étranger (m.) — Ausland
   à l'étranger — im/ins Ausland
être (→ K 7, S. 170) — sein
   être d'accord — einverstanden sein

être en train de faire qc (→ K 60) — gerade dabei sein, etw. zu tun
étreindre — fest in den Armen halten
études (f. Pl.) — Studium
   faire des études — studieren
étudiant(e) — Student(in)
eu (→ avoir) — gehabt
euro (m.) — Euro
eux (→ K 24) — sie; Ihnen (+ Präposition)
événement (m.) — Ereignis
examen (m.) — Prüfung
examiner — untersuchen
excellent(e) — hervorragend
exceptionnel(le) — außerordentlich
excès (m.) — Ausschweifung
excuser — entschuldigen
   s'excuser — sich entschuldigen
exercice (m.) — Übung
explication (f.) — Erklärung
expliquer — erklären
exposition (f.) — Ausstellung

F

face (f.) — (Vorder-)Seite
   en face de — gegenüber
facile — leicht, einfach
facilement (Adv.) — leicht
faible — schwach
faim (f.) — Hunger
faire (→ K 10, S. 170) — machen, tun
   faire des/les courses — einkaufen
   il fait chaud/froid — es ist warm/kalt
   se faire mal — sich wehtun, sich verletzen
fait (→ faire) — gemacht
fait (m.) — Tatsache
   en fait — eigentlich
falloir (→ S. 170) — müssen
   il faut (faire qc) — man muss (etw. tun)
   il faut qc — man braucht etw.
   il faut que je ... (+ subjonctif) — ich muss ...
famille (f.) — Familie
fatigué(e) — müde
faute (f.) — Fehler
   c'est de sa faute — es ist seine/ihre Schuld

fauteuil *(m.)*	Sessel
faux (fausse)	falsch
femme *(f.)*	Frau
femme de ménage	Putzfrau
fenêtre *(f.)*	Fenster
fermé(e)	geschlossen
fermer	schließen
fête *(f.)*	Feier; Feiertag (**12** 3)
fêter	feiern
feu *(m.)*	Ampel
feuille *(f.)*	Blatt
février *(m.)*	Februar
fiche *(f.)*	Zettel, Karteikarte
fidèle	treu
fier (fière) de	stolz auf
fil *(m.)*	Leitung *(Telefon)*
fille *(f.)*	Mädchen (**17** 2, **24** 2, **32** 1, **56** 3, **56** 4); Tochter (**16** 3, **19** 1, **29** 3, T4)
film *(m.)*	Film
fils *(m.)*	Sohn
fin *(f.)*	Ende
finir (→ S. 162)	(be)enden
avoir fini	fertig sein
finir par se savoir	schließlich bekannt werden
Finlande *(f.)*	Finnland
fleur *(f.)*	Blume
fleuve *(m.)*	Strom *(breiter Fluss)*
fois *(f.)*	Mal
pour la première fois	zum ersten Mal
une fois par an	einmal im Jahr
folie *(f.)*	Wahnsinn, Verrücktheit
foot *(m., fam.)*	Fußball
forme *(f.)*	Form, Verfassung
en forme	fit
fort	stark (**51** 3, **52** 3); laut (**50** 4, **54** 3)
fragile	zart, zerbrechlich
frais (fraîche)	kühl, frisch
fraise *(f.)*	Erdbeere
fraise des bois	Walderdbeere
Français(e)	Franzose (Französin)
français *(m.)*	Französisch *(Sprache)*
français(e)	französisch
France *(f.)*	Frankreich
francophile	frankreichfreundlich, frankophil
Fred Vargas	*frz. Krimiautorin*
frère *(m.)*	Bruder
frères et sœurs *(m. Pl.)*	Geschwister
frigo *(m., fam.)*	Kühlschrank
froid(e)	kalt
fromage *(m.)*	Käse
fruits *(m. Pl.)*	Obst
fumer	rauchen
furieux (furieuse)	wütend
futur(e)	zukünftig

G

gagner	gewinnen
gai(e)	fröhlich
garage *(m.)*	Garage
garçon	Junge
gare *(f.)*	Bahnhof
gâteau *(m.)*	Kuchen
gauche	linker, linke, linkes
à gauche (de) *(Adv.)*	links (von)
gaz *(m.)*	Gas
gazon *(m.)*	Rasen
génial(e)	genial
genou *(m.)*	Knie
genre *(m.)*	Stil
ce n'est pas mon genre	es ist nicht meine Art
gens *(m. Pl.)*	Leute
gentil(le)	lieb, nett
géographie *(f.)*	Geografie
gîte rural *(m.)*	Ferienwohnung/-haus auf dem Land
glissant	rutschig, glatt
glisser	ausrutschen
gorge *(f.)*	Schlucht
goût *(m.)*	Geschmack
goûter	kosten *(Essen)*
grâce à	dank
gramme *(m.)*	Gramm
grand(e)	Großer (Große)
grand(e)	groß
grandir	(auf)wachsen
grand-mère *(f.)*	Großmutter

gras(se)	fett
grave	ernst, schlimm
grève *(f.)*	Streik
gris(e)	grau
gros(se)	dick
Guide Michelin *(m.)*	Hotel- und Restaurant-führer
guirlande *(f.)*	Girlande

H

habiter	wohnen
habitude *(f.)*	Gewohnheit
halte *(f.)*	Pause, Halt
hamac *(m.)*	Hängematte
heure *(f.)*	Stunde; Uhrzeit (**37** 2)
à ... heure(s)	um ... Uhr
À quelle heure ?	Um wie viel Uhr?
dans une heure	in einer Stunde
de bonne heure	früh
il est ... heure(s)	es ist ... Uhr
Il est quelle heure ?	Wie spät ist es?
Quelle heure est-il ?	Wie spät ist es?
heureusement *(Adv.)*	glücklicherweise
heureux (heureuse)	glücklich
hier *(Adv.)*	gestern
histoire *(f.)*	Geschichte
hiver *(m.)*	Winter
homme *(m.)*	Mann
hôpital *(m.)*	Krankenhaus
hors-d'œuvre *(m.)*	Vorspeise
hôtel *(m.)*	Hotel
huile *(f.)*	Öl
huit	acht
huître *(f.)*	Auster
humeur *(f.)*	Laune
être de bonne/ mauvaise humeur	gut/schlecht gelaunt sein
humour *(m.)*	Humor

I

ici *(Adv.)*	hier
idéal(e)	ideal
idée *(f.)*	Idee; Ahnung (**46** 4)
idiot(e)	idiotisch, blöd
il (→ K 7, 19)	er; es
il y a	es gibt, da ist/sind

il n'y en a plus	es gibt nichts mehr (davon)
il y a *(+ Zeitangabe)*	vor *(zeitlich)*
il y a deux ans	vor zwei Jahren
île *(f.)*	Insel
ils (→ K 7)	sie
immense	riesig
important(e)	wichtig
impossible	unmöglich
imprudemment *(Adv.)*	unvorsichtig
inaugurer	einweihen
incomplet (incomplète)	unvollständig
indiscret (indiscrète)	indiskret
industriel(le)	industriell
informaticien(ne)	Informatiker(in)
informé(e)	informiert
informer	informieren
ingénieur *(m.)*	Ingenieur
injuste	ungerecht
inscrits *(m. Pl.)*	Anmeldungen
installer	einrichten, installieren
s'installer	es sich bequem machen
insupportable	unerträglich
intelligent	klug, intelligent
interdit(e)	verboten
intéressant(e)	interessant
intéressé(e)	interessiert
intéresser	interessieren
s'intéresser (à)	sich interessieren (für)
invité(e)	Gast
inviter	einladen
isolé(e)	abgelegen, einsam gelegen
Italie *(f.)*	Italien
Italien	Italiener
italien(ne)	italienisch

J

jaloux (jalouse)	eifersüchtig
jamais *(Adv.)*	nie
jambon *(m.)*	Schinken
janvier *(m.)*	Januar
jardin *(m.)*	Garten
jardin public *(m.)*	öffentlicher Park
jardinier *(m.)*	Gärtner
jazz *(m.)*	Jazz
je (j') (→ K 7)	ich

jeter (→ S. 170)	wegwerfen
jeu (m.)	Spiel
jeu vidéo	Videospiel
jeudi (m.)	Donnerstag
jeune	jung
joie (f.)	Freude
joignable	erreichbar
joli(e)	hübsch
jouer	spielen
jouer au bridge	Bridge spielen
joueur (m.)	Spieler
jour (m.)	Tag
faire jour	Tag/hell werden
jour férié	Feiertag
par jour	pro Tag, täglich
tous les jours	jeden Tag
journal (m.)	Zeitung
journaliste	Journalist(in)
journée (f.)	Tag
juillet (m.)	Juli
juin (m.)	Juni
jupe (f.)	Rock
jus (m.)	Saft
jus d'orange	Orangensaft
jusqu'à	bis
jusqu'à ce que (+ subjonctif)	bis
jusqu'à présent	bis jetzt
juste (Adv.)	gerade (eben); nur (5 4)

K

kaki	kakifarben
kilo (m.)	Kilo

L

la (l') (→ K 3, 22)	die; sie
là (Adv.)	dort(hin)
là-bas (Adv.)	dort
lac (m.)	See
laine (f.)	Wolle
laisser	lassen
lait (m.)	Milch
lampadaire (m.)	Stehlampe
Länder (m. Pl.)	Bundesländer
laquelle (→ K 48)	welche
laquelle ? (→ K 25)	welche?

laver	waschen
le (l') (→ K 3, 22)	der; ihn
lecture (f.)	Lesen
léger (légère)	leicht
légèrement (Adv.)	leicht
légumes (m. Pl.)	Gemüse
lent(e)	langsam
lentement (Adv.)	langsam
lequel (→ K 48)	welcher
lequel ? (→ K 25)	welcher?
les (→ K 3, 22)	die; sie
lettre (f.)	Brief; Buchstabe (12 3)
leur (→ K 16, 23)	ihr, ihre; ihnen
leur (le/la ~) (→ K 44)	ihre(r)
leurs (→ K 16)	ihre
lever	(hoch)heben
se lever	aufstehen, sich erheben
liberté (f.)	Freiheit
libre	frei
licencier	entlassen
lieu (m.)	Ort
avoir lieu	stattfinden
lin (m.)	Leinen
lire (→ S. 170)	lesen
lit (m.)	Bett
litre (m.)	Liter
livre (m.)	Buch
livre (f.)	Pfund
loin (de) (Adv.)	weit (von), weit weg (von)
Loire (f.)	frz. Fluss
long(ue)	lang
le long de	entlang
longtemps (Adv.)	lange (Zeit)
depuis longtemps	schon lange, seit Langem
Ça fait longtemps.	Es ist lange her.
lorsque	wenn
loto (m.)	Lotto
louer	mieten
loup (m.)	Wolf
lourd(e)	schwer
loyer (m.)	Miete
lu (→ lire)	gelesen
lui (→ K 23, 24)	ihm, ihr; er; ihn; ihm
lundi (m.)	Montag
lunettes (f. Pl.)	Brille
luxueux (luxueuse)	luxuriös
lycée (m.)	Gymnasium

Glossar

M

ma (→ K 16)	meine
machine (f.)	Maschine
machine à café	Kaffeemaschine
machine à laver	Waschmaschine
madame (f.)	Frau
magasin (m.)	Geschäft
magnifique	wunderschön
mai (m.)	Mai
mail (m.)	E-Mail
main (f.)	Hand
maire (m.)	Bürgermeister
mairie (f.)	Rathaus
mais	aber
maison (f.)	Haus
à la maison	zu Hause
maître (m.)	Herrchen (Hundebesitzer)
mal (m.)	Schmerzen
avoir mal à la tête	Kopfschmerzen haben
mal (Adv.)	schlecht
malade	krank
malheur (m.)	Unglück
mamie	Oma
manger (→ S. 170)	essen
mangeur (m.)	Esser
un gros mangeur	ein starker Esser
manquer	fehlen
manteau (m.)	Mantel
marché (m.)	Markt
au marché	auf dem/den Markt
bon marché	günstig, billig
meilleur marché	billiger, günstiger
marche nordique	Nordic Walking
marcher	funktionieren (T2, **30** 4); (zu Fuß) gehen, laufen (**31** 1, **31** 3, **64** 1)
mardi (m.)	Dienstag
mari (m.)	(Ehe-)Mann
mariage (m.)	Ehe, Hochzeit
marié(e)	verheiratet
marier	trauen
se marier	heiraten
marmotte (f.)	Murmeltier
Maroc (m.)	Marokko
mars (m.)	März
Martinique (f.)	frz. Karibikinsel
massif (massive)	massiv

match (m.)	Spiel, Match
mathématicien	Mathematiker
matin (m.)	Morgen, Vormittag
du matin	am Morgen
le matin	morgens, vormittags, am Morgen/Vormittag
matinée (f.)	Vormittag
toute la matinée	den ganzen Vormittag
mauvais(e)	schlecht
me (m') (→ K 21, 22, 23)	mich; mir
méchant(e)	böse, gefährlich
chien méchant	bissiger Hund
médecin (m.)	Arzt
médicament (m.)	Medikament
meilleur(e) (→ K 51, 52)	besser (Komparativ); bester, beste, bestes (Superlativ)
melon (m.)	Melone
même (Adv.)	sogar
même pas	nicht mal
même si	auch wenn
même (le ~)	derselbe, dasselbe; das Gleiche
la même chose	dasselbe
le même jour	am selben Tag
ménage (m.)	Haushalt
faire le ménage	putzen, sauber machen
mener	führen
mensonge (m.)	Lüge
mentir (→ S. 170)	(an)lügen
mer (f.)	Meer
Mercure (m.)	Merkur
mère (f.)	Mutter
mes (→ K 16)	meine
météo (f.)	Wetterbericht
mètre (m.)	Meter
mettre (→ S. 170)	stellen, (auf)setzen, legen, hineintun; anziehen
mettre la table	den Tisch decken
se mettre à qc	mit etw. beginnen
meuble (m.)	Möbel(stück)
midi (m.)	Mittag, 12 Uhr
midi et demi	halb eins
miel (m.)	Honig
mien (le ~) (→ K 44)	meiner
mienne (la ~) (→ K 44)	meine

mieux *(Adv.)*	besser
le mieux	am besten
milieu *(m.)*	Mitte
au milieu de	mitten in
ministre	Minister(in)
minuit *(f.)*	Mitternacht, 0 Uhr
minute *(f.)*	Minute
d'une minute à l'autre	gleich
mis (→ mettre)	gesetzt, gelegt, gestellt
mi-temps	halbtags
mixte	gemischt
mode *(f.)*	Mode
modèle *(m.)*	Modell
moderne	modern
moi (→ K 24)	ich; mich; mir (+ *Präposition*)
À moi !	Hilfe!
moi non plus	ich auch nicht
moins (de) *(Adv.)*	weniger
moins … que (→ K 51)	weniger … als (Vergleich)
moins grand que	kleiner
moins le quart	Viertel vor
mois *(m.)*	Monat; Monatsgehalt (12 1)
moment *(m.)*	Moment, Augenblick
en ce moment	im Augenblick
mon (→ K 16)	mein, meine
monde *(m.)*	Welt
tout le monde	alle, jeder
monnaie *(f.)*	Geld
monsieur *(m.)*	Herr
mont *(m.)*	Berg
montagne *(f.)*	Berg, Gebirge
monter	aufdrehen
montre *(f.)*	Armbanduhr
montrer	zeigen
morceau *(m.)*	Stück
Moselle *(f.)*	Mosel (Fluss)
mot *(m.)*	Wort
moto *(f.)*	Motorrad
moyen *(m.)* de transport	Verkehrsmittel
mur *(m.)*	Mauer
musée *(m.)*	Museum
musicien *(m.)* des rues	Straßenmusikant
musique *(f.)*	Musik

N

nager	schwimmen
naïf (naïve)	naiv
naître (→ S. 172)	geboren werden
Napoléon	*frz. Kaiser*
natation *(f.)*	Schwimmen
nature *(f.)*	Natur
ne (→ K 27, 28)	*Verneinungspartikel*
ne … aucun(e)	kein(e) einzige(r)
ne … jamais	niemals
ne … ni … ni	weder … noch
ne … pas	nicht
ne … pas du tout	überhaupt nicht, gar nicht
ne … pas encore	noch nicht
ne … personne	niemand
ne … plus	nicht mehr
ne … que	nur
ne … rien	nichts
né(e) (→ naître)	geboren
neige *(f.)*	Schnee
neiger	schneien
nerveux (nerveuse)	nervös
neuf	neun
nez *(m.)*	Nase
Nice	Nizza
niveau *(m.)*	Stand
niveau de la mer	Meeresspiegel
Noël *(m.)*	Weihnachten
pour Noël	zu Weihnachten
noir(e)	schwarz
nom *(m.)*	Name
nombre *(m.)*	Zahl
non	nein
non plus	auch nicht
Norvège *(f.)*	Norwegen
nos (→ K 16)	unsere
note *(f.)*	Note
notre (→ K 16)	unser, unsere
nôtre (le/la ~) (→ K 44)	unserer, unsere, unseres
nous (→ K 7, 21, 22, 23, 24)	wir; uns
nouveau (nouvelle)	neu
de nouveau	wieder
nouvelle *(f.)*	Nachricht, Neuigkeit
novembre *(m.)*	November
nuage *(m.)*	Wolke

nuit (f.)	Nacht
nul(le) (fam.)	blöd, saudoof
numéro (m.)	Nummer
numéro de télé- phone	Telefonnummer

O

obéir	gehorchen
objet (m.)	Gegenstand
occasion (f.)	Anlass, Gelegenheit
œuf (m.)	Ei
œil (m., Pl. yeux)	Auge
offert (→ offrir)	geschenkt; angeboten (**46** 3)
office de tourisme (m.)	Tourismusbüro, Fremden- verkehrsbüro
offre (f.)	Angebot
offrir (→ S. 172)	schenken; anbieten (**46** 2, **46** 3)
olive (f.)	Olive
on (→ K 7)	wir; man
onze	elf
opérer	operieren
opticien	Optiker
optimiste	optimistisch
orange (f.)	Orange, Apfelsine
orange	orange(farben)
ordinateur (m.)	Computer
originaire de	aus (... stammend)
original(e)	originell
ou	oder
ou alors	oder aber
où (→ K 47)	wo
où ?	wo?, wohin?
d'où ?	woher?
oublier	vergessen
oui	ja
ouvert(e) (→ ouvrir)	offen, geöffnet
ouvrir (→ S. 172)	öffnen; eröffnen (**29** 2)

P

pain (m.)	Brot
panne (f.)	Panne; Defekt (**44** 3)
être en panne	eine Panne haben
pantalon (m.)	Hose
papiers (m. Pl.)	Papiere

avoir ses papiers
     sur soi
	seine Papiere bei sich
	   haben

paquet (m.)	Päckchen
par (→ K 61, 63)	durch, mit, per, pro; von (Passiv)
par amour	aus Liebe
par cœur	auswendig
par jour	pro Tag, täglich
une fois par an	einmal im Jahr
paraître (→ S. 172)	(er)scheinen
parce que	weil
par-dessus	über
parenthèse (f.)	Klammer
entre parenthèses	in Klammern
parents (m. Pl.)	Eltern
parisien(ne)	Pariser
parking (m.)	Parkplatz
parler (→ S. 162)	sprechen, reden
parler de	erzählen von
parmi	unter
parole (f.)	Wort
participer	mitmachen, teilnehmen
partie (f.)	Teil; Bereich (**61** 3)
faire partie	gehören zu
partir (→ S. 172)	(ab)fahren; (weg)gehen
à partir de	von … an
partout (Adv.)	überall
pas	nicht
pas assez (Adv.)	nicht genug
pas de/d' (→ K 4, 27)	kein, keine
pas du tout	überhaupt nicht, gar nicht
passager (m.)	Passagier

passer	verbringen; vorbeifahren/
	   -gehen (**40** 2, **57** 2);
	   vorbeikommen (**24** 3);
	   umschalten (**55** 1)

passer voir qn	kurz bei jdm vorbei- kommen
se passer	passieren, sich ereignen
se passer bien/mal	gut/schlecht (ver)laufen
pastis (m.)	frz. Schnaps aus Anis
pâté (m.)	Pastete
patience (f.)	Geduld
patient(e)	Patient(in)
pâtisserie (f.)	Konditorei

patron	Chef
pause *(f.)*	Pause
pauvre	arm
payer	(be)zahlen
pays *(m.)*	Land
peau *(f.)*	Haut; Schale (**57** 2)
Peau d'Âne	Allerleirauh *(Märchen)*
pendant	während
pendant que	während, solange
pendant trois ans	drei Jahre lang
penser (à)	denken (an)
penser de	halten von
Qu'en pensez-vous ?	Wie denken Sie darüber?
perdre	verlieren
perdre son argent au jeu	sein Geld verspielen
perdre son temps	seine Zeit verschwenden
père	Vater
période *(f.)*	Zeitraum
personne *(f.)*	Person, Mensch
personnes âgées *(f. Pl.)*	ältere Menschen
personne	niemand
petit(e)	Kleiner (Kleine)
petit(e)	klein
Petit Chaperon Rouge (Le ~)	Rotkäppchen
petit déjeuner *(m.)*	Frühstück
peu *(Adv.)*	wenig
un peu (de)	ein wenig, ein bisschen
peuplé(e)	bevölkerungsreich
peur *(f.)*	Angst
avoir peur	Angst haben
peureux (peureuse)	ängstlich
peut-être *(Adv.)*	vielleicht
pharmacie *(f.)*	Apotheke
photo *(f.)*	Foto
piano *(m.)*	Klavier
pièce *(f.)*	Zimmer
pied *(m.)*	Fuß
à pied	zu Fuß
pique-nique *(m.)*	Picknick
piquer	stechen
se piquer	sich stechen

pire (→ K 51, 52)	schlimmer *(Komparativ)*; schlimmster, schlimmste, schlimmstes *(Superlativ)*
piscine *(f.)*	Schwimmbad
place *(f.)*	Stelle; Platz (**17** 4, **19** 3, **40** 4)
à ma/ta place	an meiner/deiner Stelle
plage *(f.)*	Strand
sur la plage	am Strand
plaire (→ S. 172)	gefallen
s'il te/vous plaît	bitte
plaisir *(m.)*	Vergnügen
planète *(f.)*	Planet
plante *(f.)*	Pflanze
plante verte	Grünpflanze
planter	pflanzen
plat *(m.)*	Gericht *(Speise)*
plat(e)	flach
plein(e)	voll
pleurer	weinen
pleuvoir (→ S. 174)	regnen
plu (→ plaire)	gefallen
pluie *(f.)*	Regen
plus (de) *(Adv.)*	mehr
en plus	zusätzlich
non plus	auch nicht
plus … que	mehr … als *(Vergleich)*
plus grand que	größer als
plusieurs	mehrere
plutôt *(Adv.)*	eher
pneu *(m.)*	Reifen
poésie *(f.)*	Gedicht
point *(m.)*	Punkt
point commun	Gemeinsamkeit
point de rencontre	Treffpunkt
police *(f.)*	Polizei
politique *(f.)*	Politik
Pologne *(f.)*	Polen
pomme *(m.)*	Apfel
populaire	beliebt
port *(m.)*	Hafen
portable *(m.)*	Handy
porte *(f.)*	Tür
porter	tragen
Portugal *(m.)*	Portugal
poser	aufwerfen

possibilité (f.)	Möglichkeit
possible	möglich
poste (f.)	Post (Filiale)
poste (m.)	(Arbeits-)Stelle
poster	aufgeben (Post)
postuler	sich bewerben
pot (m.)	Glas
pot de confiture (m.)	Marmeladenglas
poubelle (f.)	Mülleimer
sortir les poubelles	den Müll rausbringen
poulet (m.)	Hähnchen
pour (mit Infinitiv)	um ... zu
pour	für
pour demain	bis morgen
pour le moment	im Augenblick
pour que (+ subjonctif)	damit
pourquoi ?	warum?
c'est pourquoi	deshalb, aus diesem Grund
pourtant (Adv.)	trotzdem
et pourtant	dabei
pousser	wachsen
pouvoir (→ K 20, S. 174)	können; dürfen
Je n'en peux plus.	Ich kann nicht mehr.
pratiquer	ausüben, machen
précieux (précieuse)	kostbar
préféré(e)	Lieblings-
préférer (→ S. 174)	lieber mögen, vorziehen, bevorzugen
premier (première)	erster, erste, erstes
prendre (→ K 10, S. 174)	nehmen
prénom (m.)	Vorname
préparer	vorbereiten; zubereiten (36 3, 47 3, 55 2, 55 4)
se préparer	sich zurechtmachen
près (de) (Adv.)	nahe, in der Nähe (von)
près d'ici	in der Nähe
présence (f.)	Anwesenheit
présent (m.)	Gegenwart
jusqu'à présent	bis jetzt
présenter	vorstellen
presque (Adv.)	fast
presser	(aus)pressen
prestigieux (prestigieuse)	angesehen, namhaft

prêt(e)	fertig
prétendre	behaupten, vorgeben
prêter	(aus)leihen
prévenir (→ S. 174)	Bescheid sagen, benachrichtigen
prévoir (→ S. 174)	vor(her)sehen; denken an (35 2)
comme prévu	wie geplant
prince (m.)	Prinz
principal(e)	Haupt-, wichtigster, wichtigste, wichtigstes
pris (→ prendre)	genommen
prix (m.)	Preis
prix Nobel	Nobelpreis
problème (m.)	Problem
prochain(e)	nächster, nächste, nächstes
produit (m.)	Produkt
produit bio (m.)	Bioprodukt
professeur	Lehrer(in)
profiter	profitieren
profond(e)	tief
profondément (Adv.)	tief
projet (m.)	Projekt
prolonger	verlängern
promenade (f.)	Spaziergang
promener	spazieren führen
se promener	spazieren gehen
promettre (→ S. 174)	versprechen
proposition (f.)	Vorschlag
protester	protestieren
prudemment (Adv.)	vorsichtig
prudence (f.)	Vorsicht
prudent(e)	vorsichtig
pu (→ pouvoir)	gekonnt
public (m.)	Publikum
public (publique)	öffentlich
puis (Adv.)	dann
puissant(e)	mit starkem Motor, leistungsfähig
pull (m., fam.)	Pulli
punir	bestrafen

Q

quand	als; wenn
quand ?	wann?
quarante	vierzig

quart *(m.)*	Viertel
et quart	Viertel nach
moins le quart	Viertel vor
quartier *(m.)*	(Stadt-)Viertel
quatorze	vierzehn
quatre	vier
quatre-vingts	achtzig
quatre-vingt-dix	neunzig
que (qu') *(Konjunktion)*	dass
que (qu')	als; wie
(bei Vergleichen)	
que (qu') *(→ K 47)*	den, die, das
que ? (qu' ?)	was?
qu'est-ce que ?	was? *(Objekt)*
qu'est-ce qui ?	was? *(Subjekt)*
Qu'est-ce qui ne va pas ?	Was fehlt dir/Ihnen/ euch?
quel(le) ... ! *(Ausruf)*	Was für ein(e) ...!
quel(le) ? *(→ K 25)*	welcher?, welche?, welches?
Quelle heure est-il ?	Wie spät ist es?
quelque chose	etwas
quelques	einige
quelqu'un	jemand
question *(f.)*	Frage
qui *(→ K 47)*	der, die, das
qui ?	wer?
à qui ?	wem?
À qui est ... ?	Wem gehört ...?
quinze	fünfzehn
quitter	verlassen
se quitter	auseinandergehen, sich trennen
quoi *(fam.)*	was

R

raconter	erzählen
radio *(f.)*	Radio
raison *(f.)*	Grund
avoir raison	recht haben
raisonnable	vernünftig
râler	meckern
ramener	zurückbringen *(bei Personen)*
randonnée *(f.)*	Wanderung
ranger	aufräumen, einräumen
rap *(m.)*	Rap

rapide	schnell
rapidement *(Adv.)*	schnell
rappeler	zurückrufen *(Telefon)*
rapporter	mitbringen
raquette *(f.)*	Schläger *(Sportgerät)*
rare	selten
rarement *(Adv.)*	selten
raser	rasieren
se raser	sich rasieren
raté(e)	misslungen
rater	nicht bestehen (**37** 2); vermasseln (**57** 2)
réaction *(f.)*	Reaktion
réagir	reagieren
réalisateur *(m.)*	Filmemacher
récemment *(Adv.)*	neulich, kürzlich; in letzter Zeit (**41** 3)
récent(e)	neu
recevoir *(→ S. 174)*	bekommen, erhalten
recommander	empfehlen
récréation *(f.)*	Pause
reçu *(→ recevoir)*	bekommen, erhalten
refermer	wieder schließen, wieder zumachen
réfléchir (à)	nachdenken (über), über- legen
réfrigérateur *(m.)*	Kühlschrank
refuser	ablehnen
regarder	(an)schauen, betrachten
regarder la télé	fernsehen
région *(f.)*	Gegend, Region
régulièrement *(Adv.)*	regelmäßig
relire	noch einmal lesen
remercier qn	jdm danken
rempli(e)	ausgefüllt
remplir	packen
rencontre *(f.)*	Begegnung, Treffen
rencontrer	treffen, begegnen; kennen- lernen (**39** 3, **55** 1)
se rencontrer	sich treffen; sich kennenlernen (**21** 3)
rendez-vous *(m.)*	Termin, Verabredung; Treffpunkt (**35** 2)
rendre	zurückgeben
rendre visite	besuchen
renseigner	Auskunft geben

Glossar

rentrer	nach Hause fahren/gehen/kommen, zurückkommen
renverser	verschütten
réparer	reparieren
repartir	(wieder) zurückkehren (**38** 1), (wieder) wegfahren (**46** 3); wieder losfahren (**55** 1)
repasser	bügeln
repenser	zurückdenken
répéter	wiederholen
répondre	antworten
réponse (f.)	Antwort
reposer	ruhen
se reposer	sich ausruhen, sich erholen
réserve (f.)	Vorrat
réserver	reservieren
ressortir	wieder hinausgehen
restaurant (m.)	Restaurant
reste (m.)	Rest
dans le reste de la France	im übrigen Frankreich
rester	bleiben
résultat (m.)	Ergebnis
retard (m.)	Verspätung
en retard	zu spät
retour (m.)	Rückkehr
déjà de retour	schon zurück
retourner	zurückgehen, zurückkehren; wieder hinfahren (**42** 3)
retraite (f.)	Ruhestand, Rente
retraité(e)	Rentner(in)
retransmettre	übertragen
retrouver	wiederfinden, wiedererlangen
réunion (f.)	Sitzung
réussi(e)	gelungen
réussir	schaffen, Erfolg haben
réveil (m.)	Wecker
réveiller	(auf)wecken
se réveiller	aufwachen
revenir	wiederkommen
rêver	träumen
revoir	wiedersehen

Rhin (m.)	Rhein
ri (→ rire)	gelacht
riche	reich
rien	nichts
rien du tout	(rein) gar nichts
rire (→ S. 174)	lachen
risque (m.)	Risiko
prendre un risque	ein Risiko eingehen
risquer	drohen, Gefahr laufen
il risque de … (+ Infinitiv)	es könnte …
rivière (f.)	Fluss
robe (f.)	Kleid
roman (m.)	Roman
romantique	romantisch
rose (f.)	Rose
rouge	rot
Petit Chaperon Rouge (Le ~)	Rotkäppchen
rouler	fahren
rouler vite	schnell fahren
route (f.)	Straße (außerhalb der Stadt)
routine (f.)	Routine
rue (f.)	Straße
rue principale	Hauptstraße
rugby (m.)	Rugby

S

sa (→ K 16)	seine; ihre
sable (m.)	Sand
sac (m.)	Tasche
sage	weise
saigner	bluten
saison (f.)	Jahreszeit
salade (f.)	Salat
salle (f.) de bain	Badezimmer
salle (f.) de séjour	Wohnzimmer
salon (m.)	Wohnzimmer
salut	hallo; tschüss
samedi (m.)	Samstag
sandwich (m.)	Sandwich
sans	ohne
santé (f.)	Gesundheit
à votre santé	zum Wohl
sapin (m.)	Tannenbaum

satisfait(e)	zufrieden	SMS *(m.)*	SMS
sauce *(f.)*	Soße	sœur *(f.)*	Schwester
sauter	springen	soif *(f.)*	Durst
savoir (→ K 20, S. 176)	können; wissen	soigneusement *(Adv.)*	sorgfältig
finir par se savoir	schließlich bekannt werden	soir *(m.)*	Abend
		ce soir	heute Abend
sec (sèche)	trocken	soirée *(f.)*	Abend
scène *(f.)*	Szene	soixante	sechzig
se (s') (→ K 21)	sich	soixante-dix	siebzig
séchoir *(m.)*	Haartrockner	sol *(m.)*	Boden
seize	sechzehn	soleil *(m.)*	Sonne
séjour *(m.)*	Aufenthalt	solide	fest, stabil
semaine *(f.)*	Woche	somnifère *(m.)*	Schlafmittel
semestre *(m.)*	Semester	son (→ K 16)	sein; ihr
sentir (→ S. 176)	fühlen; riechen (**50** 4, T4)	sonner	klingeln
sentir bon	gut riechen, duften	sortie *(f.)*	Ausflug; Ausgang (**63** 2)
se sentir	sich fühlen	sortir (→ S. 176)	ausgehen; hinaustragen (**54** 1)
sept	sieben		
septembre *(m.)*	September	souhaiter	wünschen
sérieux (sérieuse)	ernst	soulagé(e)	erleichtert
serveur (serveuse)	Kellner(in)	soulier *(m.)*	Schuh
service *(m.)*	Service	soupe *(f.)*	Suppe
servir (→ S. 176)	(be)dienen; von Nutzen sein (**38** 1)	sourire (→ S. 176)	lächeln
		souris *(f.)*	Maus
servir à rien	nichts nutzen	sous	unter
se servir de qc	etw. benutzen	souvenir *(m.)*	Souvenir, Mitbringsel
ses (→ K 16)	seine, ihre	souvenir	erinnern
seul(e)	einziger, einzige, einziges; allein (**49** 4)	se souvenir (de) (→ S. 176)	sich erinnern (an)
seulement *(Adv.)*	nur	souvent *(Adv.)*	oft
sévère	streng	spectaculaire	spektakulär
si *(Adv.)*	so	sport *(m.)*	Sport
si (s') (→ K 55)	wenn, falls; ob	sportif (sportive)	sportlich
siècle *(m.)*	Jahrhundert	station *(f.)*	Haltestelle
sien (le ~) (→ K 44)	seiner; ihrer	stylo *(m.)*	Kugelschreiber
sienne (la ~) (→ K 44)	seine; ihre	su (→ savoir)	gewusst
sieste *(f.)*	Mittagsschlaf	sucre *(m.)*	Zucker
signe *(m.)*	Zeichen	sud *(m.)*	Süden
signifier	bedeuten	Suède *(f.)*	Schweden
s'il te plaît	bitte *(Du-Form)*	suffire	reichen, genügen
s'il vous plaît	bitte *(Sie-Form)*	suffisamment *(Adv.)*	ausreichend, genügend
silence *(m.)*	Stille	suffisant(e)	ausreichend, genügend
simple	einfach	suisse	schweizerisch
situé(e)	gelegen	suivant(e)	(darauf)folgend
six	sechs	suivre (→ S. 176)	(be)folgen
ski *(m.)*	Ski; Skifahren (**27** 3)	suivre un cours	einen Kurs besuchen
faire du ski	Ski fahren	supporter	ertragen

sur	auf
sûr(e)	sicher
surprenant(e)	erstaunlich, überraschend
surpris(e)	überrascht
sympa(thique)	sympathisch, nett

T

ta (→ K 16)	deine
table (f.)	Tisch
tablier (m.)	Schürze
tante (f.)	Tante
tapis (m.)	Teppich
tard	spät
au plus tard	spätestens
Tarn (m.)	frz. Fluss
tasse (f.)	Tasse
taxi (m.)	Taxi
te (t') (→ K 21, 22, 23)	dich; dir
télé (f., fam.)	Fernsehen; Fernseher (38 1, 55 3, 60 1, 63 3)
à la télé	im Fernsehen
regarder la télé	fernsehen
télécharger	downloaden, herunterladen
téléphone (m.)	Telefon
téléphoner (à qn)	(jdn) anrufen
tellement (Adv.)	so sehr
tempête (f.)	Sturm
temps (m.)	Zeit; Wetter (47 4)
à trois temps	im Dreivierteltakt
avoir le temps	Zeit haben
de temps en temps	von Zeit zu Zeit, ab und zu
tenir (→ S. 176)	halten
J'y tiens.	Ich bestehe darauf.
terminer	beenden
terrasse (f.)	Terrasse
terre (f.)	Erde
par terre	auf dem/den Boden
tes (→ K 16)	deine
tête (f.)	Kopf
texte (m.)	Text
TGV (train à grande vitesse) (m.)	frz. Hochgeschwindigkeitszug
thé (m.)	Tee
théâtre (m.)	Theater

ticket (m.)	Eintrittskarte
tien (le ~) (→ K 44)	deiner
tienne (la ~) (→ K 44)	deine
tire-bouchon (m.)	Korkenzieher
tiroir (m.)	Schublade
toi (→ K 24)	du; dich; dir (+ Präposition)
toilettes (f. Pl.)	Toilette
toit (m.)	Dach
tomate (f.)	Tomate
tomber	stürzen, hinfallen; fallen (55 2, 61 2); hinunterfallen (3 1)
ton (→ K 16)	dein
tondre	mähen
tôt (Adv.)	früh
plus tôt	früher
toujours (Adv.)	immer
toujours pas	immer noch nicht
tour (f.)	Turm
tour (m.)	Reihe; Ausflug, Tour (62 1, 62 3)
attendre son tour	warten, dass man an die Reihe kommt
c'est leur tour	sie sind an der Reihe
touriste	Tourist(in)
tous (→ K 18, 46)	alle
tous les jours	jeden Tag
tousser	husten
tout (→ K 46)	alles
tout(e) (mit Begleiter / → K 18)	ganz
toutes (mit Begleiter / → K 18)	alle
tout à coup	plötzlich, auf einmal
tout à l'heure	nachher
tout de suite	sofort
tout le monde	alle, jeder
toute la journée	den ganzen Tag
toutes les deux heures	alle zwei Stunden
trafic (m.)	Verkehr
train (m.)	Zug
tram (m.) (fam.)	Straßenbahn
tranche (f.)	Scheibe
tranquille	ruhig
tranquillisant (m.)	Beruhigungsmittel

travail *(m.)*	Arbeit	venir de *(+ Infinitiv)*	etw. gerade getan haben
travailler	arbeiten	(→ K 60)	
treize	dreizehn	venir voir	besuchen
trente	dreißig	vent *(m.)*	Wind
très *(Adv.)*	sehr	venu (→ venir)	gekommen
tricoter	stricken	verbe *(m.)*	Verb, Zeitwort
triste	traurig	Verdon *(m.)*	*frz. Fluss*
trois	drei	verglas *(m.)*	Glatteis
tromper	täuschen	vérité *(f.)*	Wahrheit
se tromper	sich irren	verre *(m.)*	Glas *(Gefäß)*
trop (de) *(Adv.)*	zu (viel)	vers	gegen *(zeitlich)*;
trou *(m.)*	Loch		in Richtung, zu ... hin
trouver	finden	vers la fin	gegen Ende
se trouver	sich befinden	vers sept heures	gegen sieben Uhr
tu (→ K 7)	du	vert(e)	grün
tuyau *(m.)*	Rohr, Röhre	veste *(f.)*	Jacke
		vêtement *(m.)*	Kleidungsstück
		viande *(f.)*	Fleisch
U		vie *(f.)*	Leben
U.E. (Union	EU (Europäische Union)	vieux (vieille)	alt
européenne) *(f.)*		ville *(f.)*	Stadt
U.P. (Université	VHS (Volkshochschule)	vin *(m.)*	Wein
populaire) *(f.)*		vingt	zwanzig
un (→ K 4)	ein	violent(e)	heftig
un peu (de)	ein wenig, ein bisschen	visite *(f.)*	Besuch
une (→ K 4)	eine	rendre visite	besuchen
usine *(f.)*	Fabrik	visiter	besichtigen
utile	nützlich	vite *(Adv.)*	schnell
		vivre (→ S. 176)	leben
		vœu *(m.)*	Wunsch
V		voici	hier ist
vacances *(f. Pl.)*	Ferien, Urlaub	voilà	da kommt (**4** 4); hier (T2)
vaisselle *(f.)*	Geschirr	voir (→ S. 178)	sehen
faire la vaisselle	Geschirr spülen,	venir voir	besuchen
	abwaschen	voisin(e)	Nachbar(in)
valise *(f.)*	Koffer	voiture *(f.)*	Auto
valoir (→ S. 176)	wert sein	en voiture	mit dem Auto
valoir mieux	besser sein	voix *(f.)*	Stimme
valse *(f.)*	Walzer	vol *(m.)*	Flug
Varsovie	Warschau	voler	stehlen
vase *(m.)*	Vase	volet *(m.)*	Fensterladen
vas-y	los, mach schon	voleur *(m.)*	Dieb
vécu (→ vivre)	gelebt	volontiers *(Adv.)*	gern
vélo *(m.)*	Fahrrad	vos (→ K 16)	eure; Ihre
vendeur (vendeuse)	Verkäufer(in)	votre (→ K 16)	euer, eure; Ihr, Ihre
vendre	verkaufen	vôtre (le/la ~) (→ K 44)	eure(r); Ihre(r)
vendredi *(m.)*	Freitag	vouloir (→ K 20, S. 178)	wollen
venir (→ S. 176)	kommen		

en vouloir à qn — jdm böse sein
  je voudrais — ich möchte
vous (→ K 7, 21, 22, 23, 24) — ihr, Sie; euch, sich; euch, Sie; euch, Ihnen (+ Präposition)

voyage (m.) — Reise
voyager — reisen
voyageur (m.) — Reisender
vrai(e) — wahr
vraiment (Adv.) — wirklich
VTT (vélo tout-terrain) (m.) — Mountainbike

vu (→ voir) — gesehen
vue (f.) — Blick, Aussicht
  vue sur la cour — Blick auf den Innenhof

W

week-end (m.) — Wochenende

Y

y (→ K 42) — daran, darauf, dafür, dazu, dort(hin)

  Ça y est. — Das wär's.
yeux (m. Pl., Sg. œil) — Augen

Wheel Plus
Französisch – Unregelmäßige Verben
1 Booklet (12 Seiten) + Wheel
ISBN 978–3–19–249546–5

Eine unterhaltsame Lernkombination!

Mit *Wheel Plus* macht sogar das Lernen unregelmäßiger Verben Spaß! Das Paket enthält eine praktische Sprachlernscheibe, mit der man die wichtigsten unregelmäßigen Verben schnell auf einen Dreh parat hat. Das zusätzliche Booklet beinhaltet 22 Übungen, die alle mithilfe des Wheels gelöst werden können.

▸ Wheel mit 60 wichtigen unregelmäßigen Verben auf einen Dreh

▸ Booklet mit abwechslungsreichen Übungen zu den unregelmäßigen Verben, die mithilfe des Wheels gelöst werden können

▸ Außerdem: Gebrauchsanweisung, Lösungen zu den Übungen sowie viele Tipps und Hinweise in der Randspalte

▸ Ideal fürs Lernen unterwegs, in der Schule, im Kurs oder zu Hause

Auch für Deutsch, Englisch, Italienisch und Spanisch erhältlich.

www.hueber.de/franzoesisch-lernen

Freude an Sprachen